Pluralisme juridique et règlement des conflits fonciers en République Démocratique du Congo

Études africaines
Collection dirigée par Denis Pryen et François Manga Akoa

Dernières parutions

Amadou OUMAR DIA, *Peuls et paysans. Les Halayɓe de Mauritanie,* 2012.
Sous la direction de Bruno DUJARDIN, *Renforcement des systèmes de santé. Capitalisation des interventions de la Coopération Belge au Burundi, en République Démocratique du Congo et au Rwanda, 2012.*
Hygin Didace AMBOULOU, *Les personnes, les incapacités et la filiation en droit congolais*, 2012.
Brice POREAU, *Rwanda, une ère nouvelle*, 2012.
Calvin Thomas DJOMBE, *Cultures viriles et identité féminine, Essai sur le genre en Afrique subsaharienne*, 2012.
Losseni CISSE, *La problématique de l'Etat de droit en Afrique de l'Ouest*, 2012.
Jessica HAMADZIRIPI, *Poverty eradication in Zimbabwe, Meeting the millennium development goals (MDGs) through home-grown business approaches*, 2012.
Romaric Franck QUENTIN DE MONGARYAS, *L'école gabonaise en questions*, 2012.
Djibril DEBOUROU, *La société baatonnu du Nord-Bénin*, 2012.
Félix NTEP et Lambert LIPOUBOU (dir.), *Repenser le marché de l'Afrique à partir du culturel*, 2012.
Dianguina TOUNKARA, *L'émancipation de la femme malienne. La famille, les normes, l'État*, 2012
Philippe MEGUELLE, *Chefferie coloniale et égalitarisme diola, Les difficultés de la politique indigène de la France en Basse-Casamance (Sénégal), 1828-1923*, 2012.
Hassane GANDAH NABI, *Commerçants et entrepreneurs du Niger (1922-2006)*, 2012
Alphonse MAKENGO NKUTU, *Droit constitutionnel et pouvoir exécutif en RDC (1re et 3e Républiques)*, 2012.
Alphonse NKOUKA-TSULUBI, *50 ans de politique extérieure du Congo-Brazzaville*, 2012.
Dingamtoudji MAIKOUBOU, *Les noms de personnes chez les Ngwabayes du Tchad*, 2012
Abderrahmane NGAÏDÉ, *L'esclave, le colon et le marabout. Le royaume peul du* Fuladu *de 1867 à 1936*, 2012.
Casimir Alain NDHONG MBA, *Sur la piste des Fang. Racines, us et coutumes*, 2012.
Boubakari GANSONRE, *Archives d'Afrique et communication pour le développement*, 2012.

Richard MULENDEVU MUKOKOBYA

Pluralisme juridique et règlement des conflits fonciers en République Démocratique du Congo

L'Harmattan

5-7, rue de l'École-Polytechnique ; 75005 Paris
http://www.librairieharmattan.com
diffusion.harmattan@wanadoo.fr
harmattan1@wanadoo.fr
ISBN : 978-2-296-99829-2
EAN : 9782296998292

DEDICACE

A ma chère et tendre épouse Mughole Kahambu
A ma fille Vanessa-Thérèse Maliro Muyisa
A la mémoire de mon fils Ariel Maliro

REMERCIEMENTS

Je voudrais m'acquitter d'un agréable devoir, celui de remercier toutes les personnes qui ont rendu possible la réalisation de ce travail.

Mes pensées vont droit au Professeur Eva Brems de l'Université de Gand qui a dirigé ma thèse de Doctorat et au Professeur Mafikiri Tsongo qui a fait le suivi de mes recherches de thèse au niveau local.

Je me dois également de remercier ma collègue Giselle Corradi du Human Right Center de l'Université de Gand, avec laquelle j'ai eu des discussions intéressantes et fructueuses autour du contenu de ce travail.

Je dis merci à Martine Dewulf pour le soutien dont j'ai bénéficié de sa part.

Je voudrais également exprimer ma profonde gratitude à un ami, le Père Josef Hector Hanssens pour sa sollicitude paternelle.

Tous les autres proches, amis et connaissances, je les porte dans mon cœur. Une page est si petite que je ne sais les citer tous.

Richard Mulendevu

SIGLES ET ABREVIATIONS

CACUDEKI : Centre d'Animation pour la Culture et le Développement de Kirumba
CAR : Commission Accueil et Réinsertion
CDJP : Commission Diocésaine Justice et Paix
CEJA : Centre d'Etudes Juridiques Appliquées
COTEDER : Conseil Technique pour le Développement Rural
CTB : Coopération Technique Belge
EIC : Etat Indépendant du Congo
FAT/GL : Forum des Amis de la Terre, Grands-Lacs
FOPAC : Fédération des Organisations des Producteurs Agricoles au Congo
ICCN : Institut Congolais pour la Conservation de la Nature
ICLA : Information, Council, Legal Assistance
LOFEPACO : Ligue des Organisations des Femmes Paysannes au Congo
MPR : Mouvement Populaire de la Révolution
NRC : Norwegian Refugee Council
OCJ : Organisation et Compétence Judiciaires
ONG : Organisation Non Gouvernementale
ONU-HABITAT : Organisation des Nations Unies pour l'Habitat
PNVI : Parc National des Virunga
PV : Procès-Verbal
RC : Rôle Civil
RCA : Rôle Civil d'Appel
RCD/K-ML : Rassemblement Congolais pour la Démocratie, Kisangani, Mouvement de Libération
RDC : République Démocratique du Congo
RP : Rôle Pénal
RPA : Rôle Pénal d'Appel
SOFEPADI : Solidarité Féminine pour la Paix et le Développement Intégral
SYDIP : Syndicat de Défense des Intérêts Paysans
TGI-SSB : Tribunal de Grande instance, Siège Secondaire de Butembo
TRIPAIX : Tribunal de Paix
UCG : Université Catholique du Graben

INTRODUCTION GENERALE

1. CONTEXTE ET PROBLEMATIQUE

L'environnement juridique congolais est caractérisé par la coexistence de plusieurs ordres normatifs et mécanismes de règlement de conflits aussi formels qu'informels. Cette situation comporte, à première vue, deux aspects, l'un matériel et l'autre institutionnel. En effet, à côté du droit écrit, le droit congolais compte la coutume parmi les sources du droit ; et à côté des juridictions judiciaires de droit écrit, il organise des tribunaux coutumiers. Ces derniers sont cependant appelés à disparaître avec l'installation effective des tribunaux de paix à travers tout le pays[1].

La réalité est surtout perceptible sur le plan des règles de fonds, en matière foncière. A côté des règles de droit écrit qui régissent la terre, le législateur, pour les terres des communautés locales, prévoit qu'elles sont régies par les coutumes et usages locaux (même si elles le sont provisoirement, la loi prévoyant que les droits de jouissance régulièrement acquis sur ces terres seront réglés par une ordonnance du président de la République, qui se fait encore attendre). Une certaine catégorie des terres est donc régie par le droit coutumier, il s'agit des terres des communautés locales, c'est-à-dire, celles qu'elles habitent, cultivent ou exploitent d'une manière quelconque — individuelle ou collective — conformément aux coutumes et usages locaux.

Ce type de terres se rencontre dans les territoires de Beni et de Lubero, au Nord-Kivu, à l'est de la République Démocratique du Congo, essentiellement ruraux. La région est majoritairement habitée par le peuple 'nande' (qu'on appelle également 'yira'). La gestion de la terre y est essentiellement coutumière, à travers le droit foncier coutumier nande. Celui-ci est axé sur le système de vassalité avec

---

[1] L'ordonnance-loi n°82-020 du 31 mars 1982 portant code d'organisation et de compétence judiciaires, telle que modifiée et complétée à ce jour, tout en instituant un ou des tribunaux de paix dans chaque zone rurale et dans chaque ville, prévoit néanmoins dans les dispositions transitoires que les tribunaux de police et les juridictions coutumières sont maintenues jusqu'à l'installation des tribunaux de paix.

paiement de redevance, avec d'un côté le vassal (le 'musoki'), et de l'autre le chef terrien (le mukama').

Sur le plan judiciaire, deux tribunaux de paix desservent les deux territoires. L'un situé à Butembo, pour le territoire de Lubero et la ville de Butembo (18096 km²) ; et l'autre installé à Beni, pour le territoire de Beni et la ville de Beni (7484 km²) ; avec deux sièges secondaires du tribunal de grande instance du Nord-Kivu le premier implanté dans la ville de Butembo depuis 2002, le second à Beni depuis novembre 2010.

Les tribunaux de police et les juridictions coutumières ne peuvent donc plus légalement fonctionner dans cet espace depuis l'installation des tribunaux de paix à Butembo et à Beni. En effet, comme nous l'avons déjà dit, le législateur congolais ne maintient le fonctionnement des tribunaux de police et les juridictions coutumières que là où les tribunaux de paix ne sont pas encore installés. Il est important, déjà à ce stade, de signaler que le règlement des litiges fonciers individuels et collectifs régis la coutume est de la compétence matérielle des tribunaux de paix.

Les juridictions coutumières (tribunaux secondaires de groupements, tribunaux principaux de chefferies,...) ont donc formellement disparu avec l'avènement des tribunaux de paix dans la région. Elles ne peuvent plus exister dans les territoires de Beni et de Lubero.

Mais, sur le plan informel, ces juridictions n'ont pas disparu. Elles continuent à connaître elles aussi des litiges fonciers régis par la coutume, au niveau des localités (villages), des groupements et des chefferies, au travers des conseils/chambres de conciliation. Elles offrent leurs conciliations dans beaucoup de litiges. On constate en effet que la majorité des paysans leur soumet encore leurs différends relatifs au foncier coutumier.

On constate par ailleurs que d'autres acteurs interviennent eux aussi sur le terrain du règlement des litiges fonciers régis par la coutume. Il s'agit notamment des ONG qui, depuis quelques années s'investissent aussi dans cette 'justice informelle' en faveur des membres et des non membres de leurs organisations.

Ainsi, enregistre-t-on une pluralité d'instances qui cohabitent les unes à côté des autres. Ces instances (formelles et informelles), se font tout le temps de la concurrence, et ne collaborent qu'exceptionnellement.

Toutes disent appliquer la coutume dans le règlement des conflits qui leur sont soumis. Les tribunaux de paix appliquent la coutume dans les litiges fonciers régis par la coutume (ce qui est une exigence légale), les chambres de conciliation (au niveau des groupements, des chefferies, des ONG, des Eglises) basent aussi leur conciliation sur la coutume ; à l'occurrence celle du peuple nande, la région étant encore caractérisée par une certaine homogénéité ethnico-culturelle.

Cependant devant la multiplicité des conflits fonciers que connaît la région[2], on ne peut s'empêcher de réfléchir sur le fonctionnement de ce pluralisme juridique et juridictionnel, et, ce, au travers d'une série de questions qui pourraient être formulées de la manière suivante :

1° Comment le pluralisme juridique et judiciaire prend-il forme et comment est-il vécu autour de la gestion des terres coutumières et du règlement des conflits fonciers dans les territoires de Beni et de Lubero?

2° Quelles solutions peuvent être envisagées pour faire face aux multiples problèmes de gestion foncière et de récurrence de conflits posés par l'implémentation de ce pluralisme juridique et judicaire ?

A côté de ces questions principales, une autre peut également être posée dans le souci de mieux cerner la conflictualité liée à la terre à Beni-Lubero : quel impact les changements qui affectent la coutume

[2] Les litiges fonciers occupent donc plus de ¾ des dossiers présentés devant les tribunaux de la région, sans compter ceux qui sont orientés vers des instances informelles de résolution de ces types de conflits (chefs de quartiers, notables, chefs de villages…).

foncière nande ont-ils sur la situation foncière dans la région (pour ce qui est de la gestion de la terre, de la naissance et du règlement des conflits fonciers)?

L'objectif du présent travail, au travers des questions ainsi posées, se résume au fait qu'il voudrait comprendre la problématique des conflits dans la région au regard du pluralisme juridique ci-haut évoqué et de cette pluralité d'instances intervenant dans le règlement des conflits fonciers dans la région en prenant en considération le droit applicable auxdits litiges, à savoir le droit coutumier nande, dans son contenu en matière foncière, dans les institutions chargées de gérer la terre, dans les problèmes qu'il pose, dans les interrogations qu'il suscite, dans les collisions qu'il subit du fait des mutations socioéconomiques profondes que connaît son environnement, dans son application par les juridictions de droit écrit notamment les tribunaux de paix, en prenant en compte la forte concurrence dont ceux-ci font l'objet de la part des instances informelles notamment les conseils de conciliation…

L'étude des institutions [3] foncières coutumières locales et du règlement des conflits fonciers dans les territoires de Beni et de Lubero nous permettra en fait d'analyser, dans le contexte des Territoires de Beni et de Lubero caractérisé par l'escalade et la récurrence des conflits fonciers, les voies que ceux-ci prennent dans le processus de leur résolution, et de comprendre la manière dont les acteurs qui y sont impliqués mobilisent les pouvoirs et les instances pour les résoudre.

Sur le plan scientifique, la recherche fait une étude sur des situations de pluralisme juridique et judiciaire appliquées dans le domaine foncier. Un cas d'exploration parmi tant d'autres de ces

---

[3] Au sens dans lequel l'entendent Pierre Joseph Laurent et Paul Mathieu, c'est-à-dire, une autorité, une norme, ou une instance de régulation, cf. Laurent, P-J, Mathieu P., '*Intoduction. Une grille d'analyse synthétique : gestion viable de l'environnement foncier, institutions et enjeux*' in Laurent P-J., Mathieu, P., (dir.) *Actions locales, enjeux fonciers et gestion de l'environement au Sahel*, Cahiers du CIDEP, n°27, p. 21, cité par Paluku Kitakya A., *Interactions entre la gestion et l'économie locale en région de Butembo, Nord-Kivu, République démocratique du Congo.*, Louvain-la-Neuve, Presses universitaires de Louvain, p 227.

nouvelles théories qui depuis quelques décennies déjà nous invitent à reconsidérer la conception que nous avons eu du droit et de la juridicité. L'étude nous permettra aussi de nous rendre compte encore une fois des limites du droit étatique dans la réglementation de certains domaines de la vie et de l'importance de la production du droit par d'autres groupes sociaux qui mettent sur pieds des règles propres et des mécanismes originaux de règlements des litiges qui naissent entre leurs membres.

2. HYPOTHESES

Comme nous l'avons déjà souligné, la terre en droit congolais est régie et par le droit écrit et par la coutume, mais aussi par d'autres pratiques juridiques qui émergent des compromis que les parties aux transactions foncières aménagent quotidiennement. Ces deux derniers régimes se meuvent cependant dans un cadre juridique que l'Etat a des ambitions très clairement exprimées de dominer. Cette situation ne va pas sans poser de problèmes. Cela entraîne parfois des collisions, les transactions foncières intervenues sous le régime du droit coutumier et de la pratique pouvant à tout moment être remises en cause par les institutions étatiques.

La situation ainsi décrite pourrait s'expliquer par la cohabitation (horizontale) non régulée de plusieurs instances de règlement de conflits fonciers coutumiers aussi bien formelles (les tribunaux de paix) qu'informelles (les conseils de conciliation des administrations coutumières, des ONG, des Eglises…) rendant les conflits interminables dans la mesure où la décision qui a été rendue ici peut être rejetée là-bas sans qu'on ne soit en mesure d'établir une certaine hiérarchie ou alors une quelconque hiérarchisation entre les différentes institutions qui ont toutes des ambitions de connaître du même conflit. Un conflit qui a été tranché au niveau de la chefferie, peut encore être orienté par l'une des parties devant un conseil de para-juristes attaché à l'organisation d'une ONG, avant de finir par le tribunal de paix et dans certains cas de revenir, même après le prononcé d'un jugement, chez une autorité religieuse ou politico-administrative.

Mais comme nous l'avons déjà dit, ces faits semblent contredire et contester le monopole légal reconnu aux instances formelles. Celles-ci doivent faire avec d'autres institutions (informelles) avec lesquelles elles sont obligées de partager le même terrain, la majorité des populations rurales (et même urbaines) se reconnaissant encore dans leurs structures coutumières (administration, justice). L'Etat a beau dire que les tribunaux coutumiers ne peuvent plus fonctionner là où les tribunaux de paix sont déjà installés, en territoires de Beni et de Lubero, ils continuent à fonctionner. Ils ont juste enlevé le veston 'tribunal coutumier' pour revêtir celui de conseil ou de chambre de conciliation.

Les institutions coutumières semblent proches des populations paysannes et les règles coutumières offrent en fait à la foi le bénéfice de la flexibilité, de la souplesse. Mais dans la configuration actuelle des choses, force est de constater que ledit bénéfice semble se diluer et se perdre lorsque la coutume est appliquée par les juridictions et procédures de droit écrit bien loin des réalités coutumières et des mentalités des populations ; du fait en partie que beaucoup d'institutions dans le droit coutumier (notamment la conception de la terre et la compréhension des concepts clés) n'auraient pas d'équivalence en droit écrit.

Aujourd'hui on note quelques évolutions dans le droit foncier coutumier nande qui se traduisent au travers des pratiques nouvelles tant sur le plan de la procédure d'accès, des techniques de contrôle de la terre que sur celui de la sécurisation des droits ainsi obtenus.

Ainsi, la marchandisation de la terre et la monétarisation des transactions foncières ont-elles entraîné le phénomène des ventes de terres dans toute la région, le changement de la composition des redevances coutumières payables aujourd'hui en billets de banque dans certaines contrées alors que traditionnellement le paiement était en nature, des ventes 'sui generis' dans lesquelles les parties au contrat ont une conception différente sur la nature des obligations contractuelles, l'avènement de l'écrit pour constater les transactions foncières réalisées, le recours concomitant aux procédures coutumières et étatiques pour se sécuriser dans la jouissance de son fonds font leur entrée dans le commerce juridique autour du foncier coutumier. Ces nouvelles pratiques viennent bousculer les habitudes pour ce qui est de la perception de la terre et entraîne de nouveaux défis dans la gestion foncière et dans le règlement des conflits fonciers.

3. MILIEU D'ETUDE[4]

Les territoires de Beni et de Lubero sont situés à l'est de la République démocratique du Congo, dans la province du Nord-Kivu. Ils figurent parmi les six territoires que compte ladite province aux côtés de ceux de Rutshuru, Masisi, Walikale, et Nyiragongo. Ils occupent une superficie estimée à 25.585,98 km² (18.096 km² pour Lubero et 7484 km² pour Beni).

L'histoire de ces deux territoires renseigne en effet que vers les années 1912 et 1922 ils constituaient un seul sous la dénomination de Territoire de la Semuliki. C'est compte tenu de son étendue et dans les soucis de rapprocher les administrés des administratifs que le pouvoir colonial à l'époque a scindé le grand Territoire de la Semuliki en Territoire des Banande Sud, actuellement celui de Lubero et en Territoire des Banande Nord qui est aujourd'hui celui de Beni.

Le Territoire de Lubero compte quatre cités : Kanyabayonga, Kaina, Kirumba et Lubero (cette dernière en est le chef-lieu). Il est subdivisé en Chefferies et Secteur à savoir les chefferies des Baswagha, des Bamate, des Batangi et le secteur des Bapere. Ces chefferies et secteur sont à leur tour subdivisés en groupements. Celui de Beni, quant à lui, compte cinq cités : Kyondo, Lume, Bulongo, Mangina, et Oïcha, le chef-lieu. Il est subdivisé en chefferies et secteurs à savoir les chefferies des Bashu et des Batalinga, et les secteurs de Beni-Mbau et de Rwenzori. Ces chefferies et secteurs sont eux aussi subdivisés en groupements.

Les grandes villes de cette région sont Butembo (en territoire de Lubero), que les nande considèrent culturellement comme leur capitale et Beni (en territoire de Beni).

Les Territoires de Beni et de Lubero sont une région très peuplée. Leurs populations étaient estimées à 1.889.450 en 2000[5]. Les effectifs

---

[4] Basé sur des rapports annuels des territoires de Lubero et de Beni, 2008

de la population de cette partie du pays représentent 3,6% de la population nationale[6].

La région est principalement habitée par les nande. Ceux-ci constituent la majorité de la population de la région. Ils représentent plus de 90 % de la population locale[7]. Ce qui fait que certains chercheurs parlent carrément du 'Bunande' pour qualifier les Territoires de Beni et de Lubero[8].

Ce sont donc naturellement les coutumes de ce peuple qui régulent la vie dans cette partie du pays, surtout sur le plan de l'organisation socio-foncière. Ainsi, la présente étude est fondée sur les principes fonciers coutumiers dudit peuple. D'autres peuples partagent cependant cet espace avec les nande. On y enregistre des bapere, des bambuba, des babila, des batalinga et une petite population de pygmés. Tous ces peuples, à part les pygmés, pratiquent ou s'inspirent du droit coutumier nande en matière de gestion foncière.

Les nande sont liés à la terre. Il faut signaler que 90 % de la population[9] dans le Bunande pratique l'agriculture et l'élevage sur des petites exploitations tenues par des ménages. On trouve de plus en plus de grandes exploitations agropastorales tenues par des hommes d'affaires, des hommes politiques, des communautés religieuses et des ONG de développement. D'où l'importance de la terre dans la région, qui devient un enjeu de taille et un objet de convoitise dont l'accès et le contrôle entraîne des conflits dont l'importance et la récurrence ne peuvent pas manquer d'interpeler, vue la proportion qu'ils occupent

---

[5] Kakule Vyakuno, *Pression démographique et aménagement rationnel des hautes terres de Lubero en RDC. Rapport entre société et milieu physique dans une montagne équatoriale*. T1, Thèse, Université de Toulouse II, département de géographie et aménagement, mars 2006, p. 177

[6] Cordellier S., Didot B., *Etat du monde 2005, annuaire économique et géopolitique mondiale*, Paris, La Découverte, 2004, cité par Kakule Vyakuno, p. 177

[7] Paluku Kitakya, A., *Interactions entre la gestion foncière et l'économie locale, Nord-Kivu, République démocratique du Congo*, Louvain-la-Neuve, Presses Universitaires de Louvain, 2007, p. 88

[8] Kasai Lenga Lenga, *Dynamisme démo-géographique et mise en valeur de l'espace au Kivu septentrional, Zaïre*, Thèse, Université de Lubumbashi, Faculté de Sciences, département de Géographie, 1988.

[9] Paluku Kitakya, A., *Op. Cit.*, p. 85

dans le registre des affaires enregistrées auprès des cours et tribunaux de la région et d'autres instances non judiciaires de règlement de conflits.

CARTE DES TERRITOIRES DE BENI ET DE LUBERO, NORD-KIVU/RDC[10]

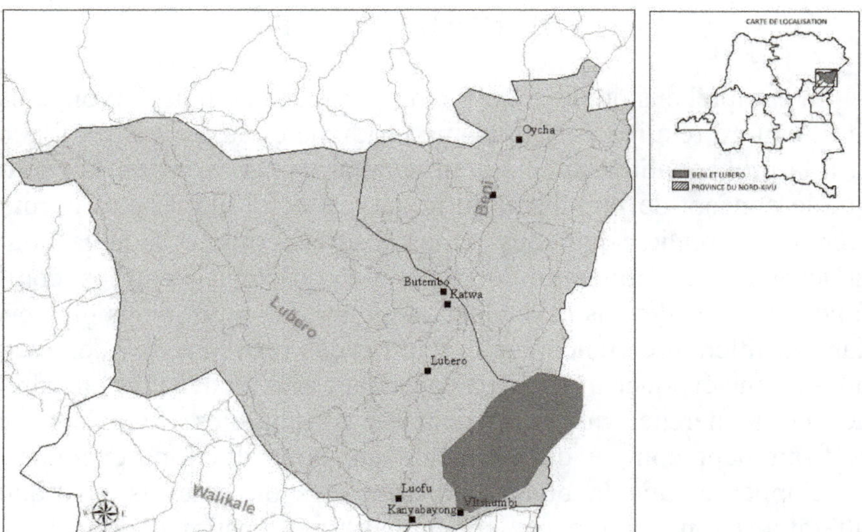

[10] Conception Ngoy Mbaya Lebeau Laurin, Université de Lubumbashi.

4. DEMARCHE METHODOLOGIQUE DE LA RECHERCHE

4.1. METHODES ET TECHNIQUES

La présente recherche a commandé pour sa réalisation le recours à l'étude de la littérature et des sources juridiques documentaires, mais aussi une recherche de terrain par une démarche qualitative empruntée aux sciences sociales. La première approche nous a permis d'aborder la doctrine, la jurisprudence et la législation relatives à notre thématique, la seconde nous a permis de nous imprégner des divers principes et pratiques foncières locales relatives à la gestion et au règlement des conflits fonciers coutumiers.

4.1.1. ETUDE DE LA LITTERATURE ET DES SOURCES DU DROIT ECRIT

La compréhension de notre thème de recherche nous a plongé dans la littérature relative au pluralisme juridique et aux systèmes fonciers et à la problématique foncière en général. Nous avons en fait estimé que le concept de pluralisme juridique est celui qui rendait le mieux compte des réalités que nous avions observées autour de la gestion de la terre et de l'itinéraire juridictionnel qu'empruntent les conflits fonciers. Nous devons cependant souligner que nous avons plus puisé dans la littérature francophone à cause des difficultés évidentes que nous allons évoquer infra. On a cependant estimé, avec les encadreurs de la recherche que les données disponibles rendaient déjà suffisamment compte de la réalité que nous devrions examiner et développer et que la non exploitation des ouvrages issus d'autres littératures (anglo-saxonne, notamment) ne constituait donc pas un handicap majeur à la réalisation de l'étude.

Nous avons également exploité la littérature existante sur la problématique foncière dans la région des grands-lacs en général et en république démocratique du Congo en particulier qui nous a aussi aidé dans la compréhension globale de notre thème. Certaines de ces études portent cependant sur les questions foncières qui se posent un peu différemment de celles observées dans notre milieu d'étude qui est le Territoire de Beni et de Lubero. Les conflits fonciers dans les Territoires de Beni et de Lubero sont des conflits ordinaires liés à l'accès et à la gestion de la terre au sein de mêmes familles, d'une même communauté, alors que dans les autres territoires de la province du Nord-Kivu (Rutshuru, Walikale, Masisi) et dans le district de l'Ituri en province Orientale, il s'agit de conflits opposant des populations qui se réclament autochtones à d'autres jugées à tort ou à raison allochtones, ou alors des conflits entre populations agricultrices et éleveuses.

Cette revue de la littérature nous a permis de faire un état de lieux de ce qui existe comme études en termes d'ouvrages sur la problématique foncière à Beni-Lubero en particulier et dans les Kivu (Nord et Sud) en général.

En effet, des études ont déjà été menées sur des thèmes presqu'analogues dans la région mais en sciences économiques, la première, celle de Makikiri Tsongo, intitulée '*Problématique foncière au Kivu montagneux*'[11], a cherché à savoir s'il y avait des relations entre les systèmes fonciers et les systèmes d'exploitation, avec la conclusion que la faible productivité des systèmes d'exploitation agricole de hautes terres du Kivu est liée à des facteurs exogènes à l'exploitation et difficilement quantifiables qui ne permettent pas une exploitation réelle des ressources foncières.

De ce fait, aux différents systèmes fonciers ne correspondent pas de systèmes d'exploitation particuliers. Seuls les comportements des acteurs fonciers influencent considérablement la distribution des terres entre les exploitants et leur mise en valeur nécessaire pour une augmentation de la production des systèmes d'exploitation agricole ; et pour Mafikiri, les appropriations foncières massives de terres sur base de critères non productifs par certains acteurs conduisent non seulement à une concentration des terres dans certaines classes sociales mais aussi à une marginalisation des exploitations paysannes sans créer une véritable concurrence économique entre les fermes et une exploitation réelle des économies d'échelle indispensable pour

---

[11] Mafikiri Tsongo, A., *La problématique foncière au Kivu montagneux*, Paris l'Harmattan, 1994.

l'accroissement de la production agricole nécessaire pour promouvoir un certain développement[12].

Un autre ouvrage a été publié en 2007 sur un thème qui s'apparente au premier. L'étude porte en effet sur l'*Interaction entre la gestion foncière et l'économie locale en région de Butembo, Nord-Kivu, République démocratique du Congo*[13]. L'auteur y établit des liens étroits entre l'accumulation des terres et la modification des règles de gestion foncière dans la région. L'accumulation des terres est, dit-il, favorisée par le dysfonctionnement des institutions étatiques et coutumières de gestion des terres mais '*relève d'une rationalité économique, qui consiste en la sécurisation des capitaux dans la terre et en une anticipation des périodes favorables à la rentabilité des investissements fonciers*'[14], et ne peut donc s'expliquer par un simple souci de recherche de prestige et d'identification sociale de certains acteurs à leur terre d'origine.

Une troisième étude a, elle, était menée dans le Sud-Kivu, autour de la gestion foncière rurale au Zaïre, mais sur le peuple 'shi'. L'ouvrage qui rend compte de la dite étude est intitulé '*La gestion foncière rurale au Zaïre. Réformes juridiques et pratiques foncières locales*'[15]. Les circonstances de temps et de lieu la rendent différente de la nôtre, même si certaines réalités pourraient se ressembler.

On ne peut pas entreprendre une telle étude sans la placer dans son contexte légal. C'est la raison pour laquelle toutes les analyses de la situation ont été faites à la lumière de la loi dite foncière en République démocratique du Congo qui est en fait la loi n° 73-021 du 20 juillet 1973 portant régime général des biens, régime foncier et immobilier et régime des suretés telle que modifiée et complétée par la loi n° 80-008 du 18 juillet 1980. Une jurisprudence 'locale' des

---

[12] Mafikiri Tsongo A., *op. cit.* p 163-164

[13] Paluku Kitakya A., *Interaction entre la gestion foncière et l'économie locale en région de Butembo, Nord-Kivu, République démocratique du Congo*, Louvain-la-Neuve, Presses universitaires de Louvain, 2007

[14] Paluku Kitakya A., *Op.Cit*. p. 253.

[15] Mugangu Matabaro S., *La gestion foncière rurale au Zaïre. Réformes juridiques et pratiques foncières locales. Cas du bushi*, Paris, L'Harmattan, Louvain-la-Neuve, Academia Bruylant, 1997.

cours et tribunaux de la région de Beni-Butembo relative au règlement des conflits fonciers coutumiers a également largement été exploitée, à côté d'une série de procès-verbaux dits de 'conciliation' établis par les chambres de conciliations des groupements et des chefferies, et des ONG.

4.1.2. LA RECHERCHE DE TERRAIN

L'on sait que l'enquête qualitative constitue un processus dynamique, ouvert, évolutif, loin de toute idée de manuel vu comme une liste de recettes ou de prescriptions opératoires.[16] Elle nous a en effet permis de procéder à la production de données relatives au droit coutumier nande au travers de l'observation participante, des entretiens et des interviews auxquels nous avons procédé, et d'un questionnaire que nous avons élaboré.

Nous avons en fait procédé par combinaison et triangulation pour ce qui est des techniques utilisées (sources écrites, observation participante, entretiens, questionnaires,...) et des sources d'informations afin de mieux cerner les contours du droit foncier coutumier nande dans toutes ses manifestations. En effet, comme le dit Olivier de Sardan, toute recherche de terrain doit prendre en compte des données qui sont de référence, de pertinence et de fiabilité variables, dont chacune permet d'appréhender des morceaux du réel de nature différente, et dont l'entrecroisement, la convergence et le recoupement valent garantie de plausibilité accrue ; elle doit également recouper les informations pour ne pas être prisonnière d'une seule source[17].

Nous avons fait des interviews avec quinze notables, deux gardiens de coutume, neuf 'juges coutumiers', avec des groupes de population, et avec trente paysans lorsqu'il s'est agi de comprendre la coutume et

---

[16] Le Meur, P-Y, *Approche qualitative de question foncière. Note méthodologique*, IRD-REFO, 2002, http://www.mpl.ird.fr/ur095/resultats/Documents%20de%20travail%20UR/4LeMeur.pdf

[17] Olivier de Sardan, J.P., *l'enquête socio-anthropologique de terrain : synthèse méthodologique et recommandations à usage des étudiants,* Laboratoire d'études et recherche sur les dynamiques sociales et le développement local, octobre 2003, p. 42-43

les pratiques juridiques relatives à la gestion de la terre chez les nande. Cela a nécessité plusieurs descentes sur terrain et la rencontre avec plusieurs personnes, les concepts principaux utilisés dans la coutume étant d'une complexité telle qu'il a fallu beaucoup de séances. Ces interviews, réalisées au travers d'entretiens semi directifs avec des individus ou des groupes d'individus, ont été produites d'une façon discontinue durant nos différents séjours locaux, entre février et septembre 2008, 2009 et 2010.

Dans la réalisation de cette étape, nous nous sommes fait assister de quatre collègues défenseurs judiciaires et assistants à l'Université Catholique du Graben, choisis pour leur expérience à la matière et surtout pour avoir participé pour le compte d'une ONG locale à une étude des coutumes foncières qui ont abouti à la rédaction des principes fonciers coutumiers régissant les terres dans les principales chefferies des territoires de Beni et de Lubero.

Toujours dans le souci d'avoir une vue globale sur le droit foncier coutumier nande nous avons procédé à des entretiens libres et semi-directifs avec vingt-trois leaders sociaux et animateurs d'ONG, avec des juges (trois de carrière et deux assesseurs), avec cinq avocats et quatorze défenseurs judiciaires, avec un greffier divisionnaire et un greffier titulaire et nous avons pour certaines questions établi un questionnaire dont le contenu changeait en fonction de la catégorie professionnelle à laquelle les uns et les autres appartenaient.

Ainsi a-t-on globalement évoquer les questions relatives aux principes de gestion de la terre en coutume nande, aux changements intervenus dans les règles de gestion depuis quelques décennies, aux mécanismes de règlement des conflits fonciers, aux forces et faiblesses de la coutume foncière nande, au statut de la femme en matière de gestion foncière, aux causes des conflits fonciers, à la perception de la justice autour des conflits fonciers.

Avec les juges, les animateurs des chambres des conciliation et les auxiliaires de justice, on a échangé autour des thèmes en rapport avec la nature et la fréquence des litiges fonciers portés devant les instances juridictionnelles en territoires de Beni et de Lubero, le niveau d'acceptabilité des jugements rendus et des conciliations proposées, la relation entre les tribunaux de droit écrit et les instances coutumières, les difficultés rencontrées dans l'accomplissement de leur mission.

Les sujets avec les animateurs des ONG ont quant à eux porté sur l'appréhension des problèmes fonciers, la nature de leurs interventions dans le domaine, les solutions envisagées.

Notre milieu d'étude étant notre milieu d'origine, nous avons eu recours à une observation participante de ce qui se fait réellement en matière de gestion foncière et de règlement des conflits fonciers, qui nous a permis de récolter des données surtout de nature descriptive. Nous avons en outre participé à des audiences publiques relatives aux conflits fonciers, que ça soit au niveau des tribunaux ou des chambres de conciliation des chefferies. Cela nous a permis de nous rendre compte du maniement du droit et des pratiques coutumières devant les instances judiciaires.

Nous avons eu également des occasions d'or d'être invité et de participer dans beaucoup d'ateliers organisés par des ONG locales sur la problématique foncière dans la région, ce qui nous a permis de suivre beaucoup de thèmes sur le droit foncier coutumier nande et les conflits fonciers dans la région et d'échanger avec beaucoup de personnes impliquées d'une manière ou d'une autre dans la mise en œuvre du droit coutumier (des chefs de chefferies, des chefs de groupements, des leaders locaux, des paysans cultivateurs vassaux, des chefs terriens,…)

Un atelier a été organisé à Butembo du 21 au 23 août 2008 par le forum des amis de la terre (FAT). Cette ONG a réuni quelques quarante personnes parmi lesquelles des chefs de villages, des notables, des gardiens de coutumes et chefs coutumiers venus des territoires de Beni et Lubero autour d'une réflexion sur l'adoption par eux d'un code de bonne conduite relatif à la gestion des terres dont ils sont les premiers garants dans leurs chefferies respectives.

Un autre atelier a été organisé toujours à Butembo du 3 au 4 mars 2009 par le syndicat de défense des intérêts paysans (SYDIP) sur la problématique foncière, dans lequel on a réfléchi sur la définition et la conception d'un titre foncier local qui sanctionnerait la signature des contrats fonciers coutumiers. Le syndicat a réuni pour cette occasion une cinquantaine de gens parmi lesquels des notables, des gardiens de coutumes, des chefs coutumiers, des leaders sociaux, des universitaires, des juges, des exploitants agricoles. Des thèmes comme le rôle du tribunal de paix dans la gestion des conflits fonciers coutumiers, les principes fonciers coutumiers chez les nande en général et dans le clan Baswagha en particulier, y ont été développés et nous avons profité de l'opportunité pour rencontrer et avoir des entretiens avec des opérateurs fonciers, des gardiens de coutumes, des 'juges' des tribunaux coutumiers, etc.

Un dernier atelier auquel nous avons participé a eu lieu dans la cité de Mulo situé à une quarantaine de kilomètres au sud de Butembo du 21 au 26 septembre 2009 sous l'égide du centre d'animation pour la culture et le développement de Kirumba (CACUDEKI), toujours sur la problématique foncière, autour de quelques 200 personnes dont des petits exploitants agricoles, des chefs de localités, des chefs de cités, des chefs de groupements et de chefferies, des universitaires, des délégués de l'institut congolais de la conservation de la nature, des délégués d'autres ONG œuvrant dans le domaine foncier. Des thèmes développés comme *l'éthnogéographie du Grand-Nord et les droits de propriété foncière dans la coutume nande*, *Conflits fonciers, expropriations au Grand-Nord et conflits armés* ou encore *la femme paysanne du Nord-Kivu sans terre pour nourrir la famille*, nous ont confortés dans ce que nous avions déjà comme compréhension des pratiques coutumières, et de leur mise en œuvre, et de la lecture que nous avions sur la problématique du règlement des conflits fonciers dans la région.

Notre position d'originaire de la région nous a en fait facilité la tâche, et a permis une récolte facile de données parce qu'en fait nous n'avons pas eu besoin d'intermédiaire pour rencontrer des gens, pour mener des entretiens, pour faire des interviews.

Les autres informations sur la problématique foncière dans la région ont été tirées de la littérature grise produite sur la région par les organisations non gouvernementales et agences de développement ; elles ont aussi été puisées des archives des administrations territoriales et des articles de presse écrite.

Concernant le matériau analysé, nous nous sommes en effet rendu auprès des tribunaux de paix de Beni et de Butembo, et de grande instance, siège secondaire de Butembo, mais aussi dans des cabinets de défenseurs judiciaires et d'avocats pour avoir les jugements rendus dans les conflits fonciers. Cela nous a permis d'accéder à quelques 100 jugements que nous avons exploités lors de nos différents séjours belges. Nous nous sommes également rendu auprès des chefferies traditionnelles où nous avons eu accès aux procès verbaux de conciliation, une cinquantaine, que nous avons également exploitée lors de mêmes séjours. Ici nous avons été dans deux grandes chefferies, celle de Baswagha en territoire de Lubero et celle de Bashu en Territoire de Beni. Nous avons également été dans les bureaux administratifs des Territoires de Beni à Oicha et de Lubero à Lubero où nous avons également recueilli quelques données, des procès-verbaux de conciliation, autour des conflits fonciers dont ils ont été saisis aux fins de règlement.

Nous avons également cherché à comprendre ce que font les organisations non gouvernementales locales et internationales dans le domaine foncier notamment dans le règlement des conflits fonciers, ce qui nous a naturellement orientés auprès des sièges de celles qui ont parmi leurs activités l'étude de la problématique foncière. Des PV qu'elles font signer aux parties en conflits à l'issue de leur médiation nous ont été d'un grand apport pour la compréhension de la problématique foncière.

Cette démarche nous a permis d'avoir une vue globale sur l'activité juridictionnelle menée dans les instances ci-haut identifiées, sur la compréhension du droit et des pratiques coutumières appliqués dans la résolution des conflits fonciers dans les Territoires de Beni et de Lubero mais aussi, au travers des relevés statistiques des dossiers judiciaires auxquels nous avons procédé, sur l'importance des conflits relatifs à la terre dans cette partie de la République démocratique du Congo.

Pour ne pas tomber dans les pièges des matériaux 'intéressants' parce qu'ils iraient dans le sens de notre recherche, nous avons pris les jugements et les PV de conciliation ci-haut indiqués sur la base de leur disponibilité d'accès. Nous n'avons pas préétabli les critères pour les conflits dont nous voulions avoir les jugements et les PV de conciliation. Nous avons pris juste ceux qui étaient disponibles et ce par classement annuel. Le seul critère était que les jugements et les PV de conciliation recherchés aient été rendus dans le cadre du règlement d'un conflit foncier coutumier, c'est-à-dire portant sur une terre coutumière, et ce entre 2000 et 2010. Le choix de cette période s'explique par le fait qu'il est quasiment difficile sinon impossible de trouver les données d'avant l'année 2000, les archives des tribunaux de la région ayant été à plusieurs reprises détruites dans des manifestations estudiantines et d'autres ou lors de la prise des villes de Butembo et de Beni par des mouvements rebelles qui ont toujours fait des tribunaux une de leurs cibles préférées (1996-2003).

La récolte des données s'est effectuée durant trois séjours sur le terrain de recherche, au cours des mois de février à septembre des années 2008, 2009 et 2010. L'exploitation des matériaux ainsi récoltés et leur mise en forme a quant à elle eu lieu durant les séjours en Belgique, octobre 2008-janvier 2009, octobre 2009-janvier 2010, et octobre-décembre 2010.

4.2. DIFFICULTES RENCONTREES

Cette recherche ne s'est cependant pas menée sans heurts. La première difficulté est liée à la non maîtrise de la langue de Shakespeare, ce qui a sans doute réduit un peu le champ d'investigation par rapport à la recherche relative aux données de littérature. Mais comme nous l'avons dit plus haut, les éléments que nous avions déjà récoltés dans la littérature francophone à laquelle nous avons eu accès, ont été jugés suffisants par nous et par nos encadreurs car ils nous ont permis de dessiner les contours des questions que notre thème de recherche nous imposait d'étudier.

Une autre difficulté est liée à la sensibilité de la question foncière dans les Territoires de Beni et de Lubero. Il existe tellement de conflits que toute enquête est d'abord perçue comme de l'espionnage. Tout chercheur est d'abord suspect surtout quand il s'adresse à des personnes qui sont impliquées dans des conflits fonciers, on pense d'emblée qu'il roule pour la partie adverse. On est donc méfiant pour toute curiosité sur des questions de terres. Mais cette difficulté a été surmontée par les assurances que nous avions données que les données de l'enquête ne seraient exploitées que dans le cadre d'une recherche scientifique et qu'elles ne seraient pas utilisées dans une quelconque logique partisane liée à un quelconque conflit. Nous avons demandé pour ce faire d'obtenir une attestation de recherche que notre Université d'attache a mise à notre disposition. Mais parfois la simple attestation ne suffit pas. Pour ceux qui demandaient d'avoir d'autres garanties, nous sommes carrément passé par leurs avocats-conseils pour les rencontrer.

Une autre difficulté est liée au mythe dont on entoure encore certains milieux coutumiers dans les Territoires de Beni et de Lubero, notamment les chefs-lieux des chefferies et les villages abritant les grandes vérandas coutumières mais aussi à la méfiance qu'on affiche à l'égard de toute enquête relative à la gestion foncière, laquelle méfiance s'explique également par le fait que les questions foncières dans les territoires de Beni et de Lubero ont une corrélation avec le pouvoir coutumier. Certains conflits fonciers sont en réalité des conflits de pouvoir. On veut, pour recevoir le chercheur, se rassurer qu'il n'est pas dans le camp de l' « opposition ». On comprend dès lors qu'il n'est pas facile de pénétrer dans ces milieux, pourtant importants pour la compréhension des questions coutumières notamment celles liées à la terre. C'est en fait ici qu'on peut facilement entrer en contact avec les gardiens de coutumes et l'entourage du mwami et rencontrer des personnes ressources en matière de connaissance coutumière. Au début, cela a constitué une réelle difficulté. Mais par la suite, après y être introduit par d'autres notables amis et connaissances proches de ces milieux, les portes se sont ouvertes, les amitiés se sont tissées, la confiance a été établie et la méfiance a cédé la place à la collaboration.

Une difficulté, mais qui a été rapidement une assurance, a été qu'au fur et à mesure que nous enquêtions, nous commencions à attendre les mêmes choses, à recevoir les mêmes informations. Il y a eu comme une saturation des données. Cela a cependant tourné en une garantie, comme nous venons de le dire, le fait pour les informations de se répéter, ayant été finalement perçu par nous comme la preuve que les données déjà recueillies étaient suffisantes.

5. PARTITION

La présente réflexion s'articule autour de trois chapitres. Le premier portera sur le pluralisme juridique et judiciaire et sur ses manifestations dans le système foncier africain en général et congolais en particulier, et évoquera les systèmes fonciers africains dans leur dynamisme, et ce, avant d'évoquer l'évolution du droit foncier congolais. Le deuxième analysera le droit foncier coutumier. Il en présentera les grands principes et les évolutions récentes avant de le placer dans l'environnement sociopolitique et économique dans lequel il se meut. Le troisième, en fin, se penchera sur le droit foncier coutumier nande et le règlement des conflits fonciers en territoires de Beni et de Lubero. Sa manipulation par les juridictions judiciaires étatiques, son appropriation par les instances informelles. Il mettra également en exergue l'itinéraire suivi par les conflits fonciers sur le chemin de leur prise en charge.

CHAPITRE PREMIER : LES SYSTEMES FONCIERS AFRICAINS, ENTRE MONISME ET PLURALISME

Le chapitre ainsi intitulé fait une brève discussion sur les thèmes de pluralisme juridique et de systèmes fonciers coutumiers. Il essaiera de rendre compte de multiples débats de doctrine qui existent à ces jours autour de la théorie de pluralisme juridique, esquissera la situation de pluralisme juridique en Afrique dans le contexte historique depuis la colonisation et évoquera les systèmes fonciers africains au travers notamment des notions de coutume, de la conception de la terre dans le système foncier coutumier, du dynamisme des systèmes fonciers coutumiers. Il passera en outre en revue l'évolution de droit foncier congolais.

SECTION I : LE PLURALISME JURIDIQUE :

Cette section veut rendre compte de l'étendue et des contours de la notion de pluralisme juridique, de son état dans les systèmes fonciers africains et en droit congolais. Le pluralisme juridique a été au départ conçu comme la coexistence au sein d'une société déterminée de plusieurs systèmes juridiques, avant d'être ramené au niveau de l'individu dont on a fait le centre du pluralisme. Il est également mis à contribution pour la compréhension du phénomène de juridicité. L'une de ses manifestations les plus importantes est le terrain du foncier en Afrique, où coexistent sur le plan de la gestion de la terre des normes étatiques et des normes coutumières, à côté d'autres pratiques juridiques foncières locales.

§1 : ETENDUE ET CONTOURS DE LA NOTION

Aujourd'hui beaucoup de réalités anthropologiques et juridiques ne peuvent être comprises que si on les examine à la lumière de la théorie de pluralisme juridique en élaboration depuis quelques décennies.

Cette théorie encore en chantier pourrait-on dire est, pour Norbert Rouland, un courant doctrinal insistant sur le fait qu'à la pluralité des groupes sociaux correspondent des systèmes juridiques multiples agencés suivant des rapports de collaboration, de coexistence, de compétition ou de négation ; l'individu est un acteur du pluralisme juridique dans la mesure où il se détermine en fonction de ses appartenances multiples à ces réseaux. Sur le plan méthodologique, il indique que les diverses théories du pluralisme juridique insistent sur la nécessité de rechercher les manifestations du droit ailleurs que dans les domaines où les situe la théorie classique du droit. Il s'en suit donc, poursuit-t-il, que sur le plan politique, les mêmes théories relativisent la tendance de l'Etat à se présenter, par le relais de la prééminence de la loi dans la hiérarchie des sources du droit, comme la source principale ou exclusive du droit[18].

Comme l'affirme Rodofo Sacco, le pluralisme juridique prête attention aux sous-groupes sociaux, à l'interaction entre l'ordre des communautés locales et l'ordre normatif plus général, aux diverses modalités de gestion des conflits qui éclatent respectivement à l'intérieur du groupe restreint et entre des groupes opposés ; il oppose le droit officiel et le droit non officiellement reconnu, il conteste énergiquement l'identification de l'Etat avec le Droit[19].

1.1. PLURALISME JURIDIQUE : DE LA CONCEPTION CLASSIQUE A LA CONCEPTION RADICALE

La notion de pluralisme juridique a en fait évolué au travers du temps. Le pluralisme juridique a d'abord été considéré comme le fait de l'existence au sein d'une société déterminée de mécanismes juridiques différents s'appliquant à des situations identiques[20]. Il s'agit de la situation où coexistent plusieurs systèmes juridiques dans un même milieu, dans une même unité d'espace et de temps, unité

[18] Rouland, N., *L'anthropologie juridique*, Paris, Presses Universitaires de France, 1995, p. 39-40.

[19] Rodolfo Sacco, *Anthropologie juridique. Apport à une macro-histoire du droit*, Paris, Dalloz, 2008, p.61.

[20] Vanderlinden, J, *Essai de synthèse*, in Gilissen, J., (éd.) *Le pluralisme juridique*, Bruxelles, éditions de l'ULB, 1972, p. 19.

comprise comme un Etat ou comme toute forme de groupement humain[21].

Il y a pluralisme juridique lorsqu'une société tolère, en son sein, en leur conférant une reconnaissance plus ou moins étendue et contrôlée, l'existence de groupes sociaux disposant de la capacité totale ou partielle d'organiser les rapports entre leurs membres à travers un ordre de nature juridique[22].

Cette conception correspond à ce que dans la doctrine on qualifie de pluralisme faible, qui est celui dans lequel tout l'avantage revient à l'Etat et au droit étatique qui demeure hiérarchiquement supérieur[23]. Tout en reconnaissant une diversité des manifestations juridiques, la conception de pluralisme faible subordonne leur reconnaissance à un acte de l'Etat et organise en termes de hiérarchie des ordres juridiques relevant de son champ d'intervention[24]. Ce pluralisme juridique, appelé aussi faux pluralisme, est caractérisé par la reconnaissance d'une pluralité de normativités alternatives tempérées par leur subordination au droit étatique ou par la marginalisation de leur importance[25]. Vandelinden le qualifie de pseudo pluralisme. Il estime que

'*Le seul fait de la reconnaissance et/ou du contrôle d'autres ordres juridiques par l'ordre étatique (ou tout autre qui puisse y être assimilé) d'une part incorpore ces autres ordres juridiques à*

[21] Lebel-Grenier, S., *Pour un pluralisme juridique radical*, Montréal, Ed. Sébastien Lebel Grenier, 2002, p. 22.

[22] Vanderlinden, J., *Villes africaines et pluralisme juridique*, in Journal of legal pluralism, 1998, n°42, p. 252-253.

[23] Le Roy E., cité par Haouna Lamine, *pour un pluralisme plus effectif*, in cahiers d'Anthropologie juridique, 2003, p. 165.

[24] Le Roy E., *Oser le pluralisme judiciaire*, rapport introductif à la conférence des ministres francophones de la Justice au Caire, Paris, ACCT, 1995, 28p, non publié, cité par Haoua Lamine, in *Principes de régulation juridique de la mêlée normative au nord du Cameroun. Essai d'Anthropologie du droit*, thèse de doctorat, Université de Paris I, Panthéon Sorbonne, p 190

[25] Lebel-Grenier, *op. cit.*, p. 56.

l'ordre étatique, et d'autre part ne permet pas de les considérer comme autonomes'[26].

Pour beaucoup de doctrinaires en fait, le droit étatique ne devrait plus être reconnu que comme un système juridique parmi une multitude de systèmes juridiques dont aucun ne peut prétendre à une hégémonie factuelle sur les autres, et encore moins à la légitimité d'une quelconque hégémonie idéologique. On devrait refuser au droit étatique toute catégorisation particulière, du moins d'un point de vue substantiel[27].

La conception du pluralisme faible se distingue naturellement de celle du pluralisme dit fort. Celui-ci existe en effet lorsque le droit étatique perd son monopole comme source de règlement de conflit. Le mode étatique de règlement de conflit est alors en concurrence avec les autres modes de règlement de conflits du fait de la pluralité des mondes[28].

Le pluralisme juridique fort met en effet en évidence une pluralité de régulations qui peuvent être concurrentielles entre elles, et cette concurrence et les options qu'elle génère ne peuvent être gérées et assumées que par l'individu. Ainsi entendu, le pluralisme fort entraîne un renversement de perspective, qui fait passer du point de vue de l'Etat à celui de *l'individu-citoyen* tout en concevant des relations fortes entres les deux[29].

Cette distinction entre pluralisme juridique fort et faible rejoint celle établie par Gordon Woodman, qui fait état de pluralisme juridique profond et de pluralisme juridique étatique. La première situation est celle dans laquelle un droit coutumier peut exister à l'extérieur et à côté de l'Etat, plutôt qu'être incorporé à l'intérieur du

---

[26] Vanderlinden J., *Villes africaines et pluralisme juridique*, in Journal of legal pluralism, n°42, 1998, p. 253.
[27] Lebel-Grenier, S., *op. cit.*, p. 36.
[28] Le Roy E., cité par Haouna Lamine, *pour un pluralisme plus effectif*, in Cahiers d'Anthropologie juridique 2003, p. 165
[29] Haoua Lamine, *principes de régulation juridique de la mêlée normative au nord-Cameroun. Essai d'Anthropologie du Droit*. Thèse de doctorat, Université de Paris I, Panthéon Sorbonne, 2007, 190.

droit étatique. Woodman cite ici l'exemple des pays africains où le droit étatique a la prétention de remplacer ou de transformer le droit coutumier ; l'Etat étant un contrôleur relativement inefficace des comportements sociaux, les gens ont toujours tendance à continuer à agir en accord avec leurs droits coutumiers. Dans la seconde situation, celle du pluralisme étatique, un droit coutumier peut-être adopté et respecté à certaines fins par les institutions étatiques. Ainsi, les cours et tribunaux appliquent le droit écrit et les droits coutumiers. Il s'agit, dit-il, d'une forme de pluralisme juridique à l'intérieur du droit étatique[30].

L'évolution de la conception du pluralisme juridique a ramené la réflexion vers l'individu, considéré comme le point de convergence de divers systèmes juridiques. Ainsi le pluralisme juridique a-t-il été considéré comme « *une situation dans laquelle un individu se trouve au carrefour de plusieurs ordres juridiques et oriente par son choix la solution à donner à un conflit éventuel tant du point de vue du for compétent que du droit applicable* »[31], autrement dit, une situation dans laquelle un individu peut, dans une situation identique se voir appliqué des mécanismes juridiques relevant d'ordres juridiques différents.

Les individus revêtent en effet plusieurs identités, ils sont membres de plusieurs groupes d'intérêts, qui sont autant de sociétés qui produisent du droit. Ce qui fait que devant toute situation, l'individu se place au carrefour de beaucoup de droits qui peuvent s'appliquer à lui. Il convient de reconnaître, écrit Jacques Vanderlinden, l'importance non seulement quantitative, mais encore qualitative des identités sociales, ethniques, religieuses, associatives, économiques et autres qui se sont particulièrement développées en Afrique à l'heure actuelle, bien que certaines d'entre elles remontent à la période précoloniale et à la période coloniale. Ces identités se superposent en chaque individu à l'identité nationale, mais sans que celle-ci l'emporte nécessairement sur elles. L'individu possède en fait l'identité multiple

---

[30] Woodman G., *droit comparé général*, in Wanda Cappeler, Takanori Kitamura (sous la direction de), *une introduction aux cultures juridiques non occidentales. Autour de Masaji Shiba*, Bruxelles, Bruylant, 1998, pp.129-130

[31] Vanderlinden, J., *Villes africaines et pluralismes juridiques*, in Journal of legal pluralism, nr. 42, 1998, p. 251.

l'englobant dans plusieurs sociétés et donc dans plusieurs droits. Il devient sujet de droits, sans que ce soit nécessairement la société étatique ou nationale et donc son droit qui prévale sur les autres[32].

Dans cette perspective du pluralisme juridique, écrit Roderick Macdonald, le sujet est inévitablement multiple; ni l'une ni l'autre des multiples personnes que nous sommes ne prédomine sur les autres en toute occasion.

> « *Au contraire, notre vécu nous permet précisément d'exprimer l'une ou l'autre de ces personnes selon les circonstances. Dans nos rapports avec les autres, nous choisissons constamment laquelle de nos identités nous voulons privilégier, tout comme les autres nous assignent également les identités qu'ils veulent privilégier. Nous faisons appel à des critères de cohérence pour nous auto-évaluer dans le contexte des diverses possibilités qui nous sont ouvertes, et pour choisir l'ordre juridique qui nous convient davantage à un moment donné. Ce processus d'auto-évaluation se déroule comme la médiation entre nos identités multiples* »[33].

Cet individu, placé au carrefour de divers droits produits dans les champs normatifs auxquels il appartient, est obligé par moment à opérer un choix entre celui qui doit s'appliquer à sa situation, notamment à l'occasion de la survenance d'un conflit. Il recherche, tant sur le plan de la substance du droit que sur celui de sa mise en œuvre par le tribunal, la solution qui lui est favorable. Il s'agit de ce que le monde anglophone appelle la situation de forum shopping. La notion nous vient du droit international privé. La personne qui prend l'initiative d'une action en justice peut être tentée de choisir le tribunal en fonction de la loi qu'il devra appliquer. La personne qui entame l'action peut être tentée de choisir un for non parce qu'il est le for le mieux placé pour connaître du litige mais parce que les règles des

[32]Vanderlinden J., *rendre la production du droit aux peuples* ; http://www.politique-africaine.com/numeros/pdf/062083.pdf, 11 décembre 2008.

[33] Macdonald R., *l'Hypothèse du pluralisme juridique dans les sociétés démocratiques avancées*, in Revue de Droit de l'Université de Sherbrooke, (2002-03) 33, p. 141.

conflits de lois que ce tribunal utilisera mèneront à l'application de la loi qui lui convient le mieux[34].

Parlant de la pluralité des instances juridictionnelles auxquelles peuvent recourir les habitants du village de Minangkabau situé dans le Sumatra Ouest pour régler leurs conflits, Keebet von Benda-Beckmann donne en effet la même conception de la notion de 'forum shopping' lorsqu'elle écrit :

« *In analogy to private internationnal law I shall speak of 'forum shopping' here, because disputants have a choice between different institutions and they base their choice on what they hope the outcome of dispute will be, however vague or ill-founded their expectations may be* '[35].

Le forum shopping est constaté dans beaucoup de situations. Tel l'individu qui décide par exemple de ne faire qu'un mariage civil, parce qu'il sait que là au moins existe la possibilité de demander un divorce, alors qu'il peut aussi se marier religieusement. Tel autre qui décide de porter son litige devant un tribunal de droit écrit parce qu'il estime que la décision qu'il aura ici aura une force contraignante ou devant le service de médiation d'une ONG à laquelle il appartient, ou devant le tribunal de chefferie du groupe clanique dont il est ressortissant. Le pluralisme juridique est en fait la conséquence de l'appartenance à ses identités multiples que portent les individus dans les sociétés actuelles, et qui, comme nous l'avons dit, produisent du droit autant que celui de l'Etat.

Comme le dit Françoise Martinat, les théories les plus récentes sur le pluralisme juridique insistent sur le fait que les individus agissent tous comme des acteurs, adaptant et réadaptant leurs appartenances à de divers systèmes juridiques en fonction de leurs stratégies. Ils exercent des choix préférentiels ou réversibles entre diverses formes

---

[34] http://www.justice.gov.ma/rmcji/Glossaire.aspx

[35] Keebet von Benda-Beckmann, *Forum shopping and shopping forums: dispute processing in a Minangkabau village in West Sumatra*, in Journal of legal pluralism, n°19, 1981, p. 117.

d'organisation socio-juridiques, sans que disparaissent celles qui passent provisoirement à l'arrière-plan[36].

1.2. PLURALISME JURIDIQUE ET JURIDICITE : DE LA THEORIE DES ARCHETYPES AU MULTIJURIDISME

La théorie du pluralisme juridique est également aujourd'hui avancée dans le cadre de la compréhension du phénomène de la juridicité. Qu'est ce qui doit en fait être considéré comme Droit ? Celui produit par l'Etat et ses subdivisions? Ou alors doit-on aussi considérer celui produit dans d'autres champs normatifs ?

Le pluralisme juridique nous permet en effet d'aborder le phénomène de la juridicité et la notion de droit autrement que par la théorie occidentale qui a fait que les sociétés non occidentales ont été considérées comme n'ayant pas connu l'institution droit. Il faut désormais rechercher ce qui dans ses sociétés, joue le rôle de ce qui est considéré comme du droit dans les sociétés occidentales et le prendre comme tel[37].

En effet, pour comprendre la forme et le sens des institutions juridiques d'une société il faut donc les rapporter non aux institutions de sa propre société mais à l'univers de celle dans laquelle on les observe. La loi n'a ni la même expression, ni la même signification en Chine, en Afrique noire, en pays d'Islam[38].

Pour saisir la portée de réflexion, il faut se référer à la théorie des archétypes élaborée par Michel Alliot[39]. Celui-ci aboutit en effet à la conclusion que la juridicité se noue différemment selon différentes formes. Il établit pour ce faire, à partir des exemples tirés dans l'Egypte ancienne et dans l'Afrique traditionnelle, dans l'univers confucéen et dans l'univers occidental et celui de l'Islam, trois

---

[36] Matinat, F., *la reconnaissance des peuples indigènes entre droit et politique*, Villeneuve, Presses Universitaires du Septentrion, 2005, p. 129.

[37] Alliot, M., *Anthropologie et juristique. Sur les conditions d'élaboration d'une science de droit*, in bulletin de liaison du Laboratoire d'anthropologie juridique de Paris, n°6, pp. 83-117.

[38] *Ibid.*

[39] *Ibid.*

archétypes (différentes visions du monde) qui sont des modèles qui permettent de dégager l'originalité de diverses traditions dans leur manière de nouer la juridicité : celui de la différenciation ou de la manipulation, celui de l'identification et celui de la soumission. On peut retenir de cette théorie des archétypes que le phénomène de juridicité se manifeste de plusieurs façons, selon qu'il s'agit de telle ou de telle autre culture[40].

Dans l'archétype de la différenciation, inspiré de l'Afrique traditionnelle, le monde est vu comme résultant d'une harmonie dynamique d'une multitude de forces différenciées mais complémentaires. Ce sont les principes de la différentiation et de la complémentarité des différences qui sont au fondement du lien social. En outre est valorisée l'internalité. Si la société est structurée par le jeu de groupes différenciés et interdépendants, les conflits se règlent de préférence au sein du groupe qui les a vus naître.

Dans le deuxième archétype, celui de l'identification, inspiré de la Chine ancienne, on est dans une vision plus dualiste : l'univers évolue en suivant sa propre voie et dans le balancement entre les deux principes opposés mais complémentaires que sont le *yin* et le *yang*. L'idéal est que la société humaine se conforme à cet ordre cosmique par l'autodiscipline de chacun qui se cristallise dans le respect des rites *(li)*. Dans l'univers confucéen, écrit Michel Alliot, le monde se gouverne spontanément, sans maître, sans lois venus de l'extérieur, comme l'individu quand il agit, non pour exécuter un ordre, mais pour suivre son inclination[41].

Enfin, l'idée de l'archétype de la soumission est avancée pour le monde de l'Islam et l'Occident chrétien. En effet, dans l'univers chrétien et ses descendants laïcisés, il s'agit de l'idée d'un monde qui est créé et régulé à partir l'extérieur par des lois universelles. Le droit est avant tout pensé dans les sociétés occidentales comme soumission à des normes générales et impersonnelles préexistantes à tout conflit.

---

[40]Lire Eberhard Ch., *le droit au miroir des cultures. Pour une autre mondialisation*, Paris, LGDJ.

[41] Alliot, M., *Anthropologie et juristique. Sur les conditions d'élaboration d'une science du droit*, Bulletin de liaison du LAJP, n°1983, pp. 83-117.

L’univers occidental partage avec l’Islam la représentation que le droit vient en quelque sorte d’en haut et qu’on doit s’y soumettre.

Avec le temps d’autres archétypes se sont rajoutés à cette théorie, notamment celui de l’articulation concernant l’Inde et celui de la rationalisation caractérisant plus particulièrement l’évolution moderne des sociétés occidentales[42]. Mais ce sont les trois premiers qui ont permis de s’émanciper d’une vision unitaire du droit et qui nous ont permis petit à petit de comprendre le phénomène général de juridicité dans sa complexité.

Cette théorie des archétypes a été à la base de celle du multijuridisme conçue par Etienne Le Roy, selon laquelle le phénomène juridique ne repose pas sur un seul fondement (étatique) mais qu’il en compte trois qu’on peut relier aux archétypes de Michel Alliot. Ces fondements sont les normes générales et impersonnelles (qui correspondent à l’archétype de l’ordonnancement imposé de la réalité sociale), les modèles de conduites et de comportement, (liés à l’ordre négocié) et les habitus qui sont les systèmes de dispositions durables (correspondant à l’archétype de l’ordre accepté)[43].

Le multijuridisme rejoint en fait la théorie de Jacques Vanderlinden, selon laquelle, au lieu de concevoir le droit à partir de l'ordre étatique, il faut plutôt le faire selon le point de vue du citoyen, sujet de droits. Le multijuridisme veut traduire le fait que chaque individu est partie prenante, dans sa vie familiale, professionnelle ou publique, de multiples groupes dont les règles, les règlements, les habitudes ou les habitus s'imposent à lui de manière plus ou moins concurrentielle. Le Roy estime cependant que cet individu n’est pas l’individu en soi, mais l’acteur, cet individu inscrit dans la société par de multiples appartenances, jouant dans chacun des collectifs un rôle

---

[42] Lire Le Roy E., *le jeu des lois, une anthropologie dynamique du droit*, Paris, LGDJ, 1999.

[43] Eberhard Christophe, *Penser le pluralisme juridique de manière pluraliste. Défi pour une théorie interculturelle du droit*, in cahiers d’anthropologie du droit 2003, p. 53 ; *Le droit au miroir des cultures. Pour une autre mondialisation*, Paris, LGDJ, pp. 22-23.

particulier où il se voit reconnaître des droits et des obligations[44]. Si, jadis, les régulations de l'Etat avaient tendance à prévaloir, ce type de situation est en cours de changement et on tente de le systématiser dans une lecture « post-moderne du droit », en particulier en matière de théorie des droits de l'homme et d'État de droit en Afrique[45].

Il faut en fait considérer que, de manière générale, la socialisation des êtres humains dans la perspective de reproduction de l'humanité peut s'opérer fondamentalement par les lois et les codes qui réunissent et ordonnent des règles prescriptives, générales et impersonnelles, par les coutumes qui expriment et condensent des modèles de conduite et de comportement, et enfin par les habitus[46] qui sont des systèmes de dispositions durables, plus ou moins ritualisés. Ces trois référents se retrouvent dans chaque société mais avec des montages et des combinaisons différents[47].

Cette théorie du multijuridisme nous permet de considérer que l'Etat n'est pas le seul producteur du droit, mais qu'il partage cette fonction avec d'autres sphères normatives. Le droit devient ainsi tripode parce qu'il est contenu dans les normes générales et impersonnelles, dans les modèles de conduite et de comportement et dans les systèmes de dispositions durables.

Le concept de pluralisme juridique est aussi proche de celui de l'interlégalité et participe avec lui dans la conception postmoderne du droit telle que formulée par De Sousa Santos. Le pluralisme juridique occupe une place importante dans la théorie de celui-ci, mais comme il le dit lui-même, il ne s'agit '*pas (du) pluralisme juridique de l'anthropologie du droit classique, dans laquelle les différents ordres*

---

[44] Le Roy, E., *le pluralisme juridique aujourd'hui ou l'enjeu de la juridicité, in Les pluralismes juridiques*, cahiers d'anthropologie du droit, 2003, p. 13.
[45] Le Roy, E., *Les recherches sur le droit interne des pays en développement, du droit du développement à la définition pluraliste de l'Etat de droit*, in Etat des savoirs sur le développement, trois décennies de sciences sociales en langue française, Paris Karthala, p. 80.
[46] L'habitus a été défini par Pierre Bourdieu comme 'ce qui nous pousse à nous comporter ainsi que nous nous comportons' (cf. Rude-Antoine et Chrétien-Vernicos, G., *Anthropologies et états de savoirs*, Paris, Dalloz, 2009, p. 98.)
[47] Le Roy, E., cité par Eberhard Ch., *Droits de l'homme et dialogue interculturel*, Paris, Ed. des écrivains, 2002, p. 173.

juridiques sont conçus comme des entités séparées qui coexistent dans le même espace politique, mais plutôt l'idée d'espaces juridiques différents superposés, interpénétrés et mélangés dans nos esprits autant que dans nos actions juridiques'[48]. Ainsi l'interlégalité est pour De Sousa Santos un croisement de différents ordres juridiques caractérisant notre vie juridique. Elle est la *'contrepartie phénoménologique de la pluralité juridique, ce qui fait qu'elle est le deuxième concept-clé d'une conception post-moderne du droit'*[49].

« *Nous vivons,* note De Sousa Santos, *dans un temps de légalité poreuse ou de porosité juridique, où de multiples réseaux d'ordres juridiques nous forcent constamment à des transitions ou à des empiétements. Notre vie juridique se caractérise par le croisement de différents ordres juridiques, c'est-à-dire, l'interlégalité* »[50].

Ce concept, à en croire Françoise Martinat, « *défend ainsi l'idée d'une hybridation des ordres et de leurs représentations. Les multiples significations et ordres légaux interagissent et se complètent, de sorte qu'il n'est plus possible de trouver un ordre ou/puis un autre dans une situation donnée mais plutôt un nouvel ordre* »[51].

On peut retrouver des cas d'interlégalité dans beaucoup de situations. En droit congolais de la famille par exemple, on peut dire que le législateur a fait sienne la conception coutumière de l'autorité maritale qui est le principe dans les sociétés traditionnelles congolaises lorsqu'il institue à l'article 444 du code de la famille : « *le mari est le chef du ménage. Il doit protection à sa femme; la femme doit obéissance à son mari* » ou alors lorsqu'il oblige la femme mariée à obtenir l'autorisation de son mari pour tous les actes juridiques dans lesquels elle s'oblige à une prestation qu'elle doit effectuer en personne, comme l'exige l'article 448 du code de la famille. Il est aussi le cas dans certaines transactions coutumières dans lesquelles on note une certaine contractualisation par écrit avec l'introduction

---

[48] De Sousa Santos, cité par Baudouin Dupret, Droit et sciences sociales, p. 25.

[49] De Sousa Santos, *Droit : une carte de la lecture déformée. Pour une conception post-moderne du droit*, in Droit et Société, n°10, 1988, p. 403.

[50] *Ibid.*, p. 403.

[51] Martinat, F., *La reconnaissance des peuples indigènes entre droit et politiques*, Villeneuve d'Ascq, presses universitaires du Septentrion, 2005 pp. 129-130.

encore timide de l'écrit pour constater des transactions passées sous le régime du droit coutumier.

1.3. PLURALISME JURIDIQUE, PLURALISME JUDICIAIRE

Quid du pluralisme judiciaire ? Celui-ci est une des applications du pluralisme juridique. Il part en fait de l'idée qu'aux multiples droits produits par les groupes auxquels les individus appartiennent, correspondent autant de modes de règlement de conflits. Ainsi, à côté du droit judiciaire étatique, fonctionnent-ils d'autres mécanismes auxquels les individus recourent, mécanismes mis en place au sein de différents réseaux dont sont membres les individus portant aujourd'hui des identités multiples.

Il repose en effet sur l'idée qu'à la pluralité des mondes, c'est-à-dire des appartenances collectives avec leurs identités propres, correspondent non seulement des normes spécifiques mais aussi, au moins potentiellement, des modes propres de règlements de différends. Plusieurs voies peuvent coexister, plus ou moins institutionnellement organisées pour régler un différend et le choix dépend parfois de l'injonction de l'Etat, mais le plus souvent, pour les petits conflits au quotidien, de facteurs divers tels la qualification des faits, la présence des témoins, la mobilisation des ressources,... [52]. Ainsi voit-on des gens s'en remettre pour leurs litiges à un conseil de famille, à un conseil de village, à une instance religieuse, à une organisation syndicale, à une organisation non gouvernementale, à un arbitre,...

Dans cette occurrence, l'Etat partage la fonction de rendre la justice avec d'autres instances, plus ou moins reconnues ou qui s'imposent par leur légitimité. Certains Etats reconnaissent par exemple les tribunaux coutumiers et d'autres instances juridictionnelles comme les confréries religieuses mais dont ils essayent de contrôler le fonctionnement, dans d'autres ils sont carrément interdits de fonctionner. Mais malgré cette interdiction, des instances informelles

[52] Le Roy E., *Les africains et l'institution de la justice. Entre mimétisme et métissages*, Paris, Dalloz, 2004, p. 260.

de rendu de justice sont enregistrées ici et là et font une véritable concurrence aux instances judiciaires formelles. Le pluralisme judiciaire est donc lui aussi, comme le pluralisme juridique dont il est une des composantes, une réalité vivante. Dans la logique du pluralisme judiciaire, la justice de l'Etat existe, mais elle est et doit être considérée comme une de ces multiples voies qui s'offrent aux individus dans la recherche des solutions à leurs problèmes de conflit.

1.4. AVANTAGES ET DESAVANTAGES D'UNE SITUATION DE PLURALISME JURIDIQUE/JUDICIAIRE

Le pluralisme juridique est considéré aujourd'hui comme une des voies qui peuvent permettre des solutions nouvelles tant sur le plan juridique que sur le plan judiciaire surtout dans les pays africains qui ne parviennent pas à étendre l'autorité de l'Etat sur toute l'étendue de leur territoire. L'Etat de droit moderne nécessite une infrastructure extrêmement lourde et couteuse que ne peuvent se permettre de nombreux Etats au monde surtout en Afrique (fonctionnaires, publication de journaux, cadastres, etc.). Il ne peut pas gérer toute la société dans un monopole, il est donc important que des pouvoirs soient délégués, que des articulations entre droit moderne et droit vivant soient trouvées afin de tendre vers l'idéal d'une sécurisation de tous les acteurs dans le jeu social à travers la participation de tous[53].

L'Etat africain, constate Chidi Anselm Odinkalu, a le plus souvent été incapable ou non disposé de garantir l'existence des mécanismes de justice, et d'en permettre l'accès. Pour les rares dont les besoins en terme de justice reçoivent ne serait-ce que quelque attention, la signification même de la justice est incertaine, son contenu varie d'une place à l'autre et le rendu de la justice dépend inévitablement de l'endroit où ils vivent, de leur réseau de connaissances, de leurs ressources financières, et de la mesure dont l'autorité de l'Etat s'étend en fait sur la zone dans laquelle ils se trouvent. Il est possible de dire que pour la majorité des habitants du continent, le champ assez limité

---

[53] Eberhard Ch., *Le droit au miroir des cultures. Pour une autre mondialisation*, LGDJ, p. 121.

de l'Etat africain effectif fait en sorte que la plupart de leurs besoins en termes de justice sont pris en charge à l'extérieur de l'Etat[54].

On voit en effet se développer des mécanismes originaux de règlement des litiges qui fonctionnent bien aux côtés de ceux mis en place par l'Etat, qui dans les relations avec ces 'tribunaux' jouent un jeu ambigu qui nage entre reconnaissance et contestation.

On constate en fait la résurgence des modes de résolution extrajudiciaires des conflits, dans les milieux urbains comme dans les milieux ruraux dans lesquels le compromis devient le principal fondement de la paix sociale et le socle du règlement durable des conflits.

Etienne Le Roy a en effet noté qu'au travers des droits de la pratique, qui peuvent prendre une tournure plus pragmatique ou plus savante, émergent des solutions juridiques et judiciaires qu'il s'agit maintenant d'organiser institutionnellement si l'Afrique veut s'inscrire dans l'exigence de l'Etat de droit[55].

Et étant donné que la plupart des africains se réalisent apparemment dans les institutions traditionnelles et informelles, l'on serait tenté de penser que d'éventuelles réformes du secteur de la justice devraient se concentrer sur ces systèmes et d'autres dans cette logique du pluralisme juridique et judiciaire[56].

Certaines situations de pluralisme juridique et judiciaire peuvent cependant présenter des désavantages, si elles échappent au contrôle de l'Etat. En matière pénale par exemple, il peut être ainsi difficile de garantir le respect des droits humains et de l'égalité de traitement des

---

[54] Chidi Odinkalu A., *le pluralisme juridique et l'accomplissement de la justice*, http: www.afrimap.org/english/images/paper/Odinkalu_Pluralism_Justice_FRfin.pdf
[55] E. Le Roy, *Contribution à la 'refondation' de la politique judiciaire en Afrique francophone à partir des exemples maliens et centrafricains,* cité par Eberhard Christophe, *les politiques juridiques à l'âge de la globalisation : entre archétypes, logiques, pratiques et projets de société.*
[56] Chidi Odinkalu, *le pluralisme et l'accomplissent de la justice en Afrique*, http: www.afrimap.org/english/images/paper/Odinkalu_Pluralism_Justice_FRfin.pdf

citoyens. En effet, l'émission des règles et des sanctions pénales par des champs sociaux non étatiques peut en fait présenter des risques de voir légitimer des pratiques offensant la dignité humaine comme la bastonnade, la lapidation, la soumission à des épreuves superstitieuses, la torture... Cette situation peut aussi entraîner, comme nous l'avons dit, des traitements inégalitaires car sur un même territoire, les citoyens pourraient être traités différemment pour de faits similaires réputés infractionnels ou alors que ceux-ci pourraient être différemment définis selon que l'on appartient à telle ou telle autre arène.

Une telle situation laisserait courir, en matière pénale, des menaces sérieuses contre la paix, contre la liberté de circulation, contre l'interdiction de traitements cruels, inhumains et dégradants, contre la liberté religieuse et la liberté de culte, contre l'intégrité corporelle,...

Le pluralisme juridique peut présenter des désavantages même en matière civile notamment dans des domaines touchant à la famille, à la capacité des personnes, à la propriété, au travail, etc. Certaines situations de pluralisme juridique peuvent en fait entraver la volonté de l'Etat de garantir l'égalité de traitement aux citoyens ou le droit à l'égale protection et de consacrer des pratiques qui violent les droits de l'homme.

On peut en effet assister à la légitimation des pratiques comme des mariages précoces ou forcés, des exclusions de certaines catégories de personnes en matière de propriété notamment foncière. Dans tel groupe social la femme ne peut aucunement venir à la succession, dans tel autre elle est partiellement ou totalement incapable, dans telle autre structure on refuse d'admettre au mariage des personnes reconnues séropositives (même quand elles manifestent la volonté de vouloir s'engager malgré leur état sérologique), autant des situations qui vont à l'encontre des droits humains et dont certaines frisent la discrimination et la marginalisation.

Dans le monde de travail par exemple, la reconnaissance du pluralisme juridique 'incontrôlé' peut favoriser l'élaboration de règlements d'entreprise qui violent les droits de l'homme et la dignité humaine. Tels des règlements d'entreprise dans des institutions religieuses d'enseignement qui prévoiraient de licencier tout agent de sexe féminin célibataire en état de grossesse (au motif que porter une grossesse sans être mariée est immoral), ou dans d'autres qui interdiraient aux agents célibataires de contracter mariage avant d'avoir passé un certain temps dans l'entreprise (au motif que leur nouvelle situation de famille va peser financièrement sur l'entreprise).

Ainsi, comme on peut s'en rendre compte au travers des exemples ci-haut évoqués, le non contrôle de l'Etat dans la production des mécanismes régulateurs de certaines matières comme la succession, le mariage, le divorce, le travail, mécanismes créés au sein de multiples identités auxquelles les individus peuvent appartenir, peut compromettre quelques principes fondamentaux comme celui de l'égalité des sexes, de la non-discrimination, et peut cautionner un traitement inégalitaire des citoyens.

Ceci nous pousse à dire que dans une situation de pluralisme juridique ou judiciaire, on ne peut pas se passer du rôle de l'Etat qui doit rester le garant du respect des droits humains et des libertés publiques. En effet, à travers le législatif et le judiciaire, l'Etat doit pouvoir aborder avec un regard critique les différentes lectures interprétatives du droit produit dans les ordres normatifs non étatiques, de manière à ne cautionner que celles qui vont dans le sens du respect des droits humains, de l'égalité de traitement, de la dignité humaine. Pierre Bosset et Paul Eid, évoquant le rôle du droit étatique dans un contexte de pluralisme juridique, disent qu'il doit en être le 'filtre intelligent'[57].

§2. LE PLURALISME JURIDIQUE DANS LE CONTEXTE DE LA COLONISATION EN AFRIQUE

La question du pluralisme juridique en Afrique ne peut être abordée sans qu'on ne tienne compte du contexte de la colonisation. Les pays européens colonisateurs ont en effet imposé à l'Afrique et aux autres parties du monde ayant subi l'entreprise de la colonisation leurs manières de penser et de faire dans la quasi-totalité des domaines aux

---

[57] Bosset, P., Eid, P., *Droit et religion : de l'accommodement raisonnable à un dialogue internormatif* ? in Revue juridique Thémis, n° 41, 2007, p. 533-540.

fins de ‘civiliser’ les peuples autochtones qui étaient considérés par eux comme des sauvages et des primitifs. Ainsi, le continent africain s’est vu imposer l’organisation sociopolitique, juridique et économique du colonisateur.

Dans le domaine du droit notamment, les pays colonisateurs ont transposé leurs modèles d’organisation juridique dans toutes les colonies qu’ils ont acquises pendant la conférence de Berlin tenue entre novembre 1884 et février 1885.

Il convient cependant de noter qu’avant le contact avec les colonisateurs, les populations africaines avaient leur propre organisation sociopolitique, juridique et économique. Leurs droits s’exprimaient au travers de différentes coutumes qui constituent les droits traditionnels africains. Ces différents droits ont subsisté et ont cohabité avec celui des colonisateurs. Ces derniers ont cependant cherché à en contrôler l’application et la formule inventée pour ce faire a consisté à conditionner l’application de ces coutumes à leur conformité à l’ordre public et aux bonnes mœurs coloniales.

Dans les grandes villes, les colonisateurs ont également encouragé la création, par les tribunaux indigènes, d’un autre type particulier de coutumes qu’on a dénommé les coutumes urbaines. C’est le droit créé par la jurisprudence de ces tribunaux que certains auteurs appellent ‘droit coutumier’ ou ‘droit africain’. Pauwels, qui appartient à ce courant, écrit en effet :

> ‘*Droit coutumier ou africain ne signifie pas nécessairement droit basé sur les usages de la communauté. Ce terme quelque peu confus désigne l’ensemble des règles et solutions juridiques sanctionnées par les tribunaux coutumiers. Leur jurisprudence s’est non seulement inspirée des solutions traditionnelles, mais a aussi puisé aux sources du droit occidentales ; guidée par l’administration, elle a répondu aux besoins nouveaux par des solutions parfois originales*’[58].

---

[58] Pauwels J., *Le droit urbain de Kinshasa*, in Journal of legal pluralism, n°42, 1998, p. 10.

Etienne Le Roy revient lui aussi plusieurs fois sur cette notion de droit coutumier comme œuvre du colonisateur. Il en parle notamment en faisant allusion au passage 'de la coutume au droit coutumier'. Ainsi, dit-il,

'Cherchant l'équivalent de règles juridiques et usant des taxinomies issues du droit romain comme l'expression de la raison écrite, les juristes vont transformer la coutume en droit coutumier en profitant d'une part, de la mise en place des juridictions indigènes par le colonisateur (...) et d'autre part, en vue de la compilation et de la rédaction des coutumes'[59].

Ainsi à côté des droits traditionnels, indique Pauwels, sont nés des systèmes juridiques régissant tout ou partie des litiges qui surgissent dans les agglomérations urbaines d'origine plus récente[60].

Pour Etienne le Roy et Mamadou Wane, le pluralisme juridique en contexte colonial est en fait une évolution de quatre phases qui sont successives : la première marquée par le droit traditionnel pratiqué par les populations autochtones avant l'arrivée du colonisateur; la deuxième constituée d'une première forme de droit colonial, où domine le droit coutumier, réinterprété par le colonisateur; la troisième impliquant une seconde forme de droit colonial, qualifiée de droit local et caractérisée par une délégation restreinte aux populations autochtones, et la quatrième et dernière phase voit s'installer le droit populaire, formé en dehors des instances étatiques. Celui-ci se présente comme la réinterprétation du droit traditionnel autochtone dans un contexte complètement transformé[61].

---

[59] Le Roy, E., *Les usages politiques du droit*, in Coulon Christian, Martin Dénis-Constant (éds), *les Afriques politiques*, Paris, La découverte, 1991, pp. 113-134.

[60] Pauwels J, *Op.Cit.*, p. 9.

[61] Le Roy E., Mamadou Wane, *la formation des droits non-étatiques*, in encyclopédie juridique de l'Afrique, t1, *l'Etat et le droit*, Abidjan, nouvelles éditions africaines, p. 253, cité par Lajoie A. et.al., *conceptions abenakies des droits ancestraux*, in Les cahiers du droits, vol. 46, n°3, 2005, 763 ; Lajoie, A. et.al. *Pluralisme juridique à Kahnawaké*, p. 686. http://papyrus.bib.umontréal.ca/jspui/bitstream/1866/83/1/0028.pdf

Les recherches réalisées par les deux auteurs ont donc permis de mettre en lumière '*divers registres normatifs qui relevaient encore de l'ordre juridique organisé et sanctionné par l'État pour le droit local ou qui étaient encadrés (droit coutumier), ignorés (coutume), voire rejetés (pour le droit « populaire ») par l'ordre étatique*'[62].

La période coloniale a donc été caractérisée sur le plan du droit par cette situation de pluralisme juridique ci-haut décrite, situation qui va subsister à la décolonisation politique, malgré l'ambition des Etats africains post coloniaux de se débarrasser des systèmes coutumiers, les uns ayant décrété leur suppression, les autres les ayant intégrés dans leur système étatique.

Décrivant la situation de pluralisme juridique dans le contexte africain, Charles Ntampaka écrit qu'en Afrique, elle est '*le résultat de la pénétration de systèmes juridiques étrangers*'[63]. Pour lui en effet,

> '*La période précoloniale fut marquée par des interactions entre des droits religieux et des droits populaires, la période coloniale par des interactions entre les droits occidentaux, les droits populaires et les droits religieux. Après l'accession à l'indépendance, il y a des interactions entre le droit moderne des nouveaux Etats (dont font partie les droits coloniaux qui sont restés en vigueur), les droits populaires et les droits religieux. Mais il n'y a pas de différence entre les processus d'interaction d'avant et d'après les indépendances*'[64].

Ainsi, la plupart des Etats africains sont régis par un système juridique complexe. Un droit écrit d'inspiration européenne y coexiste avec de multiples systèmes de droit coutumier, ayant leurs racines dans les droits africains précoloniaux, profondément altérés cependant

---

[62] Le Roy E., *Sur le chemin de Kahnawake. Décolonisation du droit et mondialisations* ? p. 499. http://www.lex-electronica.org/docs/articles_265.pdf

[63] Ntampaka Ch., *Introduction aux systèmes juridiques africains*, presses universitaires de Namur, 2004, p. 76.

[64] *Ibid*, p. 77.

par les circonstances économiques et par les pressions dues à la situation coloniale[65].

Hier (pendant la colonisation), comme aujourd'hui (à l'heure des Etats postcoloniaux), les pouvoirs publics ont tenté et tentent d'exercer un certain contrôle en conditionnant l'application de ces autres régimes à leur non contrariété à la loi, à l'ordre public et aux bonnes mœurs. Si la notion de loi peut ne pas poser de problèmes, celles d'ordre public et de bonnes mœurs méritent cependant d'être brièvement précisées.

L'ordre public est en effet assimilé au '*caractère des règles juridiques qui s'imposent pour des raisons de moralité ou de sécurité impératives dans les rapports sociaux*'[66]. Dans le contexte colonial, Pauwels a noté qu'il s'agissait de principes fondamentaux de l'humanité et de la civilisation, mais envisagés exclusivement du point de vue du colonisateur et de la civilisation occidentale[67].

Plus imprécise est la notion de 'bonnes mœurs'. Elle est définie comme l'ensemble des '*règles imposées par la morale sociale à une époque donnée*'[68]. Dans la tradition juridique, elles font référence à un ensemble de valeurs socialement partagées dont le respect s'impose à tous les membres de la société[69]. La notion de 'bonnes mœurs' est souvent associée à celles de licéité, de moralité et on constate qu'elle est systématiquement liée à celle de l'ordre public et, fréquemment, à

---

[65] Pauwels, J., *la constitution du Congo et le droit coutumier*, Bruxelles, éd. C.R.I.S.P.-I.N.E.P., p. 2.

[66] Centre de recherche en droit privé et comparé du Québec, dictionnaire de droit privé et lexiques bilingues, 2ième édition, Cowansville, Editions Yvon Blai, 1991, p.405-406, cité par Karim, V., *l'ordre public en droit économique : contrat, concurrence, consommation*, in Les cahiers de droit, vol. 40, n°2, 1999, p. 406.

[67] Pauwels, J., *l'adaptation du droit africain par voie jurisprudentielle. Expériences et projets au Congo*, Kinshasa, office national de la recherche et du développement, 1971, p. 66.

[68] Centre de recherche en droit privé et comparé du Québec, dictionnaire de droit privé et lexiques bilingues, 2ième édition, Cowansville, Editions Yvon Blai, 1991, p. 63, cité par Karim, V., *l'ordre public économique : contrat, concurrence, consommation*, in Les cahiers du droit, vol. 40, n°2, 1999, p. 406.

[69] Géraud-Llorca, E., *introduction des bonnes mœurs dans le code civil*, p.70, http://www.upicardie.fr/labo/curapp/revues/root/32/edith_geraud_llorca.pdf_4a07e1fc3bd01/edith_geraud_llorca.pdf, 7 mars 2011.

l'idée de conformité aux lois ; ce qui augmente encore la confusion dont elle est entourée.

Comme on peut le constater, ces notions de 'bonnes mœurs' et d''ordre public' ont un contenu relatif parce qu'il peut dépendre d'une société à une autre.

Rappelons pour conclure que la situation du droit en Afrique reste fortement marquée par le contexte colonial qui est venu asseoir la situation de pluralisme juridique qui caractérise encore aujourd'hui plusieurs droits nationaux dans les Etats africains modernes qui voient cohabiter droits écrits et droits coutumiers, à côté de diverses pratiques juridiques.

§3. LE PLURALISME JURIDIQUE DANS LES SYSTEMES FONCIERS AFRICAINS

Le foncier africain est un des terrains privilégiés du pluralisme juridique. Pendant, comme après la colonisation, la gestion foncière a été dominée par différents régimes juridiques, notamment le droit écrit, le droit coutumier et diverses pratiques courantes. Tous ces systèmes cohabitent et participent tous, à un niveau et/ou à un autre dans la régulation du système foncier africain.

La situation foncière se caractérise donc par la coexistence de différents systèmes de normes. A des systèmes fonciers 'coutumiers', de nature sociopolitique, eux-mêmes composites et fruits de l'histoire, s'est superposé un dispositif étatique, fondé sur des principes radicalement différents[70].

Presque partout en Afrique, les terres ont été nationalisées et répondent de la logique de l'enregistrement et de l'immatriculation. Le régime du droit écrit, qui est théoriquement le plus dominant, se trouve cependant concurrencé sur son propre terrain par les coutumes

[70] Lavigne Delville, *Vers une articulation des modes de régulation foncière ? Avancées récentes et enjeux. Contribution au séminaire régional sur les enjeux fonciers*, Banque mondiale, Kampala, 29 avril-2 mai 2002, p. 2, http://www.ruralforum.info/papers/lavignedelville3fr.pdf

foncières qui continuent à régir les terres dans la plus grande partie des pays africains. Il faut en fait rappeler que presque 80% de la population africaine vit en zone rurale, sous l'empire du droit coutumier[71].

En effet, l'Etat n'ayant su imposer sa norme, on se trouve devant une situation de pluralisme juridique (coexistence de la logique coutumière, qui reste la référence principale des ruraux, et du droit de l'Etat, qui interfère plus ou moins)[72].

Des pratiques [73] qui ne relèvent ni du droit écrit ni du droit coutumier s'ajoutent également à l'ordonnancement juridique de gestion de la terre, celles-ci relèvent en effet des négociations et des renégociations des principes en vigueur et s'expriment au travers des arrangements entre les acteurs qui interviennent dans les transactions foncières.

Ces pratiques sont aussi le produit historique d'interactions entre jeux d'acteurs locaux et intervention étatique. En effet, même si elles n'ont jamais été totalement appliquées, les législations foncières successives ont fortement marqué les réalités locales, occasionnant des réinterprétations successives. Tout en s'appuyant sur des sources de légitimité fondées sur l'histoire, les pratiques foncières d'aujourd'hui sont contemporaines, modernes au sens où elles reflètent les rapports sociaux et les enjeux d'aujourd'hui. Si l'essentiel des pratiques foncières en Afrique rurale relève du coutumier, ce n'est pas au sens de mécanismes inchangés, mais parce que les principes qui gouvernent cette gestion foncière relèvent des principes eux-mêmes coutumiers, parce que les autorités qui en assurent l'essentiel

---

[71] S'Agissant de la RDC, lire Boshab, E., *Pouvoirs et droits coutumiers à l'épreuve du temps*, Louvain-la-Neuve, Academia-Bruylant, 2007, p. 158.

[72] Lavigne Delville P., *La sécurisation de l'accès aux ressources, par l'écrit ou par l'inscription dans la communauté*, in Lavigne Delville (sous la direction de), *Op.Cit.*, p. 82.

[73] Les pratiques juridiques se résument aux productions discursives des professionnels du droit, à la façon dont les citoyens africains ordinaires disent et exercent le droit, ou à la manière dont ils adaptent leurs discours aux systèmes juridiques en présence. Cf. Camille Roger Abolou, *Cultures juridiques et aménagement jurilinguistique en Afrique*, in Revue Aspects, n°1-2008, p. 105.

de la mise en œuvre sont, pour une part au moins, issues de légitimité coutumière - ou revendiquées comme telle[74].

Ce pluralisme juridique est lui aussi suivi d'un pluralisme judicaire. Les conflits fonciers sont orientés devant les tribunaux étatiques où est appliqué le droit écrit, mais ils prennent également la voie d'autres instances juridictionnelles. Ils vont ainsi chez le chef de village, chez le chef de chefferie traditionnelle, chez le curé de la paroisse, chez le pasteur surveillant, chez l'imam local, chez l'animateur local d'une ONG,...

Il faut souligner que les autres acteurs qui interviennent dans le règlement des conflits fonciers le font souvent d'une manière informelle, l'Etat ayant dans beaucoup de pays le monopole dans le rendu de la justice. Cette situation a des conséquences graves. Les sentences rendues par les premiers sont ainsi constamment remises en cause par les tribunaux de l'Etat, ce qui participe à une forte insécurité juridique et judiciaire.

Dans cet environnement, le pluralisme crée des ambigüités sur les droits, et donc une certaine insécurité potentielle, à partir du moment où des revendications différentes, légitimes par l'une ou l'autre des normes, peuvent porter sur un même espace, et tend à introduire le flou sur les droits. Non parce que les droits de type coutumier ne sont pas clairs en eux-mêmes, mais parce qu'ils sont susceptibles d'être remis en cause, et annulés, par recours à la loi de l'Etat[75].

En outre, estime Lavigne Delville, la multiplication des normes et la pluralité des instances rendent difficile une régulation foncière, au sens où une norme peut être contestée devant une autre instance. C'est une des causes majeures d'escalade ou de récurrence des conflits. Plus

---

[74] Lavigne Delville, *Vers une articulation des modes de régulation foncière ? Avancées récentes ou et enjeux. Contribution au séminaire régional sur les enjeux fonciers*, Banque Mondiale, Kampala, 29 avril-2 mai 2002, http://www.ruralforum.info/papers/lavignedelville3fr.pdf

[75] Lavigne Delville P., *La sécurisation de l'accès aux ressources, par l'écrit ou par l'inscription dans la communauté*, in Lavigne Delville (sous la direction de), *Quelles politiques foncières pour l'Afrique rurale. Réconcilier pratiques légitimités et légalité*, p. 82.

encore que la coexistence de normes, les dysfonctionnements proviennent de la pluralité d'instances d'arbitrage (chefs coutumiers, imams, préfets qui changent vite de poste, techniciens de projets, sans parler des interférences des politiques), qui ne sont pas articulées et peuvent donner des avis contradictoires, et fluctuants. Cette situation fait qu'il ne peut y avoir d'arbitrage reconnu et accepté, puisque toute décision d'une instance peut être remise en cause par une autre. Du coup, il n'y a guère de prévisibilité à l'issue des conflits, tout arbitrage peut être remis en cause, ce qui facilite l'escalade et empêche toute solution durable. Pour autant, la pluralité juridique n'est pas nécessairement un problème en soi. Elle autorise des évolutions, et donc l'adaptation des pratiques. Elle joue ainsi un rôle relativement fonctionnel. D'autre part, dans bon nombre de lieux, cette coexistence ne pose pas de problème majeur, soit qu'une hiérarchie claire se soit mise en place en pratique, soit que les différentes instances aient trouvé des façons de dialoguer et de se coordonner[76].

§4. LE PLURALISME JURIDIQUE EN DROIT CONGOLAIS

Le présent paragraphe voudrait voir comment se manifeste le pluralisme juridique dans l'environnement juridique congolais. Beaucoup de situations de pluralisme juridique peuvent en fait être évoquées ici. En effet, on peut dire qu'il y a autant de droits qu'il y a des identités auxquelles les gens se reconnaissent. Il y a donc lieu de parler du droit matrimonial des Eglises catholique, musulmane, ou de réveil, du droit d'arbitrage de la fédération des entreprises du Congo, du droit gestuel dans l'univers du transport en commun à Kinshasa, du droit de l'auto prise en charge juridictionnel dans la répression de l' infraction d'adultère dans les villes congolaises, de la répression de la sorcellerie par le droit coutumier (pourtant une infraction inexistante en droit pénal écrit), des droits et vécu juridique réel des enfants marginalisés[77].

---

[76] *Id.*, *Vers une articulation des modes de régulation foncière ? Avancées récentes et enjeux*, p. 7.

[77] Pour cette dernière catégorie, lire *Droits et vécu réel des enfants marginalisés : pour une comptabilité des systèmes normatif,* in Kuyu C., *Ecrits d'anthropologie juridique et politique*, pp. 147-152.

Comme on va s'en rendre compte, l'analyse des situations de pluralisme juridique en droit congolais peut se faire en s'inscrivant dans les distinctions faites dans la théorie entre pluralisme étatique ou faible lorsque l'Etat congolais consacre certaines matières dans lesquelles la coutume peut être appliquée, et entre le pluralisme profond ou fort lorsque certaines coutumes ou pratiques se développent à l'extérieur ou à côté du droit de l'Etat sans que celui-ci parvienne à les contrôler.

Comme on ne peut pas tout aborder, on va se contenter de relever la place de la coutume en droit congolais, de parler du pluralisme juridique en matière foncière et de la manifestation du pluralisme judiciaire dans l'espace juridictionnel congolais.

4.1. LA COUTUME COMME SOURCE DE DROIT EN DROIT CONGOLAIS

Le droit congolais qui est encore aujourd'hui inspiré du droit belge dans la plupart de ses matières a lui aussi déjà manifesté à plusieurs endroits la volonté de ne pas avoir de concurrents sur le terrain de la production du droit.

Il accorde cependant une certaine place à la production populaire du droit par la coutume. Ainsi pourrait-on dire qu'en droit congolais coexiste le droit écrit étatique, le droit coutumier et le droit informel des pratiques. On peut même dire que les deux derniers régimes prédominent sur le premier, si l'on considère le fait que 80% de la population congolaise vit en milieu rural. Or ici, ce sont la coutume et les pratiques qui lui sont similaires qui règnent en maître. C'est ce qu' Evariste Boshab dit lorsqu'il fait le constat qu'en droit congolais, le droit écrit est 'avalé' par le droit coutumier[78].

Même dans les villes, on ne peut pas dire que le droit écrit tient le monopole de l'organisation sociale. Une certaine coutume y joue un rôle important, une coutume urbaine, qui est une sorte de dénominateur commun, surtout pour les villes hétérogènes sur le plan

---

78 Boshab Mabudj Mabileng, *Pouvoir et droit coutumiers à l'épreuve du temps*, Louvain-la-Neuve, Academia-Bruylant, 2007, p. 163.

culturel. Cette coutume urbaine est en fait proche de ce qu'on a appelé la coutume évoluée de Kinshasa, qui est une synthèse entre deux modes de vie, traditionnel et moderne, qui permette une sorte de coexistence pacifique. Parlant de cette coutume évoluée Evariste Boshab affirme qu'elle a été une création des juges pour donner l'impression aux justiciables qu'ils continuent à être régis par les us et coutumes de leurs ancêtres, coutume née dans le souci de trouver un modus vivendi entre les populations d'origines ethniques diverses appelées cependant à vivre ensemble dans les agglomérations urbaines[79].

Mais il convient de souligner que toutes les villes congolaises, surtout multiethniques, ont chacune leurs coutumes urbaines. Si pour Kinshasa et peut-être Lubumbashi, ces coutumes sont de création judiciaire, dans d'autres villes elles sont le fruit d'une évolution générale des dites populations confrontées aux nombreuses cultures parfois différentes sur certains aspects les unes des autres. Cette coutume urbaine constitue donc un régime juridique à part, même si elle entre dans ce qu'on peut appeler la production populaire du droit, et diffère des pratiques coutumières en vogue dans les milieux ruraux.

En coutume nande, la dot est de 10 chèvres et elle doit être payée en nature. Et c'est qui se fait encore dans les milieux ruraux. Mais déjà dans les villes de Butembo et de Beni, si le principe semble être demeuré le même, il faut souligner que 80% de la dot est payable en argent (20% seulement est versé en nature, soit deux chèvres), et d'autres éléments sont rentrés dans sa composition notamment un pagne pour la belle-mère, un costume pour le beau-père… C'est une illustration de ces coutumes urbaines qui, aux côtés du droit écrit, des coutumes rurales et d'autres pratiques, régissent la vie des congolaises et des congolais au jour le jour.

Pour ce qui est de la coutume, son application est cependant subordonnée à sa non contrariété à la loi, à l'ordre public et aux bonnes mœurs.

---

[79] *Ibid.*, p. 46.

La constitution congolaise du 18 février 2006 faisant allusion à la coutume dispose notamment aux articles 153 et 207 respectivement,

> « *Les Cours et Tribunaux, civils et militaires, appliquent les traités internationaux dûment ratifiés, les lois, les actes réglementaires pour autant qu'ils soient conformes aux lois ainsi que la coutume* *pour autant que celle-ci ne soit pas contraire à l'ordre public ou aux bonnes mœurs* »[80],

> « *L'autorité coutumière est reconnue. Elle est dévolue conformément à la coutume locale,* *pour autant que celle-ci ne soit pas contraire à la Constitution, à la loi, à l'ordre public et aux bonnes mœurs* »[81].

La coutume est ainsi consacrée comme une source de droit, mais une source secondaire car elle ne peut s'appliquer que quand elle n'est pas contraire aux sources étatiques du droit, à l'ordre public et aux bonnes mœurs. La coutume apparaît à plusieurs endroits dans d'autres textes de loi.

Dans le code de la famille, la référence à la coutume est quasi permanente. Citons notamment les articles :

> 212 : « *Toute personne capable peut exercer ses droits civils conformément à la loi ou à la coutume, sauf les exceptions établies par la loi* ».

> 340 : « *La forme des fiançailles est réglée par la coutume des fiancés. En cas de conflit des coutumes, la coutume de la fiancée sera d'application* ».

> 369 : « *La célébration du mariage en famille se déroule conformément aux coutumes des parties pour autant que ces coutumes soient conformes à l'ordre public. En cas de conflit des coutumes, la coutume de la femme sera d'application* ».

---

[80] C'est nous qui soulignons.
[81] C'est nous qui soulignons.

Dans la loi foncière, on peut évoquer l'article 388 selon lequel

> « *Les terres occupées par les communautés locales sont celles que ces communautés habitent, cultivent ou exploitent d'une manière quelconque, -individuelle ou collective-, conformément aux coutumes et usages locaux* ».

Dans l'ordonnance-loi 86-033 du 5 avril 1986 portant protection des droits d'auteurs et des droits voisins, on peut lire à l'article 69

> « *Sauf preuve contraire, est considéré comme photographe celui dont le nom, la firme ou le sigle sont indiqués, selon les coutumes, sur les exemplaires de l'image ou lorsque l'image est communiquée ou représentée publiquement* ».

Dans l'ordonnance de l'administrateur général au Congo du 14 mai 1886 portant principes à suivre dans les décisions judiciaires, il est clairement dit à l'article premier

> « *Quand la matière n'est pas prévue par un décret, un arrêté ou une ordonnance déjà promulgués, les contestations qui sont de la compétence des tribunaux du Congo seront jugées d'après les coutumes locales, les principes généraux du droit et l'équité* ».

Les articles 110 et 116 de l'ordonnance-loi n° 82-020 du 31 mars 1982 portant code de l'organisation et de la compétence judiciaires disent respectivement : « *les tribunaux de paix connaissent de toute contestation portant sur le droit de la famille, les successions, les libéralités et les conflits fonciers collectifs ou individuels régis par la coutume* ». L'article 116 de la même ordonnance-loi dispose : « *Si une contestation doit être tranchée suivant la coutume, les cours et tribunaux appliquent celle-ci, pour autant qu'elle soit conforme aux lois et à l'ordre public. En cas d'absence de coutume ou lorsque la coutume n'est pas conforme aux lois et à l'ordre public, les cours et tribunaux s'inspirent des principes généraux du droit* ».

La loi n°011/2002 du 29 aout 2002 portant code forestier dispose également à son article 22 qu' « *une communauté locale peut, à sa demande, obtenir à titre de concession forestière une partie ou la totalité des forêts protégées parmi les forêts régulièrement possédées en vertu de la coutume* ».

Ces articles choisis parmi tant d'autres peuvent en effet nous montrer l'importance de la coutume comme source du droit, mais comme on peut le constater, partout apparait la non contrariété de cette coutume à la loi et sa conformité à l'ordre public et bonnes mœurs.

Et le seul fait que l'Etat congolais reconnaisse (même si il le fait sous condition), la coutume comme une source du droit positif, il incorpore les peuples vivant dans ses limites géographiques parmi les producteurs du droit[82] et consacre par ce fait même le pluralisme juridique.

Comme nous l'avons dit, le fait de conditionner l'application de la coutume à la non contrariété de la loi, à la conformité aux bonnes mœurs et à l'ordre public, ne veut pas dire, dans le cadre des Etats africains en général et congolais en particulier qu'il y a manque d'autonomie dans le chef de la production populaire du droit, le contrôle que ces Etats ambitionnent d'exercer sur la production coutumière du droit n'étant que textuel, parce qu'inefficace et d'ailleurs inexistant. On demeure donc dans cette situation dans l'hypothèse du pluralisme juridique.

Des exemples dans lesquels le droit de l'Etat est défié sont légions. Le droit congolais de la famille prévoit la monogamie et ne reconnait que le mariage civil. On ne peut donc contracter qu'un seul mariage civil. Mais beaucoup d'hommes entretiennent des relations polygamiques quasi officielles. Mariés devant l'Etat, ils donnent l'apparence d'une union monogamique, alors qu'ils entretiennent d'autres femmes-épouses avec lesquelles ils ont d'autres types de mariage notamment coutumiers qu'ils matérialisent même par le

[82] Vanderlinden, J., *Villes africaines et pluralisme juridique*, in Journal of legal pluralism, n° 42, 1998, p. 249.

versement de la dot. En coutume nande, c'est le versement de la dot qui est la preuve de l'engagement de mariage[83].

Il en est de même en matière de succession. Le droit congolais de succession ne distingue plus entre les héritiers mâles et femelles. Les hommes comme les femmes doivent venir à la succession. Mais à côté de ces dispositions légales, c'est le droit coutumier de succession, discriminatoire à l'égard des femmes qui continuent à s'appliquer dans la majeure partie du pays notamment en milieu rural. L'exemple des femmes nande en cette matière est éloquent. Elles ne peuvent pas venir à la succession de leurs parents. L'héritage demeure l'affaire des enfants de sexe masculin. Et beaucoup de litiges y relatifs sont carrément réglés en famille ou devant des instances locales dont les décisions vont toujours dans le sens de cette coutume qui méconnaît le droit de succéder aux enfants de sexe féminin. Mais on réalise souvent une sorte de forum shopping. Les héritiers hommes préfèrent régler les litiges nés du partage des biens de la succession par référence aux dispositions coutumières, les femmes, elles vont saisir le tribunal de droit écrit pour réclamer d'être considérées comme héritiers au même titre que les hommes.

Comme on peut donc le voir, le droit coutumier est une source importante en droit congolais, bien qu'il ne puisse s'appliquer qu'à la condition de ne pas être contraire aux lois, à l'ordre public et aux bonnes mœurs. Il coexiste à côté du régime du droit écrit. Mais comme nous l'avons souligné, d'autres coutumes se développent à l'extérieur du droit étatique, et continuent à être appliquées par certaines populations malgré leur apparente contrariété avec certaines lois. Les deux hypothèses du pluralisme juridique étatique et profond sont donc présentes dans l'environnement juridique du pays.

---

[83] Le raisonnement rejoint celui développé dans les écrits d'anthropologie juridique et politique de Camille Kuyu dans l'article intitulé *la bureaugamie en Afrique centrale : un nouvel modèle matrimonial* ? On peut en fait lire à la page 103 de cette ouvrage : « *Il convient tout d'abord de remarquer que dans les droits traditionnellement africains, la validité d'une union matrimoniale était subordonnée au versement de la dot ou du moins à l'accord entre les lignages concernés sur sa quotité. Le fait que les bureaux soient aujourd'hui dotés est une preuve de la validité de l'union bureaugamique et donc de sa légitimité* ».

4.2. LE PLURALISME JURIDIQUE EN DROIT FONCIER CONGOLAIS

Le pluralisme juridique est surtout perceptible en matière foncière. La terre est en effet gérée en droit congolais par les dispositions de droit écrit et par la coutume. Nous avons déjà évoqué et on va encore y revenir, les dispositions de l'article 388 selon lesquelles les terres occupées par les communautés locales sont celles que ces communautés habitent, cultivent ou exploitent d'une manière quelconque, -individuelle ou collective-, conformément aux coutumes et usages locaux. Cet article consacre en effet la gestion d'une partie des terres de la république démocratique du Congo par les dispositions coutumières. Ce sont donc les terres dites des communautés locales, ou terres coutumières[84].

Cette situation est provisoire selon le législateur lui-même, car une ordonnance du président de la république devrait venir régler les droits acquis sur ces terres. Cette ordonnance, on l'attend en fait depuis 1973, date de promulgation de la loi foncière.

En conséquence, comme l'affirme Evariste Boshab, on voit les chefs coutumiers dans les grandes agglomérations du pays lotir des terres qu'ils détiennent de la coutume, et les gérer à leur manière, pour ne pas dire comme le leur recommande la coutume. Et conclut-il, lorsque l'on sait que la ruralité couvre plus de 80% du territoire national, comment ne pas déduire que le droit foncier en République démocratique du Congo est essentiellement coutumier[85].

Nombre de doctrinaires sont cependant partagés sur la question de savoir si la jouissance des terres occupées par les communautés locales trouve ou non son fondement dans la coutume.

---

[84] Nous déduisons l'appellation 'terres coutumières' de la définition que le code forestier donne de 'communauté locale'. L'article 1 alinéa 17 dispose en effet : « *une communauté locale est une population traditionnellement organisée sur la base de la coutume et unie par des liens de solidarité clanique ou parentale qui fonde sa cohésion interne. Elle est caractérisée en outre par son attachement à un terroir déterminé* ».

[85] Boshab Mabudj Mabileng, E., *Pouvoir et droit coutumier à l'épreuve du temps*, Louvain-la-Neuve, Academia-Bruylant, 2007, p. 160.

Mugangu Sévérin reconnaît que le régime juridique applicable aux terres occupées par ces communautés pourrait s'avérer problématique. Il indique qu'on peut considérer soit que la gestion de ces terres demeure régie par les différents droits coutumiers, le domaine éminent étant passé des collectivités coutumières à l'Etat ; soit qu'étant des terres domaniales, les dispositions de la loi du 20 juillet 1973 les concernent également, que transitoirement toutefois, ces terres continueront à être occupées par les différentes communautés.

Pour lui, c'est cette dernière interprétation qui semble plus conforme à l'esprit de la loi foncière et affirme que la jouissance des terres occupées par les communautés locales ne trouve pas juridiquement son fondement dans la coutume. Il dit qu'elle est plutôt une tolérance légale. Ces terres qui font partie du domaine de l'Etat sont tout simplement occupées par les communautés locales ; une occupation qui n'est ni constitutive du droit, ni constituée en droit[86].

Kangulumba ne l'entend pas cependant de cette oreille. Il semble aller vers la première hypothèse que donne Mugangu. Il écrit que les droits coutumiers sur les terres indigènes ou terres des communautés locales ont été reconduits par la loi du 20 juillet 1973, même si, précise-t-il, aux termes de l'article 387, ces terres sont devenues des terres domaniales conformément au prescrit de l'article 53 de la même loi foncière[87]. En principe, renchérit-il dans le commentaire d'un jugement rendu par le tribunal de paix de Butembo en matière foncière, la même loi prévoit qu'une ordonnance du président devrait régler le sort des droits de jouissance régulièrement acquis sur les terres des communautés locales (art. 389). Mais en attendant l'avènement de ce texte, poursuit-il, la jurisprudence est constante que les droits de jouissance sur ces terres sont réglés par le droit coutumier (CSJ, RC 1032, 20 janvier 1988, RJZ, 1988, p. 7).

Autrement dit, ces terres soumises à la coutume sont une réalité juridique en droit congolais qui jusqu'à ce jour comprend donc deux

[86] Mugangu Matabaro S., *La gestion foncière rurale au Zaïre. Réformes juridiques et pratiques foncières locales*, l'Hatmattan, Academia Bruylant, Paris, Louvain-la-Neuve, 1997, p. 149.
[87] Kangulumba Mbambi V., *Précis de droit civil les des biens. Théorie générale des biens et théories spéciales des droits réels fonciers et immobiliers congolais*, p. 370.

régimes fonciers, le régime de droit écrit et le régime foncier régi par la coutume.

En réalité, en vertu -nous allions dire en dépit- de la loi du 20 juillet 1973 telle que modifiée à ce jour proclamant la propriété de l'Etat congolais sur le sol congolais, il existe des terres coutumières dont la même loi reconnaît la propriété aux collectivités ou communautés locales'[88].

Cette lecture que, du reste, nous partageons, nous semble la plus plausible, le législateur ayant lui-même défini ces terres comme étant celles que les communautés exploitent individuellement ou collectivement conformément aux coutumes et usages locaux.

Mais les terres en droit congolais sont parfois aussi gérées par des pratiques hybrides combinant le droit écrit et des dispositions du droit coutumier. Certains opérateurs fonciers, pour sécuriser leurs droits se soumettent aux dispositions du droit écrit en payant les redevances exigées par la loi mais aussi en s'acquittant de celles voulues par la coutume, sur des terres déjà enregistrées et dont les droits sont déjà constatés dans un certificat d'enregistrement[89], et donc déjà sortis du giron coutumier.

C'est l'exemple de la Compagnie sucrière de Kwilu Ngongo dans le Bas-Congo, une société à caractère agro-pastoral et industriel. Cette entreprise paye des redevances coutumières sur les terres qu'elle exploite malgré la possession d'un certificat d'enregistrement sur les terres à question. Chaque ayant droit foncier coutumier perçoit les redevances payées par la société, et a des avantages sociaux notamment dans l'achat du sucre au prix d'usine et l'accès aux soins médicaux à des tarifs réduits. La compagnie paye ses redevances

---

[88] Kangulumba Mbambi V., *Note d'observation à propos de la compétence matérielle des tribunaux de paix (congolais) en matière foncière*, in revue de droit africain, 2001, p. 113.

[89] Le certificat d'enregistrement est un document ou un titre attestant le droit de propriété immobilière ou de jouissance foncière enregistré conformément à la loi, par un fonctionnaire, en l'occurrence le conservateur des titres immobiliers, ayant pour but de transmettre la propriété immobilière (Cours suprême de justice, RC 100, 3 avril 1976, Bull. Arr., 1977, p. 64).

depuis 1925 et chaque ayant droit foncier a une carte qui en cas de décès la lègue à ses descendants. La même formule de gestion des droits fonciers est aussi appliquée par la Cimenterie de Lukala (CILU) toujours dans le Bas-Congo. Cette société paye aussi des redevances coutumières aux ayants-droit fonciers des carrières où sont exploitées le calcaire et l'argile pour la fabrication du ciment alors qu'elle dispose sur les dites concessions d'un certificat d'enregistrement[90].

Le pluralisme juridique à question est également perceptible en matière des règlements des conflits relatifs à la gestion des terres surtout coutumières. Le législateur prévoit que les conflits collectifs et individuels qui naissent sur les dites terres sont de la compétence des tribunaux de droit écrit notamment les tribunaux de paix. Mais on ne les enregistre pas que devant ces instances. Ces conflits prennent au contraire un itinéraire juridictionnel très diversifié et se retrouvent tantôt devant les services administratifs ordinaires (les bureaux des territoires, les hôtels de villes, les bureaux de communes,...), devant les chambres de conciliation des chefferies traditionnelles, devant les conseils de médiation et de conciliation des organisations non gouvernementales, devant les organisations syndicales, devant des conseils de famille,...

4.3. MANIFESTATION DU PLURALISME JUDICIAIRE EN DROIT CONGOLAIS

Le pluralisme juridique se manifeste également dans sa composante pluralisme judiciaire sur le territoire congolais. Aux côtés des juridictions de droit écrit, fonctionnent en fait d'autres instances juridictionnelles qui sont notamment, nous venions d'en parler, les tribunaux coutumiers, les chambres de conciliation des chefferies traditionnelles, les conseils de médiation des Eglises et des organisations non gouvernementales, les commissions d'arbitrage des Chambres de commerce, des vérandas traditionnelles, des organisations de quartiers ou de villages, des conseils de famille...

[90] Kilomba Ngozi Mala, *Le règlement des conflits fonciers régis par la coutume en droit congolais*, Kinshasa, Ed. Mgr Noël, pp. 66-67.

Il faut cependant dire que sur le plan formel, l'Etat congolais se veut détenteur du monopole dans le domaine du rendu de la justice. Raison pour laquelle dans la loi portant organisation et compétence judiciaires contenue dans l'ordonnance-loi n°82-020 du 31 mars 1982, certaines juridictions fonctionnent provisoirement en attendant leur disparition définitive. C'est le cas des tribunaux de police et des juridictions coutumières.

L'article 163 de ladite ordonnance-loi dispose que les tribunaux de police et les juridictions coutumières sont maintenus jusqu'à l'installation des tribunaux de paix. Aujourd'hui, ces tribunaux fonctionnent encore dans les endroits où les tribunaux de paix ne sont pas encore installés et devraient cesser leurs activités là où les tribunaux de paix existent déjà.

Mais même ici, et c'est le cas des territoires de Beni et de Lubero, les tribunaux coutumiers notamment les tribunaux de territoires, les tribunaux principaux de chefferie et les tribunaux secondaires continuent de fonctionner, leurs animateurs ont juste changé leur dénomination : hier tribunaux coutumiers, ils sont devenus aujourd'hui chambres de conciliation. On dirait qu'ils fonctionnent donc dans l'illégalité mais la légitimité dont ils jouissent du fait qu'ils continuent à être fréquentés par de nombreuses personnes fait qu'ils sont des acteurs incontournables dans le secteur juridictionnel dans cette partie du pays. Au niveau des chefferies et même des groupements, ces chambres de conciliation fonctionnent dans les vieilles installations des anciens tribunaux principaux et secondaires. Leurs animateurs travaillent sous l'autorité du chef de chefferie ou de groupement selon le cas.

SECTION II : LES SYSTÈMES FONCIERS COUTUMIERS

La présente section nous plonge dans les systèmes fonciers coutumiers. Elle est axée sur la notion de système foncier, de coutume, et se penchera sur les systèmes fonciers coutumiers au travers de leur dynamisme.

§1. NOTION DE SYSTÈME FONCIER

Un système foncier organise l'accès à la terre et aux ressources naturelles qui sont fixées au sol. Il détermine les modalités d'appropriation de la terre et de ses ressources et la sécurité des droits sur celles-ci. Il comprend donc l'ensemble des règles attachées à la terre et à ses ressources, ainsi que les institutions et les relations qui déterminent la mise en œuvre et l'application de ces règles[91].

> C'est « *un ensemble de dispositions régissant les relations qu'entretiennent entre eux les individus et les groupes en ce qui concerne le statut et l'usage de la terre. Les règles relatives au régime du sol se composent des systèmes de bénéfices et d'obligations d'une grande diversité dans le temps et dans l'espace* »[92].

Le régime foncier renvoie, en effet, aux institutions d'un système interdépendant englobant les dispositions juridiques et contractuelles ou coutumières par lesquelles les individus acquièrent et contrôlent la terre. Bien qu'ils prennent des formes diverses, les régimes fonciers régissent les droits, les devoirs, les libertés d'accès des individus et des communautés à l'utilisation et au contrôle de la terre.[93]

Comme le dit Kasanga, ce système fournit un cadre socio-juridique au sein duquel les droits et les intérêts sont exercés ou non pour l'utilisation, la mise en valeur et le transfert de terres[94].

Il comprend quatre composantes, à en croire Paluku Kitakya, qui cite des ressources naturelles : la terre en premier lieu, mais aussi l'eau, les forêts, la faune ; un ensemble de normes et de conditions de

---

[91] Ciparisse G., *Thésaurus multilingue du foncier*, Rome, FAO, 1999, p. 107.
[92] Http : //www.fao.org/docrep/005/x2038f09.htm #bm9, jeudi 4 décembre 2008.
[93] Mope Simo J.A., *Systèmes fonciers coutumiers et politiques foncières au Nord-Ouest du Cameroun*, in Lavigne Delville (sous la direction de), *Gérer le foncier rural en Afrique de l'Ouest. Dynamiques foncières et interventions publiques*, Paris, Karthala, 2000, p. 91.
[94] Kasim Kasanga, *Systèmes foncier, accès aux ressources et décentralisation au Ghana*, in Lavigne Delville (sous la direction de), *Gérer le foncier rural en Afrique de l'Ouest*, p. 55.

maîtrise, d'appropriation et d'usage de ces ressources naturelles ; des représentations et des pratiques sociales ; des rapports sociaux et des contextes institutionnels qui définissent la mise en œuvre des conditions d'usage et d'appropriation[95].

§2. COUTUME, DROIT COUTUMIER

2.1. NOTIONS

La notion de coutume a plusieurs acceptions et elle peut être appréhendée de diverses manières.

Elle est une manière de penser l'organisation du monde et de la société et de déterminer les comportements qui assurent correctement la reproduction de cette société. Ces manières de penser et de faire condensent un mode d'approche des problèmes courants de la vie en société et transmettent un « esprit » de la coutume qui peut être utilisé pour le règlement des conflits mais qui ne correspond jamais à un corpus de droit unique : on n'y applique pas une règle de droit, on restaure la paix dans le sein du groupe qui a vu naître un différend et qui, sinon, risquerait d'éclater.

Il y a ainsi autant de coutumes que de groupes et un individu appartenant par son sexe, son âge, sa profession ou ses engagements à de nombreux groupes distincts les uns des autres, relève d'autant de coutumes distinctes. Il n'y a ainsi nulle possibilité qu'une coutume monopolise les modes de penser la reproduction sociétaire et, pour l'assurer, la logique sociétaire se veut plurale, c'est-à-dire postule que la société est fondée sur des pouvoirs collectifs multiples, spécialisés et interdépendants et sur le principe de la complémentarité des différences[96].

Cette conception renvoie à tout ce qui est produit comme règle de conduite et de comportement dans les multiples groupes auxquels les individus appartiennent. On dirait, pour emprunter l'expression de

---

[95] Paluku Kitakya A., *op. cit*, 2007, p. 38.

[96] Etienne Le Roy, *Les usages politiques du droit*, in Coulon Christian, Martin Dénis-Constant (éds), *Les Afriques politiques*, Paris, La découverte, 1991, p. 113.

Jacques Vanderlinden, qu'elle fait référence au mode de production populaire du droit, que c'est le droit produit par les peuples. Ainsi, écrit-il, si on observe le droit de l'économie dite informelle, celui des associations religieuses ou des églises, celui des bandes d'enfants abandonnés à la rue, etc., on constate aussi que leur production est faite en grande partie de comportements transformés en mécanismes s'imposant aux membres de ces collectivités suite à leur adoption, plus ou moins spontanée, par le groupe social tout entier. Nous sommes donc bien dans le champ de la coutume.

Les autorités de ces groupes, les personnes chargées par eux de régler les différends entre leurs membres ou celles d'entre eux qui ont la réputation d'être mieux instruites que d'autres du droit du groupe, quelles qu'elles soient et quelle que soit l'importance qualitative et quantitative de leurs interventions, commandent pour les premières, jugent pour les secondes et communiquent leur savoir pour les troisièmes ; en ce sens, lorsque l'occasion s'en présente, elles produisent la loi pour les unes, la jurisprudence pour les autres, la doctrine pour les dernières. Toutes ces formes que prend le droit du groupe coexistent en son sein et se transforment, le plus souvent, grâce à l'adhésion des membres, en coutumes. Celles-ci s'ajoutent aux coutumes qui naissent originellement du comportement des individus et on peut donc parler de mode de production à dominante coutumière[97].

La coutume est donc la source de droit qui est, par excellence, populaire puisqu'elle résulte du comportement du corps social tout entier. Son processus d'élaboration est, en outre, empirique dans la mesure où une solution n'est adoptée qu'après avoir été soumise à l'épreuve de l'expérience, après avoir recueilli le consensus du groupe et après s'être transférée dans son vécu social[98].

La coutume ainsi comprise nous ramène sur le champ du pluralisme juridique dans sa conception actuelle qui considère que

---

[97] Vanderlinden, J., *Rendre la production du droit aux peuples*, p. 91.

[98] *Id, Le juriste et la coutume : un couple impossible ?* Actes du cinquantenaire du CEMUBAC, http://www.vanuatu.usp.ac.fj/courses/LA100F2_Histoire_Common_Law/LA100F_PDF_Docs/Juriste_et_coutume.pdf, 4 novembre 2010.

l'individu peut avoir des identités multiples selon les réseaux auxquels il appartient, réseaux qui produisent des règles, des règlements, des habitudes auxquels le dit individu doit se soumettre. Les différentes normes que produisent ces différents réseaux constituent en fait la coutume. Cette dernière lie les membres de ces différents réseaux, raison pour laquelle on avance qu'il existe autant de coutumes qu'il y a des groupes sociaux. Elle est une règle générée par un groupe social déterminé, en vue d'organiser et de régler les comportements entre divers membres, pour assurer la survie du groupe. Ces règles qui sont l'expression de la volonté collective, varient en fonction des situations et des groupes sociaux.

D'autres approches nous renvoient à la conception classique de la coutume. La coutume est ainsi définie par référence à deux éléments, matériel et psychologique. Le premier se caractérise par la répétition d'un simple usage anonyme qu'on ne peut d'abord identifier, mais qui une fois réitéré, le rend de plus en plus précis et constant, et ainsi le renforce. Le second élément est le passage du fait au droit, qui constitue l'élément immatériel qualifié par Geny de psychologique parce qu'il va créer chez le sujet de droit bénéficiaire ou tenu de le respecter une conviction, un sentiment de nécessité de la règle de droit obligatoire (opinio juris seu necessitatis)[99]. En d'autres termes, la coutume est une règle issue d'un usage général et prolongé qui a acquis un caractère juridiquement contraignant, et dont toute violation peut entraîner la désapprobation des membres du groupe, c'est à dire l'application d'une sanction[100].

Pour Kangulumba Mbambi, il faut en fait distinguer entre coutume et droit coutumier.

« *La coutume est un ensemble de traditions et usages répétés par une société sans qu'ils ne soient obligatoires ni sanctionnés. Tandis que le droit coutumier constitue un ensemble de règles obligatoires et sanctionnés par l'autorité dont la particularité est*

---

[99] Lamy E., *Le droit privé zaïrois, Introduction au droit écrit et au droit coutumier zaïrois*, Vol. 1, PUZ, 1975, p. 53.

[100] Akomndja Avom V., *L'énonciation de la coutume en droit camerounais de la famille : leurre ou réalité,* in Pénant 854, pp. 63-64.

qu'elles dérivent de la pratique et des usages souvent répétés et qui, par la force du temps, sont devenus obligatoires »[101].

C'est dans ce sens, ajoute-il, qu'il avait été jugé que

« *La coutume dans le langage juridique employé par le législateur à l'article 4 alinéa 2 de la charte coloniale signifie l'usage que le temps et un certain nombre d'actes conformes ont transformé en règle obligatoire* »[102].

Toutes ces définitions se recoupent et insistent toutes sur les éléments suivants : la répétition de l'usage, son caractère contraignant, et la sanction en cas de non observation de l'usage.

Il faut cependant différencier la coutume des usages. Ce dernier concept désigne la pratique réputée expression de la vérité des parties qui tient sa force obligatoire de leur consentement tacite, mais à laquelle elles peuvent déroger, tandis qu'il faut attendre uniquement par coutume les usages ayant, d'après la conception de ceux qui l'appliquent, force obligatoire, une pratique devenue juridiquement obligatoire sans qu'on puisse y déroger. La coutume est également différente de certaines pratiques considérées comme obligatoires, mais pour des motifs extra juridiques, pratiques dont ne dépend pas la validité des actes[103].

On dit de la coutume qu'elle est dynamique, qu'elle suit les changements socio-économiques et même politiques qui affectent la société dans laquelle elle se développe.

2.2. CARACTERE DYNAMIQUE DE LA COUTUME

La coutume n'est pas statique. Elle a un caractère fondamentalement évolutif. Elle possède une grande force

---

[101] Kangulumba Mbambi V., *Précis de droit civil les biens. Tome 1. Théorie générale des biens et théorie spéciale des droits réels fonciers et immobiliers congolais*, Louvain-la-Neuve, Academia Bruylant, 2007, p. 32.
[102] *Ibid.*, p. 32.
[103] Sohier A., *Traité élémentaire de droit coutumier du Congo Belge*, Bruxelles, Maison F. Larcier, 2ième éd., p. 12.

d'adaptation aux situations nouvelles. Elle évolue constamment à mesure que se modifient les conditions de son fonctionnement. Et comme le dit Sohier, sa force interne « *est telle qu'en bonnes mains, elle doit réussir sa transformation* »[104].

Cette évolution de la coutume viendrait notamment de la facilité de changement d'un droit non écrit, que n'entrave, malgré l'existence d'une organisation judiciaire et d'une procédure réglée, ni la paperasserie, ni l'excès de règles de procédure, ni la multiplicité des instances ; mais aussi de l'oralité des procédures tant judiciaires que législatives qui auraient permis d'en hâter le cours, sans cependant les priver des formes nécessaires pour la garantie des droits des citoyens[105].

On ne peut donc pas dire de la coutume qu'elle est caractérisée par un quelconque immobilisme ou immutabilité. La coutume est définie par sa spontanéité. Une situation de fait s'étant créée, les personnes qui y prennent part pensent que cette solution doit être adoptée, et elles l'adoptent. Ainsi, la coutume se crée, se change et se retourne plus rapidement que la loi elle-même[106].

L'essentiel de la coutume tient en fait à son esprit, c'est-à-dire à sa manière de penser la transmission d'attitudes et de valeurs permettant d'assurer la reproduction. La coutume est un contenant qui peut recevoir des contenus divers, car la coutume ne cesse d'évoluer et de se transformer[107].

Ainsi le dynamisme de la coutume commande qu'elle doit changer, s'adapter à l'évolution socio-économique de la société qu'elle a vocation à régir. Sinon elle deviendrait obsolète et personne ne s'en prévaudrait.

---

[104] *Ibid.*, p. 14.
[105] *Ibid.*, pp. 14-15.
[106] Rodolfo Sacco, *Le droit africain. Anthropologie et droit positif*, Paris, Dalloz, 2009, pp. 242-243.
[107] Le Roy, E. *L'esprit de la coutume et l'idéologie de la loi*, In *La connaissance du droit africain*, Bruxelles, Académie royale des sciences d'outres mers, p. 234.

Ce dynamisme tient en fait aussi de son oralité. Et là se pose un problème crucial car nombre d'analyses (surtout dans le chef des organisations non gouvernementales) portant sur les conflits fonciers coutumiers citent parmi les causes de ceux-ci l'oralité de la coutume. Celle-ci serait en fait à la base de manipulations qui dénatureraient ainsi la coutume et la videraient de tout son contenu. Leur souci serait donc d'éviter que le contenu de la coutume ne dépende des parties au procès ou des juges souvent mal informés sur les réalités et les pratiques coutumières des milieux de leur affectation.

La préoccupation mérite d'être exprimée car le risque de manipulation est réel et dans ces conditions la coutume deviendrait elle-même source de conflit. Il faudrait trouver une formule qui permette de lutter contre ce risque de manipulation et donc de dénaturation tout en essayant de ne pas freiner ce dynamisme qui est une caractéristique importante de la coutume.

2.3. CODIFICATION DE LA COUTUME OU RECOURS AUX SOLUTIONS JURISPRUDENTIELLES COUTUMIERES

La solution pour parer à tout risque de manipulation réside pour les uns dans la rédaction des coutumes, pour les autres dans la considération et le recensement des solutions jurisprudentielles.

> « *Codifier, c'est mettre en forme et mettre des formes…mettre des formes, c'est donner à une action ou à un discours la forme qui est reconnue comme convenable, légitime, c'est-à-dire une forme telle que l'on peut produire publiquement, à la face de tous, une volonté ou une pratique, qui présentée autrement, sera inacceptable* »[108]

C'est toute entreprise de rédaction de la coutume.

Pour les tenants de cette approche, la codification de la coutume présente un intérêt réel. Son plus grand bien résiderait dans le fait

[108] Bourdieu P., *Habitus, codes, codification, actes de la recherche en sciences sociales*, 1986, n° 64, p. 41, cité par Emile Kuyu in *Ecrits d'anthropologie juridique et politique*, Louvain-la-Neuve, Academia Bruylant, 2008, p. 147.

qu'elle présente une unité de conception intellectuelle, d'organisation normative et même d'interprétation. On a en face de soi des normes claires qui peuvent s'appliquer à tous les individus se reconnaissant au travers de la coutume codifiée. L'interprétation des dispositions coutumières ne dépend plus des parties aux procès qui ne peuvent se prévaloir que de la coutume rédigée, ni du juge qui doit se conformer à elle. On trouve d'autres vertus à la codification des coutumes. On estime qu'on peut, à l'occasion, introduire des changements positifs qui vont dans le sens des améliorations ou de l'évolution des dispositions existantes.

Mais en tenant compte de ce caractère évolutif de la coutume, force est de constater que sa codification, sa rédaction porterait un coup dur à son dynamisme et la rendrait ainsi statique. La codification immobilise dans un texte, une situation caractérisée par sa transition[109], elle freine, elle fige en raison du caractère magique qui s'y attache la dynamique de la production coutumière du droit, donc la vie de celui-ci[110].

Il y a en effet un risque réel de tout immobiliser en voulant codifier la coutume, « *de « traditionnaliser » les coutumes, c'est-à-dire de transformer des pratiques vivantes, fondées sur des règles contextuelles et évolutives, en systèmes figés aux règles immuables* »[111].

Comme l'affirme Rodolfo Sacco, avec la codification de la coutume, le problème qui se pose est

> « *Le fait est que le texte portant la rédaction de la coutume se charge de toute l'autorité dont est riche le rédacteur ; le fait est que l'organe qui doit mettre en application la coutume ne connaît la coutume que par la rédaction. Les procédés pour la rédaction,*

---

[109] Le Roy, E., *La réforme et le monopole fonciers, in Le Bris, E., l'Appropriation de la terre en Afrique. Manuel d'analyse, de décision de gestion foncières*, Paris Karthala, 1991, pp. 178-179.

[110] Vanderlinden, J., *Villes africaines et pluralisme juridique*, in Journal of legal pluralism nr 42, 1998, p. 269.

[111] Karsenty A., *Entrer par l'outil, la loi ou les consensus locaux*, in Lavigne Delville (sous la direction de), *Op.Cit.*, p. 48.

ainsi que la qualité - ou l'ignorance - des rédacteurs peuvent aboutir à remplacer la coutume factuelle par une fausse coutume livresque, marionnette sans âme, sans souplesse, sclérotique et caricaturale »[112].

La codification de la coutume pose en fait un problème surtout dans les pays africains identifiés à l'archétype de la différenciation (selon la théorie de Michel Alliot) et où les modèles de conduite et de comportement (dans la logique du multijuridisme d'Etienne Le Roy) ont prévalence dans le commerce juridique du quotidien sur les normes générales et impersonnelles. On peut donc se poser légitimement la question de savoir comment on peut codifier des conduites et des comportements parce que ceux-ci ont pour vocation de changer, d'évoluer.

La codification est donc pour le droit coutumier la pire des solutions pour lutter contre l'incertitude des droits qui résulterait de son oralité. Le dynamisme de la coutume est ce qui lui permet de vivre, de survivre et de se reproduire ; la codifier serait la vouer à disparaître ou la reléguer au musée de l'histoire du groupe dont elle est l'émanation.

La rédaction des coutumes ne pouvant pas garantir ce dynamisme, il s'agit donc de chercher une autre solution qui ne puisse en fait freiner l'évolution de la coutume tout en luttant tant soit peu contre les risques de manipulation qui à coup sûr entraineraient sa dénaturation.

Une solution alternative à la codification pourrait être recherchée dans la responsabilisation des juges dans l'identification, dans l'application et dans la connaissance des coutumes[113].

En effet, si on peut reconnaître au juge un large pouvoir d'appréciation dans l'interprétation des conditions d'application des coutumes, cela peut lui permettre d'avoir un pouvoir normatif

---

[112] Rodolfo Sacco, *Anthropologie juridique. Apport à une macro-histoire du droit*, Paris, Dalloz, 2008, pp. 160-161.

[113] Abdourahamanne Chaibou, *La jurisprudence nigérienne en droit de la famille et l'émergence de la notion de coutume urbaine*, in journal of legal pluralism, 1998, n°42, p. 157-170.

important dont l'exercice dépendrait, pour l'application des coutumes, qu'elles soient conformes à l'évolution générale de la société. Cette exigence de se référer à l'évolution générale de la société ferait que les juges puissent donner aux litiges des solutions adaptées aux réalités en vogue dans la société.

Les solutions jurisprudentielles de ce genre ont l'avantage de mettre à la disposition des populations (qu'elles soient urbaines ou rurales) une coutume toujours actuelle, adaptée aux mutations socio-économiques profondes que connait la société. Sur le plan de la technique juridique, les règles jurisprudentielles issues d'un tel processus pourront être des instruments très efficaces d'évolution de la coutume. Elles permettent de prendre en compte le contenu même de la coutume afin de consacrer son évolution. Cela permet aussi au juge d'appliquer la coutume dans son état actuel. La jurisprudence ainsi rassemblée n'immobilise pas la coutume, car les parties peuvent évoquer une autre, plus adaptée celle-là aux réalités du moment et que les juges peuvent appliquer s'ils trouvent qu'elle a un fondement social réel.

Cette exigence de conformité de la coutume à l'évolution générale de la société peut en fait avoir l'avantage de prendre en considération les changements positifs intervenus dans la coutume, par exemple l'amélioration du statut de la femme, la considération des peuples minoritaires comme les pygmées, la prise en compte des intérêts des catégories jadis marginalisées comme les albinos, les personnes vivant avec handicap, etc.

Il faut cependant éviter que les juges ne prennent trop de liberté dans l'appréciation qui tiendrait à la dénaturation de la coutume. Comme garde-fou, Abdourahaman Chaibou propose que le juge inclue dans le jugement la justification de ce en quoi a consisté telle ou telle autre évolution de la coutume par rapport à la société, et qu'il y énonce précisément le nouveau contenu de celle-ci[114].

[114] *Ibid.* p. 169.

2.4. AVANTAGES ET INCOVENIENTS DU DROIT COUTUMIER

Le droit coutumier a des avantages certains, mais il présente également quelques inconvénients.

Les avantages du droit coutumier tiennent à ce qu'il se manifeste comme un droit flexible et qu'il présente une forte capacité d'adaptation, conséquence de son caractère dynamique. Comme le disent Minneh Kane, Oloka Onyango et Abdul Tejan-Cole, "*one of the biggest strengths of customary law is that it is flexible and changes with time and circumstances. It is not rigid like the written law where certain rules have to be applied because that "is the law"*[115]. C'est un droit d'une souplesse telle qu'il se met en œuvre au travers des dispositions toujours adaptées et par des solutions toujours originales par des négociations et des renégociations, selon les intérêts des parties en présence.

Le droit coutumier présente l'avantage d'être un droit connu et compris par la quasi-totalité de ceux sur qui il s'applique, parce qu'il provient de la communauté ; ce qui fait d'ailleurs qu'il reçoit le respect de la population locale. C'est aussi de cette situation qu'il tire sa force. Nul n'est censé ignorer la coutume, pourrait-on dire.

Pour ce qui est du règlement des conflits, le droit coutumier présente d'autres avantages. Le plus grand semble être celui de l'accessibilité de la justice coutumière, vu sa proximité avec les justiciables (ce qui fait qu'on ne va pas parcourir de grandes distances pour atteindre la juridiction), mais aussi vu son coût apparemment abordable parce qu'il semble toujours tenir compte de la situation financière réelle des parties au procès.

---

[115] Minneh Kale et al., *Reassessing customary law system as a vehicle for providing equitable access to justice for the poor*, Arusha conference, new frontiers of social policy, December 12-15, 2005
http://siteresources.worldbank.org/INTRANETSOCIALDEVELOPMENT/Resources/Kane.rev.pdf, 2 décembre 2010.

La justice coutumière à également l'avantage d'être rendue dans la langue utilisée par les parties impliquées dans le conflit, ce qui facilite la communication et l'interaction entre ceux qui rendent la justice et ceux qui la sollicitent. Par ailleurs, elle a recours à des procédures simples et claires, ce qui fait que les litiges qui naissent entre les membres du groupe sont rapidement vidés au niveau des tribunaux coutumiers.

Le droit coutumier présente cependant des inconvénients. En effet, même s'il s'adapte aux situations nouvelles, le droit coutumier est cependant parfois imprécis dans certaines de ses expressions, ce qui - comme on va le voir - ouvre la voie à des manipulations dangereuses. Et comme il s'inscrit dans la durée, le droit coutumier ne sait souvent pas tout de suite faire face aux situations nouvelles. En effet, malgré son dynamisme, ses changements sont parfois lents et nécessitent un laps de temps suffisamment long. Cette situation fait qu'on ne peut pas prétendre le changer par un coup de baguette magique, fut-il celui de la codification.

Un autre inconvénient du droit coutumier est qu'il peut être sujet à des manipulations. Le danger ici est en effet qu'il s'interprète parfois selon les enjeux et les intérêts en présence, ce qui présente le risque de sa dénaturation. C'est ce que disent Hedi Buhlmann et Idrissa Maïga lorsqu'ils affirment : « *le droit coutumier (tout comme les autres formes d'autorité) comporte le danger de se voir dominé, manipulé par des intérêts familiaux ou claniques, et de perdre ainsi sa représentativité* »[116].

Le droit coutumier présente également dans beaucoup d'occurrences des situations d'injustice et d'inégalité qui se traduisent notamment par la discrimination de certaines catégories sociales notamment les femmes, les jeunes qui se voient réduits à des fonctions sociales secondaires dans des constructions sociales savamment entretenues par les hommes et les adultes.

---

[116] Heldi Buhlmann et Idrissa Maïga, *Appréciation option 'prévention et gestion des conflits' dans le Kaarta et le Fuladugu*, rapport de mission, nouveau programme SIGUIDIA et HALVETAS Mali, 2003, p. 20.

Les droits coutumiers sont en effet dominés par le caractère patriarcal de la société et la reconnaissance subséquente d'une place particulière au profit des hommes ayant atteint un certain âge ; situation qui aboutit à permettre un contrôle total de ces derniers sur la vie et la propriété des femmes et des individus plus jeunes et donc à discriminer les individus en fonction de leur sexe et de leur âge[117].

On peut notamment noter que dans beaucoup de coutumes les femmes ne peuvent pas venir à la succession de leurs parents ou parfois même de leurs maris, qu'elles n'ont pas de droits fonciers bien définis, qu'elles peuvent être engagées dans des unions matrimoniales auxquelles elles n'ont pas librement donné leur consentement, etc.

Il faut signaler que cette discrimination à l'égard des femmes et des jeunes va jusqu'à la participation à la vie politique de la communauté où ils doivent se contenter de rôles mineurs. Il en va de même de la justice coutumière qui donne l'impression d'être une chasse gardée des hommes. Les femmes comme les jeunes ne sont pas admis à siéger dans les instances coutumières de justice. Comme on peut le voir, il se pose donc parfois, avec la coutume, de vrais problèmes de droits élémentaires de femmes, de jeunes et d'enfants en tant qu'êtres humains.

§3. LE STATUT DE LA TERRE DANS LES SYSTEMES FONCIERS COUTUMIERS

Dans les systèmes fonciers coutumiers africains, la terre a un statut complexe. La terre est sacrée, la terre appartient à Dieu, aux dieux, la terre est la demeure des ancêtres, la terre est la mère nourricière des vivants. Dans cette conception, la terre répond d'une logique communautaire, parce qu'elle est une propriété collective et de ce fait inaliénable. Ainsi, appartient-elle non seulement aux membres vivants de la communauté, mais aussi aux ancêtres et aux générations futures. Elle ne peut donc de ce fait, faire l'objet d'une appropriation, ou d'une quelconque aliénation.

---

[117] Xavier P., *Plurijuridisme et droits coutumiers en Afrique du Sud*, Association internationale de méthodologie juridique, 8ième Congrès Aix-en-Provence, 4 au 6 septembre 2003.

Il ne faut cependant pas ignorer que des querelles de chapelle existent autour de la question de savoir si on peut appliquer la notion de 'propriété' aux réalités foncières africaines.

Dans la tradition juridique de l'Europe continentale, la propriété est en effet considérée comme le droit d'user, de jouir et de disposer d'une chose. Comment dès lors parler de propriété là où la chose, ici la terre, est insusceptible d'aliénation ?

Niant pour ce faire l'existence de la propriété dans le foncier coutumier en Afrique, certains y ont vu un simple droit d'occupation[118], d'autres une possession[119], d'autres encore un droit d'usufruit[120]. Les critiques soulevées contre les tenants de la théorie du droit d'occupation affirment que celle-ci ne peut pas être retenue car elle aboutit à affirmer d'une manière trop absolue que la notion de propriété est étrangère à la société traditionnelle africaine [121]. La théorie de la possession a été également écartée. On estime en fait que si la propriété coutumière est moins absolue que le droit de propriété au sens romain du terme, elle est cependant plus que la possession que l'on définit comme une simple maîtrise de fait exercée sur une chose[122]. Contre ceux qui soutiennent qu'il s'agit plutôt d'un droit d'usufruit, on a opposé le fait que l'usufruit suivant la conception européenne est un droit essentiellement temporaire, tout au plus viager, destiné à s'éteindre à la mort du titulaire, alors qu'en droit coutumier africain, à la mort du titulaire des droits fonciers, ceux-ci se perpétuent en faveur de ses héritiers. On a donc fait observer que la

---

[118]Girault, A., *Principes de colonisation et de législation coloniale*, Ed. Larose, 1908, t. 2, p. 362, cité par Rarijaona, R., *le concept de propriété en droit foncier de Madagascar*, Paris, Ed. Cujas, p. 25.
[119] Ottino, P., *Les économies paysannes du Bas-Mangoky*, Ed. Berger-Levrault, 1963, p. 88, cité par Rarijaona, op. cit. p. 26
[120] Van Boeckhout J., *Le droit foncier chez le groupement Bena-Kankonde du secteur Bena Ngoshi, Province Kasai*, in Bulletin des juridictions indigènes et de droit coutumier congolais, 25ième année, n°2, Elisabethville, mars-avril 1957, p. 33-34.
[121] Rarijaona R., *Le concept de propriété en droit foncier de Madagascar*, Paris, Cujas, 1967, p.26
[122] *Ibid.*, p. 26.

notion d'usufruit dans la culture juridique de l'Europe continentale est difficilement transposable au droit coutumier africain[123].

D'autres cependant affirment l'existence du droit foncier coutumier de propriété tout en reconnaissant qu'il n'est pas de même nature que le droit de propriété tel qu'il est compris dans la tradition juridique de l'Europe continentale. L'on s'accorde à reconnaitre que c'est un droit 'sui generis' dans son essence[124].

C'est dans cet esprit qu'il faudra comprendre le recours aux concepts de 'propriété', 'propriétaire' qui dans le contexte du foncier coutumier africain ne traduisent toujours pas la même chose que dans la conception juridique de l'Europe continentale. C'est aussi dans ce contexte particulier qu'il faudra se placer pour comprendre les extraits de jugements et PV de conciliation rendus et établis dans le règlement des conflits fonciers coutumiers où les parties ou même les juges 'modernes' et coutumiers utilisent parfois indistinctement les notions de droit de propriété et de droit de jouissance.

3.1. LA TERRE NE PEUT FAIRE L'OBET D'APPROPRIATION INDIVIDUELLE

La terre est insusceptible d'appropriation individuelle. Les lois de la cosmogonie africaine n'admettent cette appropriation pour aucun des éléments (ciel, air et mers) qui ont servi à la création de l'univers et qui le soutiennent. La terre étant à Dieu, aux dieux ou aux ancêtres, aucun être humain ne peut s'en approprier, car ce serait commettre un acte réservé à la seule divinité. Ce serait donc commettre le crime de sacrilège. Comment, d'ailleurs, s'approprier ce qui est affecté à tous pour leur subsistance ? Comment accepter que l'abri des ancêtres devienne la chose d'un seul homme?, s'interroge Keba Mbaye[125].

---

[123] Olawale, E., *La nature du droit coutumier africain*, Ed. Présence africaine 1961, p. 186.

[124] Sohier A., *Les terres indigènes*, in Journal des tribunaux d'outre-mer, 5ième année, n°53, 15 novembre 1954, p. 157.

[125] Keba Mbaye, *Le régime des terres au Sénégal*, in *Le droit de la terre en Afrique (au sud du Sahara)*, Etudes préparées à la requête de l'Unesco, Paris, Ed. G.P. Maisonneuve et Larose 1971, p. 137.

La logique « *est 'communautaire' au sens où la terre est un patrimoine lignager et que le lignage a un certain contrôle sur l'utilisation et surtout sur la transmission des droits (ce qui ne veut pas dire qu'il n'y ait pas d'appropriation et transmission des droits de culture au niveau des chefs d'exploitation). Elle le demeure même à de fortes densités de population, lorsque les ventes font l'objet d'une régulation par la famille. L'exploitation des terres n'a jamais été collective, au sens où elle impliquerait plusieurs unités de production (sauf lorsqu'il existe un champ de lignage, sur lequel les unités de production membres du lignage doivent de prestations en travail)* »[126].

Le patrimoine foncier est donc, comme le confirment aussi Lapika et Kiyulu, une propriété communautaire où le chef joue le rôle d'administrateur, rôle qu'il exerce avec un sentiment de solidarité vis-à-vis de tous les membres de la communauté et de dépendance vis-à-vis de l'organisation politique de la société[127].

En effet, il est donc clair qu'aucun concept de droit de propriété privée, tel que l'entend le système juridique occidental tiré du code romain, n'est compris dans le système d'accès à la terre susmentionné. Seuls les droits d'utilisation et d'usufruit peuvent être associés : quant aux droits abusus, on n'en concède jamais. En outre, l'affectation de terre ne peut jamais signifier l'octroi de droits de propriété exclusifs. L'individu (ou la famille) qui possède et cultive la terre est considéré comme le gestionnaire à titre temporaire de la propriété de tout le lignage. Il ne peut disposer librement de la terre, car elle appartient au groupe social de niveau plus élevé où seuls les représentants ont le droit de prendre des décisions[128].

Il faut cependant préciser que cette appartenance de la terre à la communauté ne signifie pas que les individus n'ont pas certains droits

---

[126] Lavigne Delville P., Karsenty A., *Des dynamiques plurielles*, in Lavigne Delville P., (sous la direction de), *Quelles politiques foncières pour l'Afrique rurale ? Réconcilier pratiques, légitimité et légalité*, Paris, Karthala, Coopération française, 1998, p. 220.
[127] Lapika Dimonfu, B., Kiyulu, N., *Op.Cit.*, p. 163.
[128] Platteau, J-P., *Réforme agraire et ajustement structurel en Afrique subsaharienne : controverses et orientations*, Rome, FAO, 1993, pp. 98-99.

sur la terre. Les individus ont des droits qui se résument à la disposition matérielle de la terre qui leur permet de jouir et de disposer juridiquement non de la terre mais de ses produits. L'individu a donc un droit de jouissance sur la terre, et un droit de propriété sur les produits de la terre.

3.2. LA TERRE EST INALIENABLE

La terre est mise au service de la communauté. Or, celle-ci comprend non seulement les personnes vivant sur le terroir, mais aussi celles qui y naîtront et celles qui y sont enterrées. Aucun homme, aucune génération, ne peut disposer de la terre. Le droit d'aliénation suppose le droit d'appropriation. La terre est donc inaliénable.

> « *Le principe de l'inaliénabilité du patrimoine foncier lignager est d'autant plus suivi qu'on y attache une valeur symbolique. En effet, dans la mesure où la terre est effectivement identifiée aux ancêtres auxquels on croit qu'elle donne un refuge pour l'éternité, vouloir la garder sous le contrôle de la communauté est considéré comme un moyen infaillible de maintenir l'intégralité sociale de cette dernière…* »[129].

L'interdit d'aliéner la terre se manifeste en effet comme une conséquence directe de la nature insécable de la chaîne concrète « ancêtres-terres-hommes », ou de celle qui a pour point de départ la divination, sous la forme de la Terre-Mère, du statut vital et indifférencié du sol. Ainsi, la relation fondamentale d'appartenance de l'homme à la terre est opposé à l'acte de vendre, comme à l'acte qui représenterait sa négation et son inversion[130].

Cet interdit d'aliéner doit en fait se comprendre, non comme un refus de tout échange, comme une opposition à toute vente de la chose empirique qui est la terre, mais comme l'interdiction d'aliéner la réalité symbolique, le lien ombilical et la valeur médiatrice du sol. Ce dont il s'agit, c'est d'éviter que la terre ne devienne étrangère à la

[129] *Ibid.*, p. 99.
[130] Madjarian, G., *L'invention de la propriété. De la terre sacrée à la société marchande*, Paris, l'Harmattan, 1991, p. 71.

communauté, ou plus exactement la communauté étrangère à ses racines et à son « liant ». L'interdit d'aliéner porte plus, en vérité, sur les conditions de circulation des hommes sur la terre communautaire, sur les conditions d'accès à celle-ci, que sur la réalité matérielle de l'échange. C'est pourquoi les règles positives et négatives de distribution du sol ont essentiellement trait au statut des hommes. Ce principe se manifeste dans la régulation de la vente de terres, lors même qu'elle est permise[131].

§4. DYNAMISME DES SYSTEMES FONCIERS COUTUMIERS

Nous évoquerons le principe avant d'en donner les différentes interprétations.

4.1. PRINCIPE

Comme la coutume elle-même, les systèmes fonciers coutumiers ne sont pas statiques. Ils évoluent, ils s'adaptent aux mutations socio-économiques qui interviennent dans la société. Ils sont sensibles aux changements de l'environnement et subissent l'influence des facteurs comme l'accroissement de la population, le marché, les interventions de l'Etat, l'action des organisations non étatiques, les pressions des bailleurs de fonds,...

Ces transformations expliquent par exemple aujourd'hui un certain changement observé dans la conception de la terre.

On note une tendance à l'individualisation de la terre, certaines personnes ont en fait envie de s'affranchir du poids du lignage dans la gestion de la terre, et de jouir de la terre en tant que vrais propriétaires avec tout ce que la notion de la propriété emporte comme conséquence (l'usus, le fructus, et l'abusus).

On constate également que la terre acquiert un caractère marchand, on assiste à une certaine marchandisation de la terre, qui se manifeste par de multiples ventes de terres de communautés locales pourtant

[131] *Ibid.*, p. 77.

théoriquement marquées du caractère d'inaliénabilité. Il s'agit cependant de ventes sui generis, dans lesquelles les vendeurs veulent toujours conserver un certain contrôle sur les terres vendues. C'est en fait la logique de ce qu'Etienne le Roy appelle la marchandisation imparfaite[132].

On ne peut cependant pas dire que les deux tendances (individualisation et marchandisation) sont généralisées et qu'elles sont devenues la règle car ce sont les principes communautaristes qui continuent à régir la grande partie des transactions foncières.

4.2. INTERPRETATION[133]

L'on s'interroge depuis plusieurs décennies sur le sens à donner actuellement aux systèmes fonciers africains et à leurs dynamiques. Plusieurs interprétations sont ainsi avancées. Deux grandes tendances se disputent le terrain : les théories évolutionnistes du foncier et celles qui avancent l'idée des arrangements institutionnels et de la diversité des modes d'appropriation de la terre. Lavigne Delville va nous aider à en saisir la portée.

Pour les premières tendances, on assiste, sous l'influence de la croissance démographique et du marché, à une évolution progressive des systèmes de propriété commune vers une généralisation de la propriété privée, individuelle et familiale, parallèlement à un effritement puis une disparition du rôle des autorités coutumières. Cette évolution n'est encore que partielle, ce qui explique le caractère « imparfait » de la transformation de la terre en bien marchand. Ces symptômes (persistance de gestion communautaire, caractère réversible des « ventes » de terre ; persistance de relations clientélistes

---

[132] Le Roy E., *La sécurité foncière dans un contexte africain de marchandisation imparfaite de la terre,* in Blanc-Pamard et Cambrézy (coord.), *Terre, terroir, territoire, les tensions foncières*, coll. « Dynamiques des systèmes agraires », Paris, ORSTOM, pp. 455-472, cité par Lavigne Delville, P., Karsenty Alain, *Des dynamiques plurielles*, 220, in Lavigne Delville (sous la direction de), *Quelles politiques foncières pour l4afrique rurale ? Réconcilier pratiques, légitimité et légalité*, pp. 215-242.

[133] Synthèse de Philippe Lavigne Delville, *Privatiser ou sécuriser* ?, in Lavigne Delville (sous la direction de), *Quelles politiques foncières pour l'Afrique rurale ? Réconcilier pratiques, légitimité et légalité*, Paris Karthala, 1998, pp. 28-35.

entre acheteur et vendeur, etc.) sont des signes d'une situation transitoire avant le développement d'un véritable marché foncier[134].

Ces théories reposent sur un fondement d'économie néo-classique, pour qui le marché représente la forme économique la plus efficace. Dans leur formulation la plus libérale, le passage à la propriété privée se fait spontanément, par le jeu des acteurs. Cette évolution se déroule plutôt bien, malgré des conflits révélateurs d'une adaptation en marche, et une intervention de l'Etat risquerait plutôt de compliquer la situation et de créer de nouvelles imperfections. Plus récemment, une nouvelle formulation en a été faite, d'inspiration institutionnaliste, pour mieux rendre compte des réalités empiriques, en s'appuyant sur les théories récentes de « l'innovation institutionnelle induite ». Dans cette optique, la compétition croissante entraîne des revendications croissantes sur un même espace et des incertitudes sur les droits fonciers (qui sont en phase de transition : ils ne sont ni l'application des principes coutumiers, ni l'expression du droit moderne)[135].

Cette situation aboutit à une multiplication des conflits et à une surexploitation des ressources, ce qui provoque une demande d'innovation institutionnelle, les producteurs demandant (explicitement ou non) à l'Etat d'intervenir, et de mettre en place un régime de propriété privée, par des procédures d'enregistrement et de délivrance de titres. Une telle intervention permet de rétablir la paix sociale, en clarifiant les droits, ce qui facilite les transactions foncières au profit des exploitants dynamiques, et permet l'accès au crédit, le tout encourageant les investissements dans la terre et les gains de productivité[136].

Les secondes théories ont été élaborées par les socio-anthropologues. Pour ceux-ci, en effet, c'est la coexistence de deux systèmes de normes foncières, celles de l'Etat et celles du village (le pluralisme juridique) qui est le principal facteur d'ambiguïté sur les droits, et non l'inadaptation des logiques coutumières à des densités élevées ou des enjeux économiques nouveaux ; elle permet aux

---

[134] *Ibid.*, pp. 29-30.
[135] *Ibid.*, p. 30
[136] *Ibid.*, pp. 29-30.

acteurs de jouer leur propre jeu, et de porter devant une des instances une revendication qui n'aurait pas de légitimité dans une autre. Affirmant que la terre est à celui qui la cultive, l'Etat a parfois « dé-sécurisé » les ayants droit coutumiers, les amenant à réduire les prêts ou à mettre en culture les jachères pour marquer leurs droits[137].

De même, le conflit n'est pas une conséquence mécanique de la compétition. L'accès aux ressources est commandé par de normes sociales, qui régulent la compétition et les rapports de force. Dans bien de cas, les conflits ne résultent pas tant de la réalité objective de la pression sur les ressources, ou de la disparition des instances de régulation sous l'effet de cette pression, que de la pluralité des normes (droit local, droit de l'Etat, etc.) et des instances d'arbitrage (chefferie, administration, services techniques, etc.). Cette pluralité d'instances fait que les conflits ne peuvent guère trouver d'issue prévisible, qu'un arbitrage reconnu n'arrive pas à s'imposer.

En fin, les évolutions ne vont pas toujours dans le sens d'une insécurité croissante : de nouvelles formes de sécurisation, passant par des réseaux de clientèle, peuvent se mettre en place et se révéler relativement fonctionnelles.

Tout en partageant un certain nombre de constats empiriques avec les recherches issues des théories évolutionnistes, ces travaux mettent l'accent sur des facteurs différents pour décrire et expliquer les situations actuelles, et proposent une interprétation différente des dynamiques foncières, tant du point de vue des mécanismes en jeu que des trajectoires. Reconnaissant certes l'existence et l'extension relative des transactions marchandes liées à la terre (la marchandisation), ils en contestent malgré tout le caractère systématique et récusent une perspective exclusivement propriétariste : une situation de « marchandisation imparfaite de la terre » n'est pas nécessairement qu'une étape transitoire. Plus qu'à une évolution nécessaire et irréversible vers des droits exclusifs et aliénables, on assiste à une diversification des modes d'accès aux ressources, à l'apparition de nouvelles instances de régulation, à la

[137] *Ibid.*, pp. 29-30.

création de nouveaux arrangements sociaux tentant de répondre aux enjeux actuels.

Le développement de transactions monétaires sur la terre, sur certaines portions de l'espace ou certains types de ressources, peut aller de pair avec d'autres formes d'arrangements, de type clientélistes ou patrimoniaux[138].

Toutes ces interprétations, pensons-nous, ne doivent pas être rejetées, l'une au profit de l'autre, ou l'une contre l'autre. Elles peuvent toutes expliquer des situations, par rapport aux dynamiques actuelles que connaissent les systèmes fonciers africains. Il ne s'agit donc pas de généraliser ou d'imposer une interprétation, mais d'analyser les choses en plaçant chacune dans son contexte particulier.

Ces deux théories sont importantes car elles peuvent dicter des trajectoires vraiment différentes pour ce qui est du « comment réguler la compétition sur les ressources et assurer une allocation efficace »[139]. Pour les tenants de la première théorie, il faut tout simplement généraliser la propriété privée sur les terres, alors que pour les autres, il faut plutôt sécuriser les droits fonciers existants, c'est-à-dire les reconnaître et les garantir[140]. Il s'agit pour ces derniers,

> « *Non plus de sortir du pluralisme juridique en tentant d'imposer un régime uniforme de propriété privée, mais de partir des réalités de terrain pour favoriser les adaptations, en mettant l'accent sur la construction d'instances légitimes aux yeux des populations et reconnues par l'Etat, chargées de définir les règles et d'arbitrer les conflits* »[141].

La théorie des arrangements institutionnels semble coller avec l'étude qui est la nôtre sur le pluralisme juridique et judiciaire autour de la gestion foncière dans les territoires de Beni et de Lubero. En effet, la coexistence dans cette région des modes de gestion foncière qui répond du droit écrit, du droit coutumier nande et de gestion par

[138] *Ibid.*, pp. 31-32.
[139] *Ibid.*, p. 28.
[140] *Ibid.*, pp. 33-34
[141] *Ibid.*, p. 34.

des compromis au travers des pratiques foncières nouvelles ; et de multiples modes de règlement de conflits fonciers semblent être l'explication de la forte conflictualité autour de la terre.

Les premières confrontations commencent au niveau même de l'appropriation de toutes les terres du pays par l'Etat. La terre est en effet une propriété exclusive, inaliénable et imprescriptible de l'Etat (article 53 de la loi foncière). Il s'agit de toutes les terres du pays, y compris celles administrées par des pouvoirs coutumiers. Ceux-ci ne digèrent pas cette prétention de l'Etat, se sachant eux aussi propriétaires des terres sur lesquelles s'étend leur pouvoir. En droit coutumier, c'est aussi la détention de la terre qui est le fondement du pouvoir. On ne peut pas concevoir un chef coutumier sans terres. Cette confrontation fait que dans l'imaginaire populaire, on distingue entre les terres de l'Etat et les 'terres de la coutume' (on parle aussi des terres de la redevance). L'Etat et les administrations coutumières vivent dans cette confusion qui a parfois des conséquences négatives sur la gestion foncière.

Le deuxième problème est la cohabitation sur un même espace de deux logiques de la propriété, l'Etat qui fait valoir la propriété privée, à côté des coutumes qui consacrent la propriété collective de la terre. Un conflit qui met aux prises un individu et une communauté villageoise, sur l'appropriation d'une terre coutumière (en principe collective), qui aboutit à l'éviction de cette dernière car le premier s'est fait valoir d'un titre, le certificat d'enregistrement, devenu inattaquable par la force de la loi ; ce qui pose la question de la sécurisation des droits fonciers, ceux enregistrés bénéficiant de plus de protection que ceux détenus en vertu de la coutume.

Plusieurs institutions connaissent des conflits fonciers coutumiers dans l'espace Beni-Lubero: les tribunaux de paix, les anciens tribunaux coutumiers devenus chambres de conciliation au niveau des Territoires, des chefferies traditionnelles, des groupements ; les organisations non gouvernementales,...Cette pluralité d'instances devient ainsi un facteur d'instabilité, non du fait de cette pluralité elle-même, mais du fait que les décisions que rendent les dites instances peuvent être remises en cause à tout moment par les juridictions étatiques qui ne semblent pas reconnaître l'œuvre qu'elles font sur le plan juridictionnel. Cette pluralité non régulée devient ainsi source d'insécurité juridictionnelle parce qu'un litige supposé vidé au niveau d'une instance peut rebondir au sein d'une autre, ou être considéré comme n'étant jamais intervenu par les tribunaux de droit écrit.

L'attitude de l'Etat à vouloir garder le monopole dans la production des normes et dans l'administration de la justice contre les populations qui se reconnaissent dans de multiples réseaux normatifs ayant leurs propres modes de règlement de conflits, devient problématique et entraîne des ambiguïtés dans la gestion de la terre. L'Etat oppose la loi aux pratiques populaires légitimes, ce qui engendre des confrontations qui augmentent la conflictualité autour foncier coutumier.

SECTION III : EVOLUTION DU DROIT FONCIER CONGOLAIS

Le Professeur Kalambay Lumpungu écrit : « ... *pour mieux comprendre le régime foncier et immobilier, l'étude historique du Droit Foncier congolais de ses origines à la loi du 20 juillet 1973 est indispensable... »*[142]. En effet, de tout temps, les gouvernements ont toujours exprimé leur souci de contrôler, de s'approprier la terre, source de richesse et de sécurité. Il faut noter que

> *« L'importance du régime foncier et immobilier n'est plus à démontrer, car il suffit d'analyser d'une manière approfondie, les diverses révolutions historiques pour s'en rendre compte. Même après les révolutions, le régime foncier a toujours été, est et reste la préoccupation de ceux qui dirigent »*[143].

La République démocratique du Congo semble avoir saisi la portée de cette réalité tout au long de son histoire.

---

[142]KALAMBAY LUMPUNGU G., *Droit Civil, vol II, Régime foncier et immobilier*, Préface de Christian Lambotte, Kinshasa, P.U.Z., 1989, p. 7.
[143] *Ibid.*, p. 7

§1. LA REGLEMENTATION FONCIERE COLONIALE

Avant la constitution de l'Etat indépendant du Congo (E.I.C.), une création du roi des belges Léopold II, un grand nombre d'empires et de royaumes occupaient le territoire de l'Etat. Chacun d'eux était régi par ses propres règles juridiques généralement orales. Il est donc évident que chacun de ces empires et royaumes devait disposer de son régime foncier.

A cette époque, deux types de terres existaient: les terres occupées par les autochtones et régies par la coutume, et les terres occupées par les commerçants et missionnaires européens (hollandais, portugais et anglais) en vertu des contrats passés avec les chefs locaux.

Le 1er juillet 1885, une ordonnance relative à l'administration du Congo est proclamée et établit les grandes lignes du régime foncier au Congo. Elle est complétée par des décrets du roi souverain du 22 août 1885, 14 septembre 1886 et 3 juin 1906. Ces textes impliquèrent une évolution, voire une nouvelle conception, des droits fonciers des autochtones au Congo.

L'EIC a ainsi reconnu aux autochtones la propriété des terres occupées à titre collectif ou individuel, conformément à leurs pratiques traditionnelles (agriculture extensive, pâturage et habitation) et soumises à la coutume. Selon la nouvelle réglementation, il enregistra et soumit à la législation étatique les terres que les commerçants et missionnaires européens avaient acquises par des contrats valides et antérieurs au 1^{ier} juillet 1885. En fin, l'EIC affirma que le reste des terres constituait des terres vacantes et qu'elles faisaient dorénavant partie du domaine de l'État et constitua une partie en domaine privé.

Cette théorie des terres vacantes introduites dans le domaine foncier rural par le colonisateur a dû favoriser une expropriation paysanne massive et ne pouvait laisser aux congolais qu'une minime partie des terres qui étaient cultivées. Pourtant, une analyse approfondie des coutumes des peuples congolais nous montre que la notion de terres vacantes était inconnue car toute terre, même non exploitée ni occupée appartient toujours à un lignage ou à un clan. Se l'attribuer sans leur accord, c'est les en exproprier[144].

Après l'annexion de l'Etat indépendant du Congo à la Belgique en 1908, le besoin d'un droit unificateur se fit sentir. C'est alors que la Belgique, Etat colonisateur du Congo, édictera un deuxième Code Civil qui traitait des matières contenues dans les différents décrets suivants : décret du 31 juillet 1912 relatif aux biens, décret du 30 juin 1913 relatif à la propriété, décret du 6 février 1920 relatif à la transmission de la propriété immobilière, décret du 20 mars 1920 relatif à l'emphytéose et à la superficie, décret du 28 mars 1949 sur la copropriété, décret du 25 mars 1954 sur la mitoyenneté.

L'on sait notamment que la charte coloniale avait donné mission au gouverneur général de développer chez les indigènes l'idée de la propriété. Il fallait stimuler en eux l'esprit d'initiative, leur faciliter l'acquisition des propriétés privées et garantir à l'indigène la propriété exclusive des produits de sa culture et définir ses droits sur la terre qu'il occupe. A ce titre, l'article 5 de la charte coloniale dispose :

> « *Le gouverneur général veille à la conservation des populations indigènes et à l'amélioration de leur condition morale et matérielle d'existence. Il favorise l'expansion de la liberté individuelle, l'abandon progressif de la polygamie et le développement de la propriété...* ».

Dans cette optique, seules les terres indigènes et les terres enregistrées étaient protégées par la charte coloniale, c'est-à-dire qu'on ne pouvait porter atteinte à ces droits que pour des motifs d'ordre public.

Il est important de rappeler que les terres indigènes étaient régies par les coutumes et usages locaux, et les terres enregistrées par le Code Civil livre deuxième.

---

[144] NGOMA NGAMBU, *Politique et problèmes fonciers au Bas Zaïre*, in LAPIKA DIMOMFU (Dir), *Op. Cit.*, p. 61.

La législation coloniale a introduit le dualisme sur le plan de la gestion des terres : elle a limité toute extension clanique et affecté le système de succession sur la terre, et elle a rendu la coutume inopérante sur certaines terres désacralisées. En effet, elle a consacré la propriété privée et a établi des distinctions entre les registres fonciers. Par la législation foncière, une grande partie de la terre est sortie de la juridiction coutumière pour prendre une carte marchande et devenir un objet d'appropriation par la monnaie. La loi formelle, le réseau d'échange et le salariat ont en effet consacré le primat de l'individu par rapport au groupe. Sur le plan politique, une nouvelle stratification du pouvoir est opérée autour du foncier et cela a entraîné la polarisation des anciens rapports fondés sur le lien de sang et de spiritualité, ainsi que le développement de nouveaux pôles de décision de type technocratique[145].

§2. REGLEMENTATION FONCIERE POST-COLONIALE

La loi fondamentale du 19 mai 1960 relative aux structures du Congo, prévoyait aux termes de son article 2 que les lois, les décrets et les ordonnances législatives, leurs mesures d'exécution, ainsi que toutes les dispositions réglementaires existantes au 30 juin 1960, resteraient en vigueur tant qu'ils n'auront pas été expressément abrogés. Cette disposition a pratiquement reconduit le régime foncier hérité de la colonie belge.

Le changement intervint à partir de l'année 1966 avec les principaux textes législatifs suivants : l'ordonnance-loi n° 66-343 du 7 juin 1966, dite « loi Bakajika », la loi n°71-008 du 31 décembre 1971 portant révision de la constitution, la loi n° 73-021 du 20 juillet 1973 portant régime général des biens, régime foncier et immobilier et régime des sûretés telle que modifiée et complétée à ce jour.

2.1. LA LOI BAKAJIKA

C'est la loi n° 66-343 du 7 juin 1966 assurant à la République démocratique du Congo la plénitude de ses droits de propriété sur son

[145] MAFIKIRI TSONGO, *La problématique foncière au Kivu montagneux (RDC)*, Paris, L'harmattan, 1994, p. 110.

domaine et la pleine souveraineté dans la concession des droits fonciers, forestiers et miniers sur toute l'étendue de son territoire. Son article premier dispose que :

« *La République démocratique du Congo reprend pleine et libre disposition de tous ses droits fonciers, forestiers et miniers concédés ou cédés avant le 30 juin 1960 en propriété ou en participation à des tiers, personnes morales ou physiques* ».

L'article 2 précise que la République démocratique du Congo va procéder souverainement à la répartition des droits d'exploitation ou de gestion de ses ressources naturelles, forestières et minières. Par cette loi, le Congo voulait en effet exercer la plénitude de ses droits de propriété, de ses pouvoirs concédants, de ses droits de gestion du domaine public et disposer librement de son patrimoine, de ses ressources naturelles pour le bien-être de sa population. Cette ordonnance-loi sera complétée et abrogée respectivement par les lois n° 71-008 et n° 71-009 du 31 décembre 1971.

2.2. LES LOIS N° 71-008 ET N° 71-009 DU 31 DECEMBRE 1971

La République Démocratique du Congo a été dotée d'une nouvelle constitution le 24 juin 1967. La constitution en question a connu plusieurs modifications et révisions. Le 31 décembre 1971, l'Assemblée nationale adopta une nouvelle disposition à insérer dans la constitution. L'article premier de cette disposition disait : «*il est inséré dans la constitution un article 14 bis libellé comme suit : le sol et le sous-sol zaïrois ainsi que leurs produits naturels appartiennent à l'Etat...* »[146].

À la même date, l'Assemblée nationale votera une loi abrogeant la loi Bakajika[147]. Son article premier dispose : « *La République du Zaïre reprend pleine et libre disposition de tous ses droits sur le sol, le sous-sol et les ressources naturelles concédées ou cédées avant le 1er janvier 1971 à des personnes physiques ou morales qui n'en ont pas*

[146] Loi n° 71-008 du 31 décembre 1971 portant révision de la constitution.
[147] Loi n° 71-009 du 31 décembre 1971.

assuré la mise en valeur ». L'article 2 annulera les certificats d'enregistrement relatifs aux biens visés à l'article premier. L'article trois vient tout simplement abroger l'ordonnance-loi n° 66-343 du 7 juin 1966.

Un changement radical dans le domaine foncier intervient avec la promulgation de la loi n° 73-021 du 20 juillet 1973 portant régime général des biens, régime foncier et immobilier et régime des sûretés.

2.3. LA LOI FONCIERE DU 20 JUILLET 1973 TELLE QUE MODIFIEE ET COMPLETEE PAR LA LOI N° 80-008 DU 18 JUILLET 1980.

Cette loi définit les règles et procédures officielles actuelles en matière foncière. En vertu de cette loi, l'Etat devient propriétaire exclusif du sol congolais. Son article 53 dispose à cet effet « *le sol est la propriété exclusive, inaliénable et imprescriptible de l'Etat.* » Il résulte de cette disposition que l'Etat congolais est le seul titulaire du droit de propriété foncière[148], les membres de la communauté n'ayant que des droits de jouissance sur la terre, propriété de l'Etat.

Aux termes de son article 54, cette loi dispose que le patrimoine foncier de l'Etat comprend un domaine public et un domaine privé. Le premier est constitué de toutes les terres affectées à un usage ou à un service public, terres qui sont inconcessibles tant qu'elles ne sont pas régulièrement désaffectées (article 55), le second est quant à lui constitué de toutes les autres terres (article 56, al 1). Il s'agit pour cette dernière catégorie des terres sur lesquelles l'Etat peut accorder aux particuliers un droit de jouissance appelé concession (article 57).

En vertu de l'article 60, ces terres sont soit urbaines, soit rurales. Le même article définit les terres urbaines comme étant celles qui sont comprises dans les limites des entités administratives déclarées

---

[148] Le principe a été repris à sa manière (et d'une façon un peu ambigüe) par la constitution du 18 février 2006. Celle-ci dispose à son article 9 : '*l'Etat exerce une souveraineté permanente notamment sur le sol, le sous-sol, les eaux et les forêts, sur les espaces aérien, fluvial, lacustre et maritime et sur le plateau continental. Les modalités de gestion et de conception du domaine de l'Etat visé à l'alinéa précédent sont déterminées par la loi*'.

urbaines par les lois ou les règlements en vigueur. Sont rurales, toujours selon les termes du même article toutes les autres terres, c'est-à-dire en fait celles qui sont situées en dehors des circonscriptions rurales, et qui selon leur vocation, sont destinées à un usage résidentiel, commercial, industriel, agricole ou d'élevage. C'est parmi ces terres rurales qu'il faut situer celles dites 'terres des communautés locales appelées aussi terres coutumières parce que gérées selon les coutumes et usages locaux.

Comme on vient de le dire, cette loi instaure le système d'octroi des terres aux particuliers sous forme de concession et abolit la propriété privée des terres. Les concessions constituent un droit de jouissance sur la terre. Elles peuvent être perpétuelles ou ordinaires. Les droits de propriété foncière légalement obtenus avant la loi de 1973 sont automatiquement convertis en concessions perpétuelles pour les personnes physiques de nationalité congolaise à condition qu'il y ait eu une mise en valeur effective des terres et en concessions ordinaires pour les étrangers et les personnes morales.

La modification apportée par la loi n° 80-008 du 18 juillet 1980 maintient la règle de l'inattaquabilité du certificat d'enregistrement, mais uniquement en faveur d'un titre établi dans les conditions licites ou après écoulement d'un délai de deux ans. Certains articles de ladite loi ont comme objectif la remise en cause de la gratuité et l'autorisation de la perception des taxes rémunératoires et, dans certains cas, du prix de référence et de la redevance emphytéotique lors de la conversion des titres et de l'exécution des travaux prescrits par les articles 369-371 de la loi n°73-021 du 20 juillet 1973[149].

Que dit la loi sur les terres coutumières ?

---

[149] Exposé des motifs de la loi n°80-008 du 18 juillet 1980 modifiant et complétant la loi n°73-021 du 20 juillet 1973 portant régime général des bien, régime foncier et immobilier et régimes des sûretés, in Journal officiel numéro spécial, 1[ier] décembre 2004.

§3 : LES TERRES COUTUMIERES EN DROIT FONCIER CONGOLAIS : SIEGE DE LA MATIERE

Nous appelons ici terres coutumières, celles que le législateur congolais qualifie de 'terres des communautés locales' et que certains doctrinaires nomment 'terres des communautés traditionnelles' ou 'terres des communautés indigènes'[150].

Les principes de leur gestion sont à chercher dans les articles 387, 388 et 389 du code foncier.

En vertu de l'article 387, « *les terres occupées par les communautés locales deviennent à partir de l'entrée en vigueur de la présente loi des terres domaniales* ». D'après la cour suprême de justice, « *en vertu de la loi foncière, toute règle coutumière en matière d'occupation de parcelles a été abrogée. Elle relève de la compétence du droit écrit.* »[151].

L'article 388, quant à lui, édicte que « *les terres occupées par les communautés locales sont celles que ces communautés habitent, cultivent ou exploitent d'une manière quelconque individuelle ou collective conformément aux coutumes et usages locaux* ». Il est complété par l'article 389 qui prévoit que « *Les droits de jouissance régulièrement acquis sur ces terres seront réglés par une ordonnance du président de la république* ».

Cette ordonnance n'ayant jamais été prise, la cour suprême de justice a jugé qu' « *en vertu de la loi foncière les droits de jouissance sur les terres occupées par les communautés locales sont régies par le*

[150] Lire Kangulumba Mbambi V., *Précis de droit civil des biens. Théorie générale des biens et théorie spéciale des droits réels fonciers et immobiliers*, Louvain-la-Neuve, Academia Bruylant, pp. 368-372.

[151] C.S.J., R.C. 334 ,9 avril 1980, p. 8 supplément, cité par KALONGO MBIKAYI, *Code Civil et Commercial*, Kinshasa, centre de recherche et diffusion juridiques, 1997, 227.

droit coutumier avant leur réglementation par ordonnance présidentielle.»[152].

Il est important à ce niveau de préciser ce qu'on entend par 'communauté locale'. On peut la définir, s'inspirant du prescrit de l'article 388 précité étant celle qui s'organise sur base des coutumes et usages locaux. Le code forestier en donne la définition suivante :

> '*Une communauté locale est une popûlation traditionnellement organisée sur la base de la coutume et unie par des liens de solidarité clanique ou parentale qui fondent sa cohésion interne. Elle est caractérisée en outre par un attachement à un terroir déterminé*'[153].

Il s'agit des personnes formant un groupe social et territorial. Ainsi, est-elle un ensemble des personnes réunies par des liens de parenté, de mariage, d'adoption, d'allégeance et autres, qui habitent et vivent sur un même territoire[154].

---

[152] C.S.J, R.C., 1032, janvier 1988 R.J.Z. 1988, p. 7 supplément 3, par KALONGO MBIKAYI, *Op.Cit.*, p. 228.

[153] Article 1, 17 de la loi n°011/2002 du 29 aout 2002 portant code forestier en république démocratique du Congo.

[154] Kalambay Lumpungu G., *Droit civil : régime foncier et immobilier*, vol 2, 2ième éd., PUC, 1999, p. 73.

CONCLUSION PARTIELLE

Le premier chapitre de cette recherche a été consacré à la compréhension des notions de pluralisme juridique et à la situation des systèmes fonciers africains actuels.

Comme on l'a vu, la théorie du pluralisme juridique vient remettre sur la table le débat sur la question de la production du droit. Elle traduit en effet l'idée que l'on ne doit pas considérer l'Etat comme ayant le monopole de la production du droit, mais comme partageant en pratique cette activité avec d'autres champs normatifs. Le droit produit par l'Etat qui se décline au travers de normes générales et impersonnelles devient ainsi un droit parmi tant d'autres à côté de celui élaboré au sein de différents groupes auxquels les individus sont membres et qui se traduit dans des modèles de conduite et de comportement mais aussi dans des habitus qui sont des systèmes de dispositions durables.

L'idée est en effet qu'à la pluralité des groupes sociaux correspond une pluralité de systèmes juridiques qui produisent du droit et qui mettent sur pieds des mécanismes originaux de règlement des conflits qui surviennent entre les individus membres desdits groupes.

Le développement de la théorie a amené à placer l'individu au centre du pluralisme juridique. Les individus revêtent en effet aujourd'hui des identités multiples à fonction des réseaux sociaux auxquels ils appartiennent et devant telle ou telle autre situation ils doivent opérer un choix en fonction de ces multiples appartenances afin de déterminer le droit qui leur sera applicable ou alors lequel ils voudraient qu'on leur applique. C'est la situation du forum shopping. Ces individus, acteurs du pluralisme juridique, peuvent également avec d'autres individus produire leur propre droit qu'ils voudraient voir être appliqué à leurs relations ou au règlement de leurs litiges. Ainsi, les conventions ainsi formées deviennent-elles du droit pour ces individus.

Le pluralisme juridique permet de prendre en charge beaucoup de situations anthropologico-juridiques, notamment l'étude des systèmes fonciers africains. Ceux-ci sont en fait l'une des illustrations les plus importantes du pluralisme juridique. En effet, à côté du droit foncier étatique caractérisé par la propriété privée, les systèmes fonciers africains puisent également leurs dispositions dans les coutumes mais aussi dans d'autres pratiques juridiques qui sont mises sur pieds au travers de diverses négociations dans les transactions foncières. C'est un pluralisme qui se manifeste également sur le plan judiciaire : les justiciables confient leur litiges soit aux juridictions étatiques, soit aux instances mises en place par les multiples réseaux auxquels ils participent.

Telle est la situation en droit foncier congolais. Les questions touchant à la terre sont régies par le droit écrit contenu dans la loi n° 73-021 du 20 juillet 1973 portant régime général des biens, régime foncier et immobilier et régime des sûretés telle que modifiée et complétée à ce jour et dans ses mesures d'application. La même loi consacre cependant la gestion coutumière de certaines terres, les terres coutumières (qui appartiennent aussi à l'Etat, celui-ci s'étant institué seul propriétaire de la terre), qui sont celles que des communautés locales habitent, cultivent ou exploitent d'une manière quelconque individuelle ou collective conformément aux coutumes et usages locaux. Il faut cependant noter qu'à côté de ces deux régimes, d'autres pratiques émergent et combinent parfois les dispositions étatiques et coutumières, et ce dans l'accès comme dans la sécurisation des droits fonciers.

La question des conflits fonciers coutumiers dans les territoires de Beni et de Lubero doit donc être abordée dans la prise en compte de ce contexte de pluralisme juridique et de sa composante du pluralisme judiciaire et nécessite pour sa compréhension une connaissance du droit foncier coutumier nande dans son environnent sociopolitique et économique actuel, dans les évolutions qu'il connait et dans les influences qu'il subit, mais aussi à travers sa mise en œuvre par les tribunaux de droit écrit (les tribunaux de paix et de grande instance) et par des instances informelles telles les anciens tribunaux coutumiers devenus chambres de conciliation, les services de médiation ou de conciliation des organisations non gouvernementales…

CHAPITRE DEUXIEME : LE DROIT FONCIER COUTUMIER NANDE : NOTIONS, CONTOURS ET EVOLUTION

Cette partie du travail énoncera les principes fonciers coutumiers chez les Nande (section 1) et se penchera sur les évolutions récentes intervenues dans ledit droit en termes des pratiques foncières (section 2). Elle va également situer le droit foncier coutumier nande dans la dynamique sociopolitique et économique des territoires de Beni et de Lubero (section 3), avant de noter l'implication des ONG dans le domaine du foncier coutumier (section 4).

SECTION I: LES PRINCIPES FONCIERS COUTUMIERS CHEZ LES NANDE

La présente section aborde les principes fonciers coutumiers chez les Nande à travers la conception coutumière de la terre, la gestion de la terre, les modes d'acquisition et d'extinction des droits sur la terre et le statut de la femme par rapport à la terre.

§1. CONCEPTION COUTUMIERE DE LA TERRE CHEZ LES NANDE :

1.1. L'ATTACHEMENT DU NANDE A LA TERRE :

Le Nande est foncièrement attaché à la terre, à sa terre d'origine, qui est pour lui source de vie, et de reproduction. Chacun s'identifie à un terroir dont il est originaire et nombreux souhaitent qu'après leur mort, ils soient inhumés dans leurs villages natals. Sa terre, c'est sa vie et il considère parfois qu'il ne sait pas vivre en dehors de celle-ci. Il l'exprime par cet adage qui dit « ewavene, sirikulirwa'mbwi », qu'on peut essayer de rendre par « on ne peut pas faire pousser les cheveux blancs, sur une terre étrangère ». La terre a été pendant longtemps la seule richesse du Munande qui est un peuple agriculteur. L'arracher à sa terre, c'est presque souhaiter sa mort et celle de ses enfants.

On peut légitiment se demander si cet attachement à la terre est encore une réalité, ou s'il n'est pas devenu un mythe. Les partisans du mythe relèvent le fait que le munande n'est plus attaché à la terre, parce que désormais il la vend tout simplement, alors que dans sa coutume la terre est un bien inaliénable, en principe en dehors de tout commerce. Les tenants de l'hypothèse de la réalité de son attachement à la terre, auxquels nous nous reconnaissons, observent et analysent en effet cette situation à la lumière de l'activisme qu'il y a autour de la terre, et qui s'exprime au travers des conflits qu'elle suscite et dont les litiges sont chaque jour portés devant les tribunaux de droit écrit et les instances de conciliation actifs dans les territoires de Beni et de Lubero (notamment les tribunaux de paix, les conseils de conciliation). La reconnaissance de la propriété sur la terre demeure pour ainsi dire l'un des enjeux les plus importants dans les conflits fonciers locaux.

Comme on va le voir, la vente de la terre devient certes depuis un certain temps un mode d'acquisition et d'extinction du droit de propriété en droit foncier coutumier nande. Mais certaines de ces opérations ne répondent pas aux conditions classiques caractéristiques d'un contrat de vente. Il faut donc placer les choses dans le cadre de ce que Le Roy appelle la marchandisation imparfaite de la terre [155].

On voit en effet se développer une pratique qui combine différents contrats (la vente, la location de la terre), et qui se traduit dans une forme particulière d'amodiation de la terre. En effet, en plus du prix de la chose vendue, qui est dans cette occurrence la terre, le 'vendeur' exige de l''acheteur' qu'il lui verse annuellement une redevance. Ainsi, veut-il toujours garder un certain lien (nostalgique ?) avec la terre qu'il a aliénée, lien dont il entend l'expression au travers du versement de la redevance que l'acheteur va continuer à lui payer. Il veut rappeler pour ce faire que la terre 'vendue' demeure celle de ses ancêtres. En fait, comme le soutient Jacques Binet, celui qui a vendu « *paraît toujours étonné du caractère irrévocable et définitif de l'acte conclu. Il cultive l'illusion qu'il n'a pas engagé définitivement*

[155] Le Roy E., *La sécurisation foncière dans un contexte africain de marchandisation imparfaite de la terre*, in Chantal Blanc-Pamard et Luc Cambrézy (éd.), *Terre, Terroir, Territoire. Les tensions foncières*. Paris, ORSTOM, pp. 461-463.

l'avenir, qu'il peut revenir sur ce qui a été fait, obtenir de temps en temps un meilleur prix, une participation à la récolte »[156], continuer à percevoir la redevance.

Nous sommes d'avis que cet attachement n'est pas entamé et qu'il se renforce d'ailleurs. Lorsqu'on observe le quotidien du munande, on se rend rapidement compte de cet attachement. Parce que même quand il a les possibilités d'investir dans d'autres secteurs, le munande pense d'abord à avoir la terre. C'est culturel, tous ceux qui veulent connaître le niveau d'insertion ou de réussite sociale d'un individu n'ont qu'une seule question, 'est-ce qu'il a une parcelle de terre (pour habitation ou culture) ?' Ces considérations viennent s'introduire même dans les discussions relatives au mariage coutumier. En effet, en plus des biens dotaux qu'elle reçoit de la famille du garçon, celle de la fille cherche toujours à s'assurer que le garçon à une parcelle d'habitation ('kibanza') et/ou un champ de culture ('eririma').

1.2. LA TERRE, PROPRIETE COLLECTIVE, INALIENABLE, IMPRESCRIPTIBLE[157]

Comme dans la plupart des coutumes africaines et congolaises en particulier, la terre est une propriété collective. Elle n'est pas susceptible d'appropriation individuelle. Elle appartient à la famille, au clan. Chez les nande, la terre suit la même conception. En effet, la terre est un bien familial, communautaire, collectif. Elle est la propriété collective des chefs terriens (bakama) et des vassaux (basoki). La conception est partagée par tous les clans qui composent l'ethnie. Ainsi, la terre coutumière des baswagha est une propriété collective des 'bakama' et des 'basoki'. Chez les bamate, elle est une propriété traditionnelle gérée par le 'mwami', auprès des batangi, c'est une propriété collective du 'mwami', des 'bakama' et des 'basoki',

---

[156] Binet J., *Psychologie économique africaine*, Paris 1970, pp. 72-73, cité par Madjarian, G., *L'invention de la propriété. De la terre sacrée à la société marchande*, Paris, L'Harmattan, 1991, p. 79.

[157] La notion de propriété foncière doit être comprise dans la conception africaine que nous avons évoquée supra, un droit de propriété sui generis (lire aussi Antoine Sohier, les terres indigènes, in journal des tribunaux d'outre-mer, 5ième année, n°53, 15 novembre 1954, p. 157).

une propriété collective de toute la communauté représentée par le mwami, assisté des bakama,...

Dans cette conception, les individus n'ont sur la terre que les droits de jouissance. On observe cependant que ceux-ci ont parfois des allures de droit de propriété. Il convient d'ailleurs de signaler que la nature exacte de ce droit privatif sur le sol des communautés locales s'est posée et se pose encore aujourd'hui. Le professeur Kalambay Lumpungu rappelle pour ce faire que selon les écrits les plus récents, les droits exercés par l'individu sur la terre occupée ou travaillée sont des véritables droits de propriété, mais qui connaissent une certaine limitation dans la faculté de disposer, limitation liée au caractère collectif de la terre[158].

La terre est collective, non seulement entre ces différentes institutions qui interviennent dans la gestion de la terre, elle l'est aussi à l'intérieur d'une même famille. La terre n'appartient pas à l'aîné qui a eu la charge ou la responsabilité de la gérer au nom de ses frères, elle leur appartient tous, elle est une copropriété de tous les membres de la famille. Chez les nande, on entend rarement les gens dire, parlant de la terre, 'ma terre', 'mon terrain', 'ma colline', ils l'expriment toujours en termes 'notre terre', 'notre terrain', 'notre colline'.

Une jurisprudence de la Cour Suprême de Justice renseigne que :

« *Etant de nature collective, le droit coutumier de propriété foncière doit nécessairement être défendu, en cas de contestation, par un délégué du groupe qui se prétend titulaire du domaine* »[159].

Mais aussi, il faut noter que chez les nande, la terre n'appartient pas seulement aux vivants, elle appartient également à ceux qui sont morts car elle est leur demeure, mais aussi aux générations à venir qu'elle va abriter, nourrir et reposer après leur mort.

---

[158] Kalambay Lumpungu G., *Droit civil : régime foncier et immobilier*, vol 2, 2ième éd. PUC, 1999, 69.

[159] CSJ, 24.7.1975- RJZ, 1978, p. 8 avec note. In KATUALA KABA KASHALA, *Code judiciaire zaïrois annoté,* Ed. Asyst SPRL, Kinshasa 1995, p. 76.

C'est de cette conception que découle même son caractère inaliénable. Si la propriété au sens classique du terme emporte l'usus, le fructus et l'abusus, la propriété de la terre chez les nande, semble, elle, n'avoir que les deux premiers attributs, à savoir l'usus et le fructus. On conçoit en effet difficilement qu'individu, quel que soit son rang dans la hiérarchie socio-politique, se mette à vendre la terre où sont enterrés ces ancêtres ou ses ascendants ; vendre le tombeau de ses ancêtres, la terre sur laquelle ils sont inhumés, le 'mahero' est tout simplement considéré comme un sacrilège, chez les nande. La terre n'est donc pas à vendre. Dans cette conception,

> « *...la terre n'est pas uniquement un bien fonctionnel susceptible de fournir à son propriétaire certaines utilités économiques.*
>
> *La terre est sacrée. Elle est sacrée parce qu'elle est la nourricière des vivants. Elle est sacrée parce qu'elle est la demeure de ceux qui vivent et qu'elle est le domicile des ancêtres morts, avec lesquels elle se confond.*
>
> *Ainsi conçue, dans la pensée traditionnelle authentique, la terre ne peut qu'être inaliénable. Car qui parmi les vivants pourrait oser vendre la tombe de ses ancêtres (...) ?* »[160].

Le chef terrien (mukama) ne peut en effet pas prendre l'initiative de vendre la terre sur laquelle il a déjà placé un vassal (musoki). Ce dernier ne peut lui non plus aliéner la terre qui lui a été donnée par le circuit d'amodiation. S'il faut, dans le cas extrême, procéder à une quelconque vente ou toute autre transaction sur la terre, tous les acteurs doivent être associés à l'opération, aucun d'eux ne possédant en fait à lui seul la propriété de la terre qui demeure un bien collectif, familial ou communautaire. La coutume nande,

> « *Interdit à un chef terrien ou à un vassal de disperser (aliéner) des terres coutumières sans le consentement de l'un ou de l'autre selon le cas. Pareils cas ont opéré le partage d'un bien d'autrui, à*

---

[160] Anales parlementaires n° 63, p. 25, cité par KALAMBAY LUMPUNGU G, *Droit Civil : Régime général des biens et régime foncier et immobilier*, Cours dispensé en G2 Droit à l'UNAZA, Campus de Kinshasa (inédit), 1974-1975, pp. 96-97.

l'instar de la vente de la chose d'autrui ainsi qu'en fait foi l'article 276 du code civil livre III »[161].

Pour ce qui est de l'imprescriptibilité, il faut tout de suite dire que la notion de prescription est inconnue dans le droit foncier coutumier nande. Chez les nande, on ne peut pas acquérir une terre, seulement parce que celui qui aurait des droit sur elle ne s'est pas manifesté durant un certain temps suffisamment long, ou perdre ses droits fonciers parce qu'on s'est pas manifesté pendant un moment. C'est la raison pour laquelle les gens qui quittent leurs villages pour aller en ville se considèrent toujours comme propriétaires des terres qu'ils ont laissées derrière et qu'ils peuvent les revendiquer à leur retour.

§.2. GESTION DE LA TERRE EN DROIT COUTUMIER NANDE[162]

L'organisation foncière en droit coutumier nande est étroitement liée à sa structure socio-politique, cette dernière étant, d'une manière decrescendo, constituée du 'mwami' (chef coutumier), des 'bakondi' (premiers occupants), des 'bakama' (chefs terriens), des 'basoki' (vassaux) et des 'baghunda' (simples locataires de terre). En effet, si la terre appartient à la communauté représentée par le 'mwami', elle est toutefois divisée entre les lignées représentées par les 'bakama' qui, à leur tour, concèdent des collines à un certain nombre de familles représentées par les 'basoki'.

La jurisprudence locale a essayé de trouver des équivalences en français pour certains de ces concepts. Dans les jugements rendus dans les tribunaux de la région, on traduit les concepts 'musoki' par celui de vassal, 'mukama' par celui de chef terrien (et parfois par seigneur ou suzérain), 'mukondi' par celui de premier occupant et mwami comme chef en général (coutumier et terrien).

---

[161] Tribunal de Paix de Butembo, R.C. 22/23/24/KOW, inédit, 3/10/2000

[162] Résumé des différents entretiens et interviews réalisés avec des coutumiers, chefs terriens, notables, paysans, sur fonds des principes fonciers coutumiers rédigés par le SYDIP

Il faut noter ici que les concepts de vassal, de seigneur ou de suzerain, bien qu'empruntés à la terminologie médiévale de l'époque de la féodalité ne traduisent pas la même réalité, même si des traces de leur signification initiale peuvent être notées.

Pour ce qui nous concerne, la vassalité dont il est question ici sera entendue comme le contrat qui régit les rapports entre une personne ou une famille ('musoki') qui a reçu des terres et un chef terrien (mukama), qui les a concédées, moyennant paiement d'une redevance, un rapport qui assujettit le vassal au paiement d'un tribut pour l'occupation d'un espace de terre concédé par le mukama, contrat que nous appellerons dans le cadre de ce travail contrat d'amodiation foncière coutumière ou tout simplement contrat d'amodiation.

Nous avons préféré le terme 'amodiation foncière coutumière' pour désigner ce contrat foncier coutumier d'abord suite à la difficulté de le classer dans les catégories classiques de contrats ou de modes de faire valoir, notamment l'emphytéose, la superficie, l'usufruit, la location ou plus généralement le fermage ou le métayage, aucune ne semblant traduire exclusivement son contenu.

L'on sait en fait que le contrat foncier coutumier porte sur la terre mais qu'il se double de rapports personnels entre cocontractants, ce qui rend sa nature juridique vraiment complexe. Ainsi, emploierons-nous le concept 'amodier' pour signifier 'concéder'. D'où la terminologie que nous avons adoptée de 'contrat d'amodiation foncière coutumière' en combinant les éléments de l'amodiation classique en matière de location de terre (définie comme étant la location d'une terre en échange d'un paiement en nature ou en argent, ou comme un mode d'exploitation agricole dans lequel le propriétaire de la terre concède l'entreprise à un tiers en échange de prestations en nature et, accessoirement en argent) avec les spécificités locales des contrats fonciers coutumiers.

En droit congolais écrit, ce terme apparaît dans le code minier et désigne selon les termes de l'article 177 de la loi n°007-2002 du 11 juillet 2002 portant code minier le louage pour une durée fixe et indéterminée, sans faculté de sous louage, de tout ou partie des droits attachés à un droit minier ou une autorisation de carrière, moyennant une rémunération fixée par accord entre l'amodiant et l'amodiataire.

Dans la suite, nous examinerons les liens que ces acteurs entretiennent avec la terre et les relations qui existent entre eux.

2.1. LE MWAMI

Le titre et la fonction de 'mwami' sont reconnus aux chefs de différents clans qui composent l'ethnie nande. Le mwami incarne le pouvoir politique, juridique et religieux. Il est l'intermédiaire entre la communauté des morts et celle des vivants. Il est au sommet de la hiérarchie de la classe dirigeante, il reçoit une redevance des 'bakondi', à qui il a remis la terre après l'avoir conquise. Il préside les plus hautes commissions de règlement des conflits fonciers, compte tenu de l'importance du litige.

2.2. LE MUKONDI

Il est celui qui a reçu en premier la terre du 'mwami' qui l'a conquise et à qui il paie une redevance coutumière appelée 'muhako'. Il jouit des mêmes droits et répond aux mêmes obligations que les autres 'bakama' (chefs terriens). Le 'mukondi' (premier occupant) amodie, moyennant redevance, la terre ainsi acquise au 'basoki bakulu' (grands-vassaux) qui à leur tour, toujours contre redevance, l'amodient à d'autres personnes qui deviennent leurs basoki (vassaux).

2.3. LE MUKAMA

Dans un premier sens, c'est le 'mwami'; le gérant de la terre. C'est lui qui donne la terre aux premiers occupants. Dans un second sens, celui dont il est question dans cette partie, il désigne tout celui qui a amodié sa terre à un 'musoki'. Le 'mukama' a droit à une redevance coutumière appelée 'muhako' donnée par le 'musoki'.

Ce concept 'muhako' désigne une charge payable par le vassal à son chef terrien à l'occasion de la concession d'une terre et qui s'évalue en chèvres, poules ou produits vivriers (dans cette occurrence appelée 'ngemo'). Le concessionnaire paiera une ou plusieurs chèvres à son concédant selon les dispositions qui ont été convenues lors de la négociation du contrat foncier coutumier. Cette redevance coutumière est payée annuellement et d'une manière illimitée tant que la famille du premier bénéficiaire de l'amodiation occupe les lieux et les exploite. Aujourd'hui certains chefs terriens commencent à exiger qu'elle leur soit versée en argent (le prix d'une chèvre sur le marché).

Selon la coutume nande, il ne peut refuser cette redevance sans motif valable, sous peine des sanctions prononcées par le conseil des gardiens de coutume. Cette disposition figure expressément dans un document qui a été signé en 1994 par l'un des chefs de quatre collectivités des nande, Mwami Mutambayiro Matimbya Biondi Marcel, qui avait mis sur pieds un guide des chefs terriens et des vassaux. L'article 9 de ce document stipule en effet que « *il est interdit au mukama de refuser sans raison la redevance de son vassal dans l'intention de s'approprier le champ* ».

Le 'mukama' a le droit de se réserver une portion de terre dans le champ qu'il a amodié à son 'musoki', et ce pour justifier son autorité foncière sur le 'musoki'. Cette portion de terre doit rester inchangée au fil du temps et ne peut s'étendre ultérieurement dans le champ du 'musoki'. Elle est désignée sous le vocable de 'kyatho'. En effet, dans P.V. de conciliation établi par l'administrateur du Terriroire de Lubero le 23 février 2008 en vue du règlement d'un conflit foncier, il est fait allusion à cette portion de terre que le chef terrien se réserve dans le champ de son vassal :

> « *Vu que la coutume nande est claire à la matière pour déterminer le « kyatho » comme la signature d'approbation qui signifie que le propriétaire du kyatho est le seigneur…* »[163].

Dans un autre attendu, il est dit dans le même acte :

> « *Vu que malgré l'acquisition du terrain par la force par monsieur Ki., ce dernier a laissé le droit de propriété de la redevance coutumière sur le kyatho à la famille Ka., ce qui signifie que Ki.,*

[163] Territoire de Lubero, PV de conciliation n°181, établi le 23 février 2008, signé par Kasereka Lusenge Salvin, alors Administrateur ad intérim.

lui-même reconnaissait depuis longtemps l'appartenance de ce terrain au sieur Ka… »[164].

Le 'mukama' peut également signer un contrat d'amodiation avec son 'musoki', comme amodiataire. Il obtiendra ainsi un terrain dans le champ qu'il a amodié, et devient ainsi lui-même 'musoki'. Et dans ces conditions, il sera lui-même appelé à payer la redevance proportionnelle à la portion de terre lui accordée. Ce qui ressort des conclusions d'une conciliation rendue dans la Chefferie des Bashu, et dont un des traits du dispositif rappelle que :

« Coutumièrement chez les nande, si un chef terrien cohabite dans le champs du vassal, il doit se conformer à la coutume donc, il doit aussi la redevance à son vassal ».

Ce que la chefferie entend en effet ici par cohabiter, c'est ce fait pour un chef terrien de solliciter et d'obtenir de son vassal une partie du terrain qu'il lui a déjà amodiée. Comme indiqué ci-haut, il devient dans ces conditions vassal de son vassal et doit pour ce faire payer une redevance à celui-ci.

Le 'mukama' a le devoir d'indiquer au 'musoki' les limites du champ amodié et de lui en garantir une jouissance paisible. Il ne peut mettre fin par exemple au contrat d'amodiation, de façon unilatérale, tant que le 'musoki' continue à payer la redevance et qu'il ne se soit rendu coupable d'une faute grave comme par exemple attenter à la vie du 'mukama' ou du 'mwami'.

2.4. LE MUSOKI

C'est le vassal, c'est-à-dire la personne qui occupe et/ou exploite la terre qui lui a été amodiée par son 'mukama'. Il paye une redevance coutumière. C'est l'obligation la plus importante qui lui incombe. Cette redevance (chèvre ou poule) est la matérialisation de la relation qui le lie au 'mukama' mais c'est aussi le reflet du respect qu'il doit envers lui.

---

[164] *Idid.*

Le ‘musoki’ a la latitude d’amodier à son tour le champ en faveur de ses propres vassaux (appelés également ‘basoki’) et recevoir d’eux des redevances coutumières. Il doit en informer son ‘mukama’, qui deviendra pour ce faire ‘mukekulu’ de ces nouveaux vassaux.

Le concept ‘mukekulu’ désigne la personne qui, dans la hiérarchie foncière, vient à un troisième rang par rapport au vassal dans une hiérarchie ‘musoki’-‘mukama’-‘mukekulu’. Il est le ‘mukama’ du ‘mukama’ du ‘musoki’ (littéralement le chef terrien du chef terrien du vassal c’est-à-dire celui qui a donné au chef terrien les terres sur lesquelles il a installé des vassaux). C’est un simple titre honorifique. Pour s’acquitter de sa redevance, un ‘musoki’ ne va pas se rendre directement auprès du ‘mukekulu’, il ne doit s’adresser qu’à son ‘mukama’. La redevance payée auprès du ‘mukekulu’ ne sera pas prise en compte. Il n’est donc pas autorisé au mukekulu de demander ou de recevoir la redevance coutumière du vassal de son vassal. Le ‘mukekulu’ qui se rendrait coupable de ce manquement, sera sanctionné par la famille par la désignation d’un autre responsable à sa place.

Celui qui est constitué gardien d’un champ (‘omutsungi’) pour lequel il paye la redevance coutumière ne peut pas prétendre en devenir propriétaire par le fait du temps. Au retour du propriétaire, il a droit à une petite portion du champ qu’il gardait appelée ‘eririma lyo’vutsungi’ (la terre reçue du fait du gardiennage). Il devient alors ‘musoki’ de celui pour qui il a assuré la garde pendant au moins 5 ans.

Au cas où c’est le ‘mukama’ qui a été constitué gardien, au retour le ‘musoki’ doit solliciter de nouveau son champ auprès du ‘mukama’ (‘erinunula’ ou ‘erithongolya’). Le nouveau venu doit maintenir tous les ‘basoki’ qui s’y trouvent.

Dans le but de renforcer les liens, le ‘musoki’ peut venir en aide à son ‘mukama’ en cas de nécessité. Cette aide est évaluée et convertie en redevance coutumière.

Le ‘musoki’ doit, en plus de la redevance, pour toute production de bière locale extraite de bananes (‘kasikisi’) ou de palmier (‘mabondo’), réserver une part à son mukama, appelée ‘tsindukya’ ou ‘nyanza’ ou ‘mupinzo’.

Et pour ce qui est de la culture, dans le cadre de la mise en valeur du terrain, le ‘musoki’ est libre de pratiquer la culture de son choix dans le champ qui lui est amodié. Il doit cependant obtenir l’autorisation de son chef, s’il veut s’en donner à une culture pérenne comme celle du café, du quinquina.

2.5. LE MUGHUNDA (MULIMI, MUSAVI)

Dans la hiérarchie sociopolitique nande, le ‘mughunda’ (locataire saisonnier) est quelqu’un qui obtient un champ d’un ‘mukama’ juste pour une saison culturale donnée, et ce moyennant un payement d’une poule lorsqu’on lui montre le champ et d’une certaine quantité de sa réalisation (appelée ‘ngemo’) à la récolte.

Le ‘mughunda’ ne peut pas planter des cultures dont la récolte intervient après une saison culturale de plus de douze mois sans l’accord préalable du propriétaire du champ. L’accord de ce dernier change la situation du ‘mughunda’ qui accède pour ce faire au statut de ‘musoki’, et à ce titre, commence à payer la redevance annuelle.

Figure n° 1 : RELATIONS ENTRE GESTIONNAIRES FONCIERS

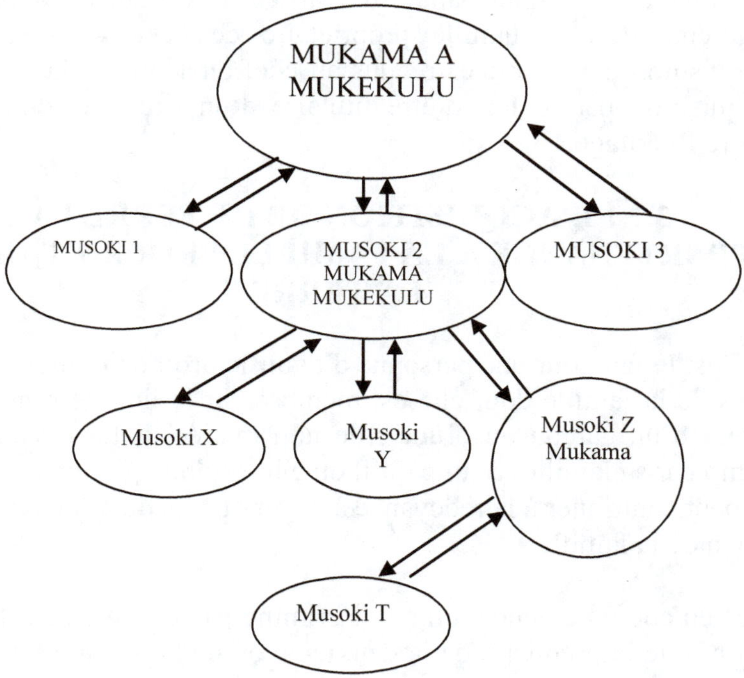

Dans la terminologie locale, le 'mukama' est le chef terrien, le 'musoki' est le vassal. On retient en lisant ce tableau que chez les nande, une partie au contrat foncier coutumier peut revêtir plusieurs statuts au même moment. Une même personne peut être à la fois vassale et chef terrien. Vassale par rapport à celui qui lui a donné la terre, chef terrien par rapport à celui à qui il a donné une partie des terres qu'il a reçues lui aussi de son propre chef terrien.

§3. MODES D'ACQUISTION ET D'EXTINCTION DES DROITS SUR LA TERRE EN DROIT COUTUMIER NANDE

3.1. MODES D'ACQUISTION.

Les droits sur la terre peuvent s'acquérir de plusieurs manières en droit foncier coutumier nande. Il y a lieu d'évoquer l'acquisition par appartenance à la famille propriétaire de la terre, l'amodiation, l'acquisition pour services rendus au chef terrien ou à la collectivité, l'acquisition par le fait d'être titulaire d'un rituel, la donation, ou encore l'héritage.

3.1.1 L'ACQUISITION DE LA TERRE PAR APPARTENANCE A LA FAMILLE PROPRIETAIRE DE LA TERRE

C'est le fait pour une personne d'avoir le droit de jouissance sur les terres de la famille dont elle est membre par le lien de sang. A l'âge majeur d'un garçon ou d'une fille non mariée, il lui est attribué un champ par sa famille, champ qu'il ou elle exploite gratuitement, même s'il peut contribuer à la redevance à payer auprès du « mukama », chef terrien de la famille.

Et en coutume nande, on ne discrimine pas les enfants selon qu'ils sont nés de la première, de la deuxième ou de la troisième femme car la polygamie y est encore consacrée[165]. S'il faut partager l'héritage dans cette occurrence, on le fait selon le nombre de femmes que le de cujus a eu en accordant une part à tous les fils de chaque femme, et ce par le truchement de l'aîné qui sera chargé de gérer ou de partager avec ses frères.

---

[165] Notez que le code de la famille de la république démocratique du Congo consacre quant à lui la monogamie. En effet, l'article 354, 1 dudit code dispose que « *nul ne peut contracter un nouveau mariage avant la dissolution ou l'annulation du précédent* ». Cependant, il ne discrimine plus entre les enfants selon qu'ils sont nés dans le mariage ou en dehors du mariage. Ces derniers doivent cependant avoir été reconnus du vivant de leurs pères.

Quelques particularités s'observent pour une certaine catégorie d'enfants. Il s'agit des enfants dits 'mwasananyinya' et 'omwana w'esyombene'. Qu'en est-il en fait ? L'enfant 'mwasananyinya' (littéralement, venu avec sa mère) est celui qu'une femme avait déjà mis au monde avec un homme, avant qu'elle ne se marie avec un autre. Cet enfant, pour ce qui est de l'accès à la terre, ne peut se rendre que dans la famille d'origine de sa mère, chez ses oncles maternels. Il ne peut avoir des prétentions sur les terres exploitées par la famille dans laquelle sa mère s'est mariée que s'il y a été accepté comme par adoption.

Quid de cet enfant dit 'omwana w'esyombene' (littéralement l'enfant issu de chèvres, c'est à dire de la dot). Le concept est utilisé pour désigner un enfant né d'une femme divorcée ou séparée de son mari. Il n'est pas biologiquement le fils de l'ancien mari de sa mère, mais chez les nande, il va appartenir à la famille de ce dernier pour la simple raison que sa mère ne s'est pas encore remariée. Il est aussi l'application du principe « tout enfant a pour père le mari de sa mère ». Une femme mariée a eu un enfant avec un autre homme que son mari ? Cet enfant est présumé être celui du mari de sa mère. Cet enfant, 'omwana w'esyombene', a droit, pour ce qui est de l'accès à la terre, aux terres du mari de sa mère, c'est-à-dire celui qui avait remis la dot à la famille de sa mère. Ce principe selon lequel c'est la dot qui légitime l'enfant est rendu dans un jugement prononcé par le Tribunal de Paix de Beni sous R.C. 1484/III, rendu le 15 novembre 2007,

> « *...étant donné que les parties au procès ont un ancêtre commun contrairement aux prétentions des défendeurs précités selon lesquelles le demandeur serait un enfant né hors de leur descendance communément appelé 'mwasa na nyinya', qu'alors que les défendeurs n'ont pas apporté les éléments de preuve contestant l'appartenance du demandeur dans la succession Va., frère de Kat., ainsi donc cet argument est infondé, ledit demandeur étant reconnu comme fils aîné de la descendance de deux parties au procès malgré que la mère était rentrée dans sa famille et revenue dans sa belle-famille grosse après la mort de son mari, elle avait été accueillie dans ladite famille et récupérée par le petit frère du défunt, selon la coutume des parties, la coutume nande 'la dot légitime l'enfant', dans ce cas d'espèce, il n'y avait pas eu*

restitution de la dot, donc même si, il s'avérerait que le demandeur serait mwasa na nyinya, qu'encore que, avant sa mort, Va. lui avait légué officiellement le pouvoir coutumier d'administrer tout le patrimoine foncier pendant plusieurs années au regard des témoignages recueillis lors de la descente sur terrain »[166].

L'enfant dont le père est inconnu jouit des terres de ses oncles. Il en est de même de l'enfant dit 'muhwangula', celui qui a été engendré par une fille non mariée dans une famille.

A la mort d'un propriétaire terrien qui a été polygame, ses terres sont réparties entre les descendances issues de ses différentes épouses, descendances appelées « ngula ». La terre de chaque 'ngula' est gérée par le fils aîné ou toute autre personne désignée par le conseil de famille. Il est prévu que c'est le fils aîné de la première épouse qui est le doyen de tous les autres. Il rassemble la contribution des autres 'ngula' et est accompagné de ceux-ci lors du versement de la redevance coutumière auprès de leur 'mukama'. Un 'ngula' peut amodier sa terre à des 'basoki' en accord avec ses frères.

La terre peut aussi s'acquérir par la voie du 'buhara'. La terre ainsi acquise est appelée 'eririma ly'obuhara'. C'est le champ confié à la femme (la 'muhara') à l'occasion de son mariage et qu'elle exploite avec son mari sans payer la redevance jusqu'à sa mort. De son vivant, la famille fondée par la 'muhara' n'est pas soumise au paiement de la redevance coutumière. Mais à sa mort son mari et ses enfants deviennent des 'basoki' de la famille d'origine de la défunte et commence à payer la redevance.

3.1.2. L'ACQUISITION PAR AMODIATION FONCIERE COUTUMIERE

Le contrat foncier coutumier, que nous qualifions ici de 'contrat d'amodiation foncière coutumière'[167], est celui liant le chef terrien (le 'mukama') à son vassal (le 'musoki'), le premier s'obligeant à mettre une terre à la disposition du second qui à son tour s'engage à verser

[166] Tribunal de Paix de Beni, R.C. 1484/III, inédit, 15 novembre 2007.
[167] Cf. compréhension donnée dans ce travail au concept amodiation, p. 110-111.

une redevance convenue souvent en terme de bétail en contrepartie de la jouissance de la terre à lui concédée. C'est en fait un contrat par lequel le chef terrien accorde un droit de jouissance sur les terres à une tierce personne moyennant paiement des valeurs d'occupation et des redevances périodiques.

L'amodiation foncière coutumière ainsi définie permet aux individus et familles qui n'ont pas de terres, ou qui veulent en avoir encore pour les besoins de leur exploitation d'avoir des espaces sur lesquels ils peuvent exercer des droits de jouissance illimitée ou temporaire.

Ce type particulier d'amodiation est généralement à durée illimitée (et non perpétuelle) c'est-à-dire qu'il subsiste tant que chacune des parties s'acquitte de ses obligations, notamment, pour l'amodiataire, le paiement de la redevance convenue.

Comme le souligne Sohier, le propre de la tenure est d'être conventionnelle, il y a toujours à l'origine un traité ou un contrat, aux stipulations très détaillées et que complètent les règles coutumières. La concession est de durée indéfinie. Et tant que le preneur continue l'occupation et respecte ses obligations contractuelles, la tenure continue[168].

Chez le Nande, cette forme de contrat foncier coutumier apparaît comme le mode d'acquisition de la terre le plus important qui résulte généralement d'une demande adressée au 'mukama', l'amodiant, par une personne désireuse d'avoir un champ à exploiter, l'amodiataire. Les deux parties se conviennent sur la redevance à payer, sur l'étendue du champ et sur ses limites. Les rapports créés par le contrat d'amodiation de terre restent comme tels de génération à génération et s'interprètent dans l'esprit et dans la situation initiale des ancêtres. Les droits de jouissance qu'il consacre sont héréditaires.

Dès que le contrat est conclu et que le bénéficiaire de la terre est en règle de paiement de la redevance fixée, nul ne peut s'aviser de remettre cette convention en cause. Une circulaire du chef de chefferie

---

[168] Sohier, A., *op. cit.*, p. 149.

des baswagha, Mwami Matimbya fixe à 5 ans le délai de non paiement pouvant entraîner la résiliation du contrat d'amodiation. Dans d'autres clans ce délai est de trois ans.

Dans le droit foncier coutumier nande, il est prévu qu'un vassal peut confier la jouissance de ses droits sur une partie des terres reçues de son chef terrien à un sous-vassal. Il ne s'agit pas d'aliéner mais d'opérer une sous- concession.

L'amodiation foncière coutumière peut également être à durée déterminée c'est-à-dire limitée dans le temps, toujours moyennant paiement d'une redevance. Ici il s'apparente en fait au fermage qui est un contrat passé entre un propriétaire d'un fonds rural (bailleur) et un fermier (preneur) par lequel ce dernier s'engage à cultiver ledit terrain pour un temps déterminé sous la condition de lui verser une redevance d'une valeur fixée préalablement par les parties [169]. D'autres chercheurs le qualifent pour ce faire de 'fermage coutumier des terres' [170]. Il peut également s'entendre comme un contrat de concession de terre dont la redevance de base est essentiellement constituée par les produits de la récolte ou par une poule. Danse ce cas, il est généralement limité à une saison culturale.

Le caractère précaire de ce contrat procède du fait qu'il peut être résolu unilatéralement par le concédant à la fin de la saison ou même être reconduit tacitement s'il n'y a pas une nécessité urgente de reprendre la parcelle de terre.

3.1.3. L'ACQUISITION RECOMPENSE

Certaines terres sont acquises en récompense des services exceptionnels rendus au 'mukama'. On peut citer dans la catégorie des services exceptionnels : la guérison d'une maladie grave, la protection de la terre ou de la personne du 'mukama', le fait de venir en aide au Mwami pour l'aider à gagner une guerre, etc. Le bénéficiaire d'un

---

169 Milica Cubrillo et al. *Bibliographie et lexique du foncier en Afriqua Noire*, p. 46, http://www.foncier-developpement.fr/wp-content/uploads/LexiqueAPREFA.pdf
170 Paluku Kitakya A., *op. cit.*, p. 97

champ ainsi obtenu devient vassal et doit payer la redevance coutumière comme les autres vassaux.

3.1.4. ACQUISITION RELATIVE AUX RITUELS

Les titulaires des rituels relatifs à l'intronisation du « Mwami » bénéficient des champs particuliers. Il s'agit de certaines personnalités, membres de la famille du mwami et d'autres personnes qui ont été choisies pour jouer un rôle quelconque dans les cérémonies d'intronisation. Ces derniers deviennent des 'basoki' de la famille du « Mwami » et doivent pour ce faire payer la redevance coutumière.

3.1.5. LE GARDIENNAGE (OVUTSUNGI)

C'est un contrat d'amodiation temporaire limité à la période du gardiennage. Il s'agit d'un contrat par lequel une personne accepte de garder le champ d'un vassal qui momentanément ne sait pas exercer ses droits de vassalité sur un terrain, soit pour des raisons d'âge, soit pour des raisons de déplacement. Le gardien exploite ledit terrain à son compte, (et doit pour ce faire s'acquitter de la redevance auprès du chef terrien du vassal indisponible) en attendant que l'ayant droit atteigne l'âge requis pour exercer ses droits, ou revienne sur les terres qu'il a momentanément abandonnées.

Le gardien s'engage entre autre à restituer le terrain à son propriétaire à la première demande, moyennant souvent une indemnité de gardiennage appelé aussi comme le contrat lui-même, « ovutsungi ». Un adage nande dit en effet « omweny'olinga akavya avisavawo, iwategh'okuvoko » (Lorsque le propriétaire du bracelet le demande, il faut tendre le bras 'pour qu'il le récupère' ; si vous avez mis un bracelet d'autrui, vous devez le remettre au propriétaire à la première demande). La situation pour ce qui est de cette indemnité est bien rendue dans un PV de conciliation établi au Territoire de Lubero :

> « *Attendu que pour ce travail de gardiennage, la famille Kat. lui a donné le terrain de Vusa pour lequel il doit verser la redevance coutumière auprès de la famille Kat. son seigneur ...* »

Le gardiennage est donc lui aussi une des formes du contrat d'amodiation.

Comme on peut le constater, tous les conventions foncières chez les nande peuvent se reconnaître dans l'amodiation qui est un contrat type dont les caractéristiques peuvent se retrouver dans tous les autres modes d'acquisition de la terre, raison pour laquelle nous avons estimé qu'il était le mode d'acquisition le plus important. Et lorsqu'il est régulièrement exécuté, il peut être considéré comme un titre juridique valant consécration des droits de propriété :

> « *Attendu que ce contrat dont le caractère authentique est insusceptible de contestation, doit non seulement être considéré comme loi des parties contractantes, mais aussi et surtout, en l'espèce, comme titre juridique valant consécration des droits reconnus au demandeur sur le terrain.*»[171]

3.2. MODE D'EXTINCTION DES DROITS

En droit coutumier nande, quelques faits éteignent les droits de jouissance sur la terre. L'on distingue entre le défaut de paiement de la redevance coutumière, le déménagement du vassal, le comportement antisocial du vassal, la mort de l'amodiataire et le 'mukulukyo'.

3.2.1. LE DEFAUT DE PAIEMENT DE LA REDEVANCE COUTUMIERE

Le non paiement notoire de la redevance peut en effet fonder le chef terrien à rompre le contrat d'amodiation. Un développement récent évoque que cinq ans d'affilée d'irrégularité dans le paiement entraîne la résiliation du contrat d'amodiation. Une des personnalités coutumières du Groupement Buyora nous a livré le bien fondé de la dite mesure. Elle nous a déclaré :

> *'C'est une disposition qui résulte d'un constat que certaines personnes commençaient à bouder le paiement de la redevance. C'est ainsi que les autorités de Baswagha ont décidé de prendre*

[171] Tribunal de Paix de Butembo, R.C. 1230/IV/NGA, inédit, 28 novembre 1995.

cette mesure qu'un musoki qui ferait cinq ans sans payer la redevance pouvait être de droit déguerpi d'un champ. Cette disposition s'est étendue jusques dans les autres chefferies. Mais ça doit être sans raison que cette redevance n'a pas été versée'[172].

Cette prévision fait désormais référence. Les administrations publiques ont commencé à l'évoquer dans le règlement des litiges :

« *La doctrine des baswagha a fixé pour cinq ans le délai une fois dépassé par tout vassal sans versement de sa redevance coutumière, ce dernier doit être déguerpi, cas de la famille Ka. Vi. qui a déjà fait 9 ans sans avoir payé la redevance de deux chèvres l'an auprès de son seigneur* »[173].

Plusieurs jugements vont également dans ce sens. On peut citer notamment celui rendu par le Tribunal de Paix de Beni sous R.C. 1095, et dans lequel on peut lire :

« *Des faits de la cause, il ressort que le demandeur est le représentant de la succession Pe.Ka., que la succession qu'il représente est propriétaire incontestée du terrain Mwenye, situé en chefferie des BASHU, dans le groupement Isale Bulambo ; que les défendeurs qui sont ses vassaux ont déjà fait plusieurs années sans qu'ils s'acquittent de la redevance coutumière. Par son jugement rendu sous R.C. 997 et ayant acquis l'autorité de la chose jugée, le Tribunal de Paix de Beni avait condamné les défendeurs précités au paiement de 269 chèvres au titre de redevance coutumière échue et impayée depuis plusieurs années. Le tribunal constate effectivement qu'en date du 11 novembre 2004, il avait rendu un jugement condamnant les défendeurs au paiement des redevances coutumières ci-haut évoquées et aux dommages et intérêts de l'équivalent de 1000 $ US ; que depuis ce temps, les défendeurs ne ménagent aucun effort pour se remettre en ordre vis-à-vis du chef terrien, aussi le tribunal estime qu'il y a lieu de faire droit à la demande du demandeur en ordonnant le déguerpissement des*

[172] Entretien avec Monsieur Kikene Kirugho, membre de la famille régnante dans le groupement Buyora en Chefferie des Baswagha, le 17 juillet 2008.
[173] Territoire de Lubero, PV de conciliation n°182, *op. cit*.

défendeurs et en les condamnant au paiement des dommages et intérêts équivalents en francs congolais de 1000 dollars américains »[174].

Il faut bien attendu apprécier les motifs qui ont poussé le vassal à ne pas honorer ses engagements en termes de paiement de redevance, et ne sanctionner que la mauvaise foi. Les éléments comme la force majeure doivent être pris en compte pour faire une deuxième chance à celui qui voudrait poursuivre l'exploitation de la terre sous l'autorité de son chef coutumier.

3.2.2. LE DEMENAGEMENT DE L'AMODIATAIRE

Il sera examiné deux aspects possibles : le départ définitif de l'occupant et le déménagement temporaire.

Le départ à caractère définitif d'un vassal entraîne le retour de la terre amodiée au chef terrien. Celui-ci a la possibilité le proposer à un nouvel acquéreur. Le successeur du partant occupera les lieux sur base d'une nouvelle convention avec le chef terrien des lieux.

L'abandon temporaire est l'hypothèse du gardiennage que nous avons évoquée. En effet, il peut arriver que pour une raison ou une autre, le vassal s'absente de la terre cédée à lui. Cette absence peut durer des décennies. Dans ce cas le vassal absent a l'obligation de constituer un gardien. Ce dernier a la charge de surveiller la terre ; d'empêcher des tiers de l'envahir et souvent de l'exploiter pour son compte, car il n'a rien à justifier auprès du vassal absent. Mais en bonne partie il a la charge de verser la redevance au chef terrien car il est devenu lui aussi vassal pour la durée du gardiennage. Cependant, si l'amodiataire est partie sans constituer un gardien, la situation s'identifie à celle d'un occupant qui a déménagé sans esprit de retour. Le chef terrien qui a amodié la terre en dispose en y installant un nouveau vassal.

---

[174] Tribunal de Paix de Beni, R.C. 1096, inédit, 09/07/2007.

3.2.3. LE COMPORTEMENT ANTISOCIAL DE L'OCCUPANT

En coutume nande, certains faits estimés antisociaux par l'imaginaire social peuvent également mettre fin au contrat d'amodiation en défaveur de l'amodiataire.

Ainsi en serait-il d'un 'musoki' qui attenterait à la vie de son 'mukama' ou du 'mwami' et qui lui proférerait même des simples injures. Le tribunal de paix de Butembo a déjà prononcé l'annulation d'un contrat d'amodiation conclu entre deux familles pour « *cause d'indignité dans les liens de vassalité* ». Il a en effet été jugé que :

« *En coutume nande, un vassal qui n'a pas plus d'une génération sur un terrain et qui manifeste du mépris du genre arrestation et injures à l'endroit de son chef terrien, doit automatiquement être expulsé du lieu. C'est pourquoi au regard de tout ce qui procède, le Tribunal annulera le contrat d'amodiation entre les parties et ordonnera le déguerpissement de la défenderesse ainsi que sa condamnation à toute cessation de trouble de jouissance* ».

Les autres fautes contre la terre ('erihalya okokitaka') sont punissables d'une amende ('embanulo'). Rentrent dans ces faits : se nourrir du sol pour des fins de sabotage, cultiver la nuit, brouiller à dessein la structure entre 'basoki' et 'bakama', déplacer ou détruire les bornes ('emihathi'), détruire méchamment les cultures, inhumer une femme grosse sans procéder à l'autopsie en vue de dégager le fœtus, détruire méchamment le 'mahero', cultiver sciemment lors des obsèques d'un 'mwami' ou de toute autre personne, période pendant laquelle il est interdit de travailler la terre ('kyusi'), coucher avec l'épouse du 'mukama' ou violer sa fille, s'adonner à la bestialité, pratiquer l'homosexualité,... Le fait de cultiver la nuit a été récemment évoqué dans un PV de conciliation rendu au Territoire de Lubero, pour justifier le paiement d'une amende de deux chèvres à son auteur :

« *Attendu, que la famille Vi. est partie semer le blé la nuit, fait condamnable, par la loi coutumière nande et qu'un ayant droit sur un lopin de terre quelconque ne peut se comporter de cette manière... »*[175]

3.2.4. LE 'MUKULUKYO'

Avec l'esprit de la vente des terres coutumières, les personnes engagées dans un lien d'amodiation décident parfois de mettre fin à leur contrat. C'est généralement sur l'initiative du vassal que la résiliation du contrat est faite. En effet, il a déjà été dit que tant qu'il est en règle pour ce qui est du paiement de la redevance, le vassal ne peut être inquiété dans la jouissance de ses droits sur la terre à lui concédée.

Aussi le chef terrien sait-il que tant que cette condition est remplie, il n'a pas le droit de troubler la jouissance de son vassal. C'est lorsque celui-ci estime devoir cesser d'habiter ou d'exploiter une terre à lui concédée qu'il informe son amodiant de son intention de libérer les lieux. Dans ce cas, après avoir vendu la terre qui lui a été concédée, il offre à son suzerain un certain pourcentage du prix qu'il en a touché. Généralement, il lui remet les 10% de la valeur. C'est cette somme d'argent ou ces bêtes qu'on appelle 'mukulukyo', c'est-à-dire une indemnité de résiliation d'un contrat d'amodiation ou de délaissement d'une terre. Dans la conciliation d'un conflit foncier, l'administrateur du Territoire de Lubero en fait allusion lorsqu'il dit :

« *Vu que sieur Pa. Sa. n'a pas acheté dans l'illégalité, étant donné que ses 10% ont été versés par lui auprès de son suzerain, à cette époque sieur Kan. qui recevait la redevance de son chef terrien...»*[176].

Cette indemnité appelée 'mukulukyo' est aussi due lorsque le vassal veut, en accord avec son chef terrien, procèder au lotissement

---

[175] Territoire de Lubero, PV de conciliation n°182/K.L.S./2007, établi le 28 janvier 2008, signé par Kasereka Lusenge Salvin, alors Administrateur ad intérim.

[176] Territoire de Lubero, PV de conciliation n°202/K.L.S./2007, établi le 10 novembre 2007, signé par Kasereka Lusenge Salvin, alors Administrateur assistant chargé de l'administration.

du terrain[177] qu'il exploite, souvent lorsque celui-ci vient de rentrer dans des espaces qui vont constituer un centre urbain. Le principe ici depuis un certain temps, est qu'il doit remettre au chef terrien le 3/10ième de la valeur qu'il va en tirer. Cette pratique est aujourd'hui évoquée dans certains jugements des tribunaux. On peut en effet lire dans le jugement intervenu dans le RC 1849 :

« *Attendu quant au fond que le terrain querellé étant un bien collectif, seule la coutume nande devra être appliquée ;*

Que selon cette coutume, le partage se fait de façon que sur le fruit du lotissement d'un terrain amodié 70% reviennent au vassal et 30% à son chef terrien en guise d'indemnisation appelé 'mukulukyo' »[178].

Que dire du décès de l'une des parties au contrat d'amodiation ?

3.2.5. LA MORT DU VASSAL OU DU CHEF TERRIEN

En principe, la mort d'un bénéficiaire d'une amodiation n'est pas une cause d'extinction des droits sur une terre. La société Nande étant collectiviste, il est certain qu'à la mort de l'occupant d'une terre, un membre de famille ne manquera pas pour revendiquer les droit du de cujus. La même chose s'applique si c'est l'amodiant qui est décédé. Le contrat ne va pas s'éteindre car l'amodiant décédé représentait sa famille dans cette transaction. Cette dernière procède tout simplement à la désignation de quelqu'un d'autre auprès duquel l'amodiataire amènera désormais la redevance. Dans l'un et l'autre cas, les règles de succession coutumières s'appliquent.

---

[177] Ici on réalise qu'il y a un certain fossé entre légalité et réalité. Le lotissement relève en droit congolais des autorités étatiques. Mais dans la pratique on constate que l'initiative de lotir vient soit des chefs terriens soit des vassaux, soit d'un accord entre les deux dans certaines villes ou sur certaines terres péri-urbaines. Le phénomène est fréquent dans les territoires de Beni et de Lubero et l'on constate que la pratique est cautionnée par les autorités étatiques.

[178] Tribunal de Paix de Beni, Jugement rendu in RC 1849, 18 février 2010.

3.3. LA PREUVE ET LE REGLEMENT DES CONFLITS EN MATIERE FONCIERE COUTUMIERE

3.3.1. LA PREUVE DE PROPRIETE ET DU DROIT DE JOUISSANCE DE LA TERRE

La propriété foncière coutumière se prouve par l'appartenance à la famille du 'mukama', par la perception régulière et/ou par le paiement de la redevance coutumière.

Le droit de jouissance sur la terre quant à lui se prouve par : le paiement de la redevance coutumière auprès d'un 'mukama' reconnu ; l'exploitation effective du terrain ; la présence sur les lieux de tombes des ancêtres[179] appelées 'mahero'; la compétence ou le pouvoir de construire dans le champ une sorte de véranda appelée 'musaka'[180].

3.3.2. DU REGLEMENT DES CONFLITS FONCIERS COUTUMIERS

Les conflits fonciers coutumiers sont réglés par conciliation. En cas de conflit foncier entre 'basoki', le conflit est réglé par leur 'mukama' assisté du 'mukekulu' et des 'bakama' voisins. Les conflits entre les 'basoki' et les 'bakama' ou entre les 'bakama' sont résolus par le conseil du chef de chefferie.

En cas de conflits entre les 'bakama', les 'basoki' n'ont pas le droit de s'y immiscer, car leurs droits ne seront pas empiétés. Ils n'auront comme 'mukama' que celui qui aura eu gain de cause. Après

---

[179] Comme l'affirme Grégoire Madjarian, la réalité de la preuve en matière des droits fonciers traduit de manière caractéristique la place et la fonction des ancêtres : à Madagascar comme en Afrique noire, ainsi qu'on peut le voir par exemple dans une étude sur les tribus et clan Luo, on considère les anciens lieux d'habitation et surtout les tombes ancestrales comme des titres légitimant la possession. (Madjarian G., *L'invention de la propriété. De la terre sacrée à la société marchande*, Paris, L'Harmattan, p. 62.)

[180] Dans la croyance nande, ladite véranda sert à parer les actions des esprits malveillants ou à faciliter leur passage paisible dans le village. Ces esprits s'apaisent en consommant les bananes généralement déposées dans cette véranda. Mais le plus souvent, ce sont les enfants du village et les passants qui consomment ces bananes.

l'arrangement du litige qui existait entre les 'bakama', celui qui aura eu gain de cause doit maintenir les 'basoki' sur le terrain. Les séances de règlement des conflits fonciers ainsi décrites sont publiques. Dans la pratique, les conflits sont d'abord portés au niveau du chef de localité, ensuite du groupement pour finir au conseil de la chefferie.

Au niveau des villages/localités, il faut signaler le rôle que joue la barza coutumière. Tous les villages des territoires de Beni et de Lubero ont encore des barza coutumières, appelées le 'kyaghanda', qui sont des cases dans lesquelles les hommes du village siègent pour régler les problèmes de toute nature, et pour discuter d'autres sujets qui concernent la vie de l'entité. C'est dans ces espaces que sont portés encore aujourd'hui, beaucoup de conflits fonciers à leur naissance, autour du chef du village, entouré des hommes de son entité. Le concept 'kyaghanda' est aussi devenu tout lieu de rencontre ou toute rencontre dans laquelle sont débattues des questions importantes de la société. Le chef du village assisté des membres de son conseil convoque les parties au conflit pour les entendre. Chaque partie dispose d'un temps de parole au cours duquel il expose le problème et développe ses prétentions. A la fin de la séance, les hommes du village départagent les parties et remettent chacun dans ses droits. Ils interrogent la généalogie des parties au litige, refont l'histoire de la terre en conflit, remontent la file jusqu'au premier amodiant et au premier amodiataire. Tout cela pour avoir les éléments qui vont leur permettre de départager les parties, de trancher le litige en toute équité. Chez les nande, même un passant peut intervenir pour donner un avis sur une affaire en discussion, en vertu du principe qui dit 'vikatw'omughendi', littéralement, « ils (les conflits) sont résolus par un passant ».

§4 LE STATUT DE LA FEMME DANS LE DROIT FONCIER COUTUMIER NANDE

La question à la laquelle il faut répondre parlant des droits fonciers de la femme chez le peuple nande est celle de savoir si celle-ci peut négocier un champ de culture ou autre en dehors des terres appartenant au lignage ou à la famille à laquelle elle appartient. Dans le milieu rural on répond que la femme n'a pas la capacité d'engager sa personne dans la conclusion d'une convention d'amodiation. C'est même la réalité observée sur les terres coutumières.

On indique par ailleurs qu'il y a cependant lieu de faire la distinction entre la femme selon qu'elle est célibataire ou mariée. On reconnaît que la femme célibataire a les mêmes droits que ceux reconnus à l'homme pour ce qui est de l'amodiation foncière coutumière, que tout dépend de sa capacité à honorer les obligations qu'emporte ce contrat notamment en termes de paiement régulier de la redevance. Ce semblant de développement demeure cependant théorique. Concernant la femme mariée, on affirme qu'elle ne peut négocier une terre sous le régime du contrat foncier coutumier que nous avons appelé amodiation foncière coutumière qu'accompagnée de son mari ou d'un membre de la famille de celui-ci.

On se contente parfois de dire que la femme joue par ailleurs un rôle très important dans le foncier chez les nande. Mais pour asseoir l'idée, on ramène malheureusement la femme à son statut de ménagère. On rappelle en fait que c'est la femme qui était chargé de faire le repas qui était offert à celui qui venait verser la redevance. Mais ce rôle est-il particulier quand on sait que préparer la nourriture est une activité réservée uniquement aux femmes dans la culture traditionnelle nande ?

En parlant des droits de la femme, on évoque également l'existence dans cette terminologie d'une terre dite 'eririma ry'obuhara' qui est un terrain confié à une femme mariée à l'occasion de son mariage et qu'elle exploite avec son mari sans payer la redevance jusqu'à sa mort. Ce qui est un droit limité parce que toutes les femmes mariées ne l'obtiennent pas.

Beaucoup de gens disent avec ces droits isolés que la femme a donc des droits fonciers. Ce qui est une conclusion plus large que les prémisses. En réalité la femme n'a pas d'accès à la terre, comme l'a rappelé une intervenante dans l'atelier organisé par le centre d'animation pour la culture et le développement de Kirumba au mois de septembre 2009 :

« *La femme n'a pas d'accès facile à la terre en tant que propriétaire, elle n'a pas le droit de recevoir un héritage foncier. Les femmes sont souvent exclues de ce facteur primordial de production. La succession de la terre s'effectue au profit des hommes et les réglementations écartent volontairement les femmes de la terre. Le critère d'attribution des terres se fait sur base de la masculinité. Même les terres qui appartiennent à leurs maris, à l'absence de ceux-ci par migration, veuvage ou par divorce, les femmes ne sont cependant pas éligibles à obtenir des terres car la loi et la coutume ne leur reconnaissent pas le statut de chef de famille* »[181].

Les raisons de la subsistance de cette situation discriminatoire, parmi lesquelles les pratiques coutumières sont évoquées de la manière suivante, selon une enquête récente intitulée situation socioéconomique des ménages du territoire de Lubero dans le nord-Kivu en République démocratique du Congo réalisée par le centre pour la culture et le développement de Kirumba :

« *A la question de savoir pourquoi la femme ne pouvait-elle pas devenir propriétaire terrienne, plusieurs raisons sont avancées par les sujets enquêtés. Pour 53 % de la population, cette privation trouve son fondement dans la coutume du milieu qui ne donne pas ce droit à la femme. Pour 8 % des sujets, la femme est un être étranger à la famille du mari et qui n'est pas condamnée à y rester éternellement. D'autres sujets pensent que la femme dépend de son mari et donc ne peut jouir de ce droit. Une faible proportion de la population considère la femme comme incapable à gérer la terre et donc ne peut pas en devenir propriétaire. Quelques sujets ignorent les raisons de cette privation et se plient tout simplement aux pratiques en vigueur* »[182].

---

[181] Katungu Th., *La femme paysanne du Nord-Kivu sans terre pour nourrir les familles*, communication à l'atelier organisé dans la cité de Mulo par le centre pour la culture et le développement de Kirumba, du 21 au 26 septembre 2009.

[182] Centre pour la culture et le développement de Kirumba, *situation socioéconomique des ménages en territoires de Lubero au Nord-Kivu en république démocratique du Congo*, rapport d'enquête 2008, p. 116.

La femme nande n'as donc pas de statut clairement défini par rapport à ses droits fonciers. Elle ne dispose que d'un droit d'usage des terres de sa famille (si elle est célibataire), ou de la famille de son mari (si elle est mariée). Elle n'est pas comptée parmi les successibles en cas de décès de ses parents ou de son mari. Elle ne peut donc pas hériter la terre.

SECTION II. LES EVOLUTIONS RECENTES DANS LE DROIT COUTUMIER NANDE : DES PRATIQUES FONCIERES ACTUELLES

Le droit foncier coutumier connaît quelques développements, sans doute dus à l'évolution actuelle du monde dans lequel il évolue. Ces développements s'expriment en effet en termes de pratiques foncières nouvelles, dans lesquelles on retrouve à la fois des vestiges du droit foncier coutumier, mais aussi quelques éléments qui caractérisent le droit moderne. Ces pratiques constituent « *un ensemble de solutions, ensemble qui constitue, en fait un tiers système majoritaire entre droit coutumier en voie de transformation et le droit domaniale moderne (...)* »[183], ce qu'Etienne le Roy appelle le « *droit de la pratique* »[184].

Les dites pratiques peuvent en effet s'analyser dans la logique de l'interlégalité telle que définie par Da Sousa Santos, car elles procèdent d'une hybridation, d'un entrecroisement de régimes juridiques de droit écrit et de droit coutumier.

Elles vont de l'introduction de la notion de vente dans les transactions touchant les terres coutumières, à l'apparition de l'écrit, à la monétarisation des obligations des parties au contrat d'amodiation, en passant par une timide reconsidération de la place de la femme dans les dites transactions.

---

[183] Etienne Le Roy, *Les usages politiques du droit, in les Afriques politiques*, pp. 109-122, p. 119.

[184] *Ibid.*, p. 119.

§.1. L'APPARITION DE LA NOTION DE VENTE DANS LES TRANSACTIONS FONCIERES : LA MARCHANDISATION DE LA TERRE

Le concept de marchandisation de la terre désigne la transformation de la terre en marchandise, en un bien susceptible d'être aliéné et vendu. Il diffère de la monétarisation, qui est le développement des transactions marchandes de type location, ou passage à une forme monétaire des redevances autrefois payées en nature [185]. Dans la situation de marchandisation, la terre rentre dans le commerce, elle acquiert une valeur marchande.

La terre, comme nous l'avons dit, est dans la conception nande un bien collectif, familial, communautaire, et que de ce fait elle est un bien inaliénable, c'est-à-dire en dehors du commerce. La terre, dans ladite concession ne peut donc pas être vendue. Le grand mode d'acquisition des droits de jouissance dans la coutume foncière des nande reste l'amodiation, 'erikumbira', qui est, rappelons-le, le contrat par lequel une personne, l'amodiataire (le vassal, le 'musoki'), obtient un terrain d'une autre personne, l'amodiant, (le chef terrien, le 'mukama'), contre le paiement annuel d'une redevance en termes d'une ou de plusieurs chèvres. L'amodiation est donc le plus grand contrat social chez les nande.

Aujourd'hui cependant, on constate une évolution vers un autre mode d'acquisition de la terre, à savoir l'achat de la terre qui se passe au travers du contrat de vente. Ici, l'acheteur paie le prix de la transaction, et acquiert définitivement les droits de jouissance sur les terres achetées du chef terrien ou du vassal. Il ne sera plus soumis au régime de la redevance, duquel l'achat l'a libéré.

Le principe de l'inaliénabilité de la terre a donc commencé lui-même à poser problème. Il est presque remis en cause par la pratique. Aujourd'hui, en effet, la vente de la terre devient un mode d'acquisition/extinction des droits fonciers coutumiers. Les concepts

---

[185] Lavigne Delville, P., Karsenty, A., *Des dynamiques plurielles*, in Lavigne Delville (sous la direction de), *Quelles politiques foncières pour l'Afrique rurale. Réconcilier pratiques, légitimité et légalité*, Paris Karthala, 1998, p. 224.

'erirangura ethitaka' (acheter la terre en gros), 'erihakir'iyima' (verser la redevance en une fois pour toutes et ne plus avoir à s'en acquitter), 'mukulukyo' (indemnisation pour perte de droit sur la terre soit comme chef terrien soit comme vassal), rentrent depuis un certain temps dans le langage juridique coutumier local. On a beau crié que la terre chez les nande n'est pas à vendre, aujourd'hui elle fait l'objet de multiples opérations de vente, que les tribunaux valident au travers des jugements. En effet, dans le RC 1391/RC1357,

> *« Le demandeur originaire a exposé être détenteur des droits de jouissance sur le terrain querellé sis sur la colline dite Kitwa située à Mbahila, village du groupement Madiwe, acquis par acte de vente du 22 avril 2005 passé avec les ayant droit coutumiers qui sont les membres de la famille... »*[186].

Ce plaideur se prévalant de cette acquisition par la vente a eu gain de cause, le tribunal ayant estimé que ladite opération était régulière. Comme on peut donc le voir, la vente est en train de devenir petit à petit un mode d'acquisition et d'extinction des droits fonciers coutumiers.

Les autorités coutumières cherchent, en vain, depuis un certain temps à stopper le mouvement. L'appel semble tomber dans les oreilles des sourds, ou alors assourdis par le vent de la marchandisation de la terre qui souffle fort. Plusieurs mesures qui se contredisent les unes les autres ont été prises par les coutumiers. Dans une lettre adressée aux chefs de groupement et aux chefs d'agglomérations, le chef de chefferie des baswagha dit s'indigner et s'inquiéter de l'ampleur que prend le phénomène :

> *« Avec amertume, je viens de constater que la vente des terres devient déjà monnaie courante dans la chefferie des baswagha et par nous-mêmes et par nos sujets ; vente que l'on fait signer aveuglement ou percevoir les 10% sans plus savoir ou se rappeler que le pouvoir coutumier qui est grandement lié à ces terres que nous ont légués nos ancêtres ne fait que se perdre petit à petit à cause de cette vente des terres.*

---

[186] Tribunal de paix de Beni, RC 1391/RC1357, premier novembre 2007.

C'est pourquoi, à dater de la signature et dès réception de la présente, je vous demande chacun en ce qui le concerne d'examiner et voir comment parer à ce fléau qui nous discrédite d'ailleurs...

Bref, qu'aucun acte de vente nouvelle ne me soit plus présenté pour approbation ou légalisation de signature»[187].

Cette correspondance, parmi tant d'autres montre l'embarras des coutumiers devant cette nouvelle pratique d'acquisition de la terre, à laquelle eux-mêmes participent par l'approbation ou la 'légalisation'[188] qu'ils apposent sur les actes de ces ventes. Cette mesure ne va-t-elle à l'encontre de certaines dispositions contenues dans les principes fonciers coutumiers adoptés par les mêmes coutumiers sous l'accompagnement de l'ONG Syndicat de défense des intérêts paysans qui prévoit ici et là les possibilités de vendre la terre ? On peut en fait lire dans lesdits principes :

« En cas de lotissement ou d'aliénation consensuelle d'un terrain coutumier, les droits des 'bakama', des 'basoki' et de l'Etat doivent être garantis. En coutume Baswagha, aucune aliénation de la terre ne peut être forcée »[189],

« *En principe, la terre est inaliénable. En cas de nécessité absolue de l'aliéner, l'accord des 'bakama' et des 'basoki' est préalable* »[190],

« Le mwami ou le 'mukama' n'a pas le pouvoir de vendre la terre sans le consentement des vassaux, de la population »[191],

[187] Chefferie des baswagha, lettre n° 5072/CHEB/D.351/2008, du 29 février 2008.
[188] Au sens vulgaire du mot.
[189] Syndicat de défense des intérêts paysans, *principes fonciers coutumiers régissant les terres coutumières en chefferie des baswagha*, article 8.
[190] Syndicat de défense des intérêts paysans, *principes fonciers coutumiers régissant les terres coutumières en chefferie des bashu*, article 7.
[191] Syndicat de défense des intérêts paysans, *principes fonciers coutumiers régissant les terres coutumières en chefferie des bashu*, article 57.

« Celui qui vend le terrain de sa famille sans en aviser les autres sera chassé sur le terrain familial »[192],

« Le 'musoki' doit s'acquitter de ses obligations notamment, (...) ne pas vendre la terre ou l'amodier sans l'accord de la famille »[193]

Dans les dispositions ci-haut indiquées on rappelle ici et là le caractère d'inaliénabilité des terres coutumières, tout en prévoyant certaines conditions particulières dans lesquelles on peut concevoir la vente des terres. On peut en déduire en effet que la vente d'une terre coutumière n'est pas interdite aujourd'hui, mais qu'elle est tout simplement subordonnée à l'obtention de l'accord, le consensus de tous les acteurs parties au contrat d'amodiation et/ou aux membres de la famille de celui qui veut procéder à la vente.

Le mouvement de la vente des terres a été tellement fort que certains coutumiers ont tout simplement suivi le train. Ainsi les chefs coutumiers du groupement buyora en chefferie des baswagha n'ont eu d'autres choix que d'édicter des mesures pour accompagner la vente ou le lotissement des terres dans leur entité traditionnelle menacée par l'extension de la ville de Butembo. On peut lire dans ce document intitulé '*kanuni ya kupana na kupima udongo, mashamba kwa ma-parcelles katika groupement Buyora'* (règlement de vente et de lotissement de terres en groupement Buyora), datant de janvier 2000 :

« Tout vassal qui voudrait vendre ou faire lotir les terres qu'il exploite doit obtenir l'accord des membres de sa famille avant de demander l'autorisation aux autorités coutumières du groupement Buyora »[194].

---

192 Syndicat de défense des intérêts paysans, *principes fonciers coutumiers régissant les terres coutumières en chefferie des bashu*, article 63.

193 Syndicat de défense des intérêts paysans, *principes fonciers coutumiers régissant les terres coutumières en chefferie des batangi*, article 41.

194 Article 1 de l'acte 'kanuni ya kupana na kupima udongo, mashamba kwa ma-parcelles katika groupement Buyora'.

« *Après avoir obtenu l'autorisation des autorités coutumières du groupement, le vassal peut alors procéder à la vente ou initier le lotissement du terrain par l'entremise de l'agronome* »[195].

L'acte sus évoquée fixe également la répartition du prix de la vente entre le chef terrien (mukama) et le vassal (musoki), à partir du niveau inférieur jusqu'à celui des autorités du groupement.

On pourrait donc se poser des questions sur la pertinence de la mesure interdisant la vente des terres dans un tel environnement qui subit des mutations socio-économiques profondes et se demander s'il faut stopper l'avènement du marché foncier sur les terres coutumières ou alors voir comment l'organiser pour qu'il n'entraîne pas la déchéance de l'autorité coutumière que semblent craindre les coutumiers (eux-mêmes très actifs sur ce marché).

Certains observateurs saluent cette évolution, en arguant que c'est une pratique qui permet à qui le veut d'avoir la terre selon le régime qu'il estime meilleur pour l'investissement qu'il veut faire sur la terre ; d'autres cependant la déplorent en disant qu'elle est à la base de l'accentuation des conflits fonciers qu'on enregistre dans la région.

Au-delà de toutes ces considérations, l'avènement de ce marché foncier, encore imparfait, est en train de bousculer les anciennes pratiques coutumières pour en imposer d'autres plus adaptées aux changements que la société 'beniluberoise' est en train de connaître.

§.2. LA TIMIDE APPARITION DE L'ECRIT DANS LES TRANSACTIONS FONCIERES COUTUMIERES

Le droit coutumier nande est oral, il se transmet de génération en génération, sous le regard des gardiens de coutume. Les transactions qui se font sur les terres coutumières sont aussi orales. Le contrat d'amodiation n'est pas écrit, il est oral. Est-ce parce que le taux d'analphabétisme est encore très élevé dans les campagnes ou est-ce

[195] Article 2 de l'acte 'kanuni ya kupana na kupima udongo, mashamba kwa ma-parcelles katika groupement Buyora'.

parce que les nande ont toujours fondé leur société sur la confiance qu'ils se font les uns des autres ? On dirait les deux.

Dans la province du Nord-Kivu, le taux d'analphabétisme des personnes âgées de 15 ans et plus est de 30 % avec une grande disparité entre hommes (15,9 %) et femmes (43,2 %) et seuls 52,2 % des enfants entre 6 et 11 ans sont scolarisés[196]. La situation est encore pire à la campagne car là beaucoup de gens n'ont pas été à l'école. Ce qui fait que dans la plupart des transactions comme la signature d'un contrat d'amodiation qui est quasiment à durée illimitée, les choses se passent oralement. Chacun retient l'obligation qui est la sienne, et on avance.

Mais aussi, nous avons constaté que l'oralité est fortement ancrée dans les mentalités des habitants de ces deux territoires. Dans beaucoup de secteurs de la vie, les choses se font oralement, sur base de la confiance, dit-on. Même dans le commerce, beaucoup de choses se passent oralement. Lorsque vous exigez de quelqu'un la signature d'un acte écrit pour une opération que vous voulez réaliser avec lui, vous n'allez pas être étonné, si cette seule exigence le prédispose à rejeter l'offre que vous lui avez faite, parce que dans certaines mentalités dans ces régions, exiger l'écrit de quelqu'un, c'est manquer de confiance envers cette personne.

Aujourd'hui cependant les conflits que cette oralité a entraînés dans certaines occurrences, la suprématie de la preuve écrite dans le procès civil et bien d'autres facteurs, commencent à faire basculer timidement les choses en faveur de l'adoption de l'écrit. On commence à voir la signature des petits papiers lors du versement de la redevance, notamment. Il faut aussi voir dans cette évolution l'action des ONG, des syndicats des paysans, comme le syndicat de défense des intérêts paysans, qui est même en train de réfléchir sur le modèle d'un contrat foncier écrit qu'il compte soumettre aux gestionnaires fonciers coutumiers, bakama et basoki, à part le travail qu'il a entrepris de contribuer à la rédaction des principes fonciers coutumiers des populations de la région.

---

[196] Document de stratégie de réduction de la pauvreté, Province du Nord-Kivu, Goma, 2005 http://www.capac.ulg.ac.be/Data/DSRP/DSRPNordKivu.pdf.

Ces écrits prennent de l'importance. On peut ainsi lire dans un des jugements rendus par le tribunal de paix de Beni sur un litige foncier coutumier :

« *A la lumière des énonciations contenues dans le journal intime du chef Lukwire, il y a lieu de remarquer que chaque perception d'une redevance coutumière faisait l'objet d'une mention au susdit journal au nom de l'occupant par lui et en même temps de la colline pour laquelle cette redevance était payée ; c'est par cette preuve irréfutable que Yakopi est propriétaire d'une colline, celle de Buyonga, tandis que le vendeur Kambange occupait la colline appelée Kaghumo, propriété par la suite acquise par le demandeur Mbanga ; par contre, il appert du journal intime précité et des témoignages, que la colline Kitevya sur laquelle les défendeurs ont construit un hangar et pratiqué des cultures prétendant qu'elle leur appartient est une colline fictive que même le chef terrien reconnu par eux, Lukwire Kyalire, ignore…* »[197].

§.3. LA MONETARISATION DES TRANSACTIONS FONCIERES COUTUMIERES

Les obligations des cocontractants se font en nature. La principale obligation de l'amodiataire est le paiement de la redevance. Celle-ci est constituée principalement d'une ou de plusieurs chèvres. Aujourd'hui cependant, tout se fait presqu'en dollars américains. Le chef terrien demande au vassal de payer la redevance en dollars, au prix de la chèvre sur le marché. Si la redevance est de 7 chèvres par an, est qu'une chèvre coute 40 dollars sur le marché, le chef terrien demandera au vassal de lui verser 280 dollars américains. Cette situation serait due à la conjoncture générale qui entoure les transactions foncières coutumières. La terre est en effet souvent la seule richesse des familles, et s'il faut espérer avoir des revenus, on ne compte que sur la terre. C'est un contexte général de pauvreté qui rentre dans une situation générale d'une économie 'dollarisée',

[197] Tribunal de Paix de Beni, R.C. 167, inédit, 24 novembre 1997.

comme l'a bien qualifié Vahavi Bertrand[198], dans la région de Beni-Lubero.

Depuis un certain temps, tout se fait en effet en dollars. Tout se négocie en monnaie américaine pour les petites transactions, dans de petits marchés de vente de produits élémentaires. Même la dot, qui est en principe un ensemble de biens symboliques que la famille du garçon remet à celle de la fille qu'il sollicite en mariage, se négocie elle aussi en dollars suivant les mêmes principes que nous avons évoqués. Certains ont estimé que c'était aussi pour les chefs terriens une façon de se protéger contre les vassaux de mauvaise foi, qui, comme redevance, allaient dans leurs étables chercher des petites chèvres ou des chèvres en mauvaise santé, où se rendaient au marché acheter une chèvre de mauvaise qualité pour leurs chefs terriens, sachant qu'en coutume nande, le chef terrien ne peut refuser la redevance quelle que soit la qualité du produit qui lui a été amené.

§.4. DES CONTRATS SUI GENERIS : VENTE ET AMODIATION A LA FOIS

Nous ne nous lasserons pas de le dire, l'amodiation est le principe pour ce qui est de l'acquisition de la terre en droit coutumier nande. Aujourd'hui cependant, à côté de l'amodiation, et de la vente de la terre que nous avons évoquée supra, on voit se développer une nouvelle pratique. Celui qui sollicite une terre auprès d'un chef terrien se voit obligé de l'acheter d'abord, d'acquitter d'abord le prix de la vente. Après avoir ainsi acheté, il va alors commencer à payer la redevance auprès du chef coutumier qui lui a vendu la terre. Ou alors la deuxième hypothèse, logique celle-là : vous achetez la terre auprès du vassal, il libère l'espace qu'il vous a vendu, mais il vous oriente par la suite auprès du chef terrien chez qui vous allez désormais payer la redevance. Ici l'acheteur désintéresse le vassal pour la mise en valeur déjà réalisée sur le terrain, doit ensuite se soumettre au paiement de la redevance auprès de l'ancien chef terrien du vassal vendeur.

[198] Vahavi Mulume, B., *Instabilité sociopolitique et substitution de monnaie. Essai sur la dollarisation en république démocratique du Congo*, thèse de doctorat, Université de Paris Val-de-Marne, 2007.

Cette pratique est en train de faire son chemin dans les pratiques foncières locales et on s'en prévaut désormais devant les tribunaux, comme on peut le voir dans les attendus ci-après :

« *Attendu que l'action de ma requérante tend à obtenir du tribunal sa confirmation comme seule propriété du champ, cessation de trouble de jouissance et au paiement des dommages intérêts, et l'annulation des documents cadastraux ;*

Attendu que la requérante est propriétaire du champ à usage agricole situé sur la colline Delefu, localité de Tenambo, groupement Batangi-Mbau, secteur de Beni-Mbau, constituant legs familial ;

Que ce champ fut acheté depuis les années 1942 et 1954 d'entre les mains du chef terrien de l'époque défunt Kapunzu, qui est aujourd'hui représenté par son fils Kapunzu Mulongo, à qui la succession précitée paie régulièrement ses redevances coutumières, ... »[199].

Le demandeur dans cette affaire avait acheté le champ auprès de son chef terrien. Dans une vente normale, il se serait en principe libéré de l'obligation de payer la redevance. Mais la convention a été que malgré la vente intervenue, il a continué à verser la redevance.

Cette façon d'agir serait quand même un signe que le munande est toujours attaché à sa terre, qu'il considère toujours comme un bien collectif et inaliénable, et qu'il ne vend que parce qu'il ne sait pas trouver d'autres ressources financières ailleurs pour faire face aux situations de la vie qu'il rencontre. Il aurait pu dire s'il avait le moyen de le faire, « je suis dans le besoin, notre famille a de la terre, je l'hypothèque, auprès d'un donneur de fonds, et je la reprendrai une fois en bonne fortune ». Malheureusement, même le système de crédit n'est pas encore bien implanté dans la région.

---

[199] Tribunal de grande instance du Nord-Kivu, siège secondaire de Butembo, RC 698/707/702/703, 16 août 2005.

§.5. LA RECONSIDERATION DE LA PLACE DE LA FEMME EN DROIT FONCIER COUTUMIER

Comme nous l'avons déjà vu, et on va encore y revenir, les droits fonciers de la femme ne sont pas clairement exprimés en droit foncier coutumier nande. On peut s'empresser d'affirmer qu'elle n'a pas assez de droits. Les femmes ont cependant déjà commencé à se lancer elles aussi, timidement, dans la course à l'acquisition des terres profitant du développement du marché foncier, aucune loi ne les empêchant d'acheter, si elles ont les moyens financiers de le faire. En effet comme le dit Ellen Bortei-Doku Aryeetey, parlant du Ghana, les femmes ont désormais les possibilités pour acquérir du terrain et de devenir directement propriétaires. La vente des terres, notamment, constitue un progrès vers l'égalité des hommes et des femmes en matière de propriété foncière ; la coutume ne repousse pas l'argent des femmes[200]. Dans les territoires de Beni et de Lubero, on commence à voir des femmes qui se lancent dans l'exploitation agro-pastorale, ce qui implique qu'elles aient des terres, cette activité étant encore extensive dans la région. Mais à part les femmes commerçantes, toutes les femmes nande ne semblent pas encore profiter de cette ouverture, parce qu'encore réduites dans leur rôle de ménagère.

Certaines femmes reconnaissent que la situation s'est un peu améliorée depuis un certain temps par la force des mutations socio-économiques que connait la région, avec le travail des ONG, mais sans réel impact sur la situation de la femme. L'ouverture n'est donc pas notable.

> *« La situation semble avoir évolué un peu. La coutume a un peu lâché du lest. Avec l'avènement du droit écrit qui reconnaît l'égalité entre les hommes et les femmes et qui proscrit des coutumes contraires à la loi. On nous dit que la femme peut aujourd'hui signer une amodiation coutumière, même sans être accompagnée, mais que ce sont les pratiques qui les maintiennent*

---

200 Ellen Bortei-Doku Aryeetey, *Accès des femmes aux ressources foncières au Ghana. Au-delà des normes*, in Philippe Lavigne Delville, Camille Toulmin, Samba Traoré (sous la direction de), *Gérer le foncier rural en Afrique de l'Ouest. Dynamiques foncières et interventions publiques*, p. 172 ;

un peu dans le statu quo, les hommes continuent en effet à discriminer les femmes, ce qui fait que même aujourd'hui, malgré ces évolutions, la femme doit toujours se faire accompagner si elle veut solliciter un champ de culture ou pour aller verser la redevance. Les propriétaires fonciers résistent encore. Et même quand la femme a des terres, on voit parfois ces frères les lui ravir. Aujourd'hui, la situation s'améliore un peu mais des pratiques discriminatoires subsistent.

Elles accèdent aussi à la terre par l'achat, mais certains exigent toujours qu'elles se fassent accompagner. Il y a donc un chemin à faire. Pour ce qui est de l'héritage des terres, les femmes restent encore marginalisées, elles sont toujours discriminées. S'il faut partager les terres de la famille, la femme est toujours laissée de côté »[201].

La situation de la femme ne s'est donc pas améliorée. Comme on va le voir, on constate cette absence de la femme de la scène de la gestion de la terre en voyant seulement les justiciables qui viennent se présenter devant les tribunaux pour faire attendre leurs revendications foncières. Les femmes sont encore vraiment absentes. Il y a encore un pas important à franchir.

SECTION III : LE DROIT FONCIER COUTUMIER NANDE DANS LA DYNAMIQUE SOCIOPOLITIQUE ET ECONOMIQUE DES TERRITOIRES DE BENI ET DE LUBERO

Le droit foncier coutumier nande évolue dans un environnement sociopolitique et économique très particulier qui a une certaine influence sur lui tant de l'intérieur que de l'extérieur.

[201] Entretien avec Maman Lydie, du syndicat de défense des intérêts paysans, le 8 septembre 2009.

§.1. INFLUENCES ENDOGENES SUR LE DROIT FONCIER COUTUMIER

Elles sont constituées d'un ensemble d'éléments qui l'affecte de l'intérieur, et le rendent plus vulnérable.

1.1. DES STRUCTURES SOCIALES QUI SE DESINTEGRENT

Le droit foncier coutumier nande est fortement lié à l'organisation sociopolitique du peuple nande, qui est une organisation traditionnelle fondée sur des principes coutumiers qui se sont développés au fil des siècles, et qui ont fait la grandeur de ce peuple.

Aujourd'hui, on a l'impression que ces structures se désintègrent suite au choc des civilisations. Cela a eu comme conséquence le relâchement du respect dû à la coutume nande, jusqu'alors unique force régulatrice de la société avec comme corollaire l'abandon progressif de la conception du droit collectif de la propriété foncière au profit d'un droit de plus en plus individuel de propriété. Les gens semblent ne plus se réaliser dans cette conception de la terre, ils veulent accéder à la propriété au sens occidental du terme, c'est-à-dire avoir des concessions dont ils usent, dont ils jouissent et dont ils peuvent 'abuser'. Ce qui expliquerait aujourd'hui, en partie bien attendu, les ventes incontrôlées des terres, ou ces acquisitions massives de nouvelles concessions.

Ce sont aussi les exigences du développement, ou peut-être les populations trouvent qu'on ne peut durablement investir que si on a un droit individuel sur les terres qu'on voudrait exploiter. Certains estiment aujourd'hui que le droit écrit en matière d'accès et de contrôle de la terre est peut-être plus sécurisant que le droit foncier coutumier nande. Ce qui explique que les gens ne s'arrêtent plus aux seules exigences coutumières contenues dans le contrat d'amodiation. Ils veulent surtout enregistrer leurs terres auprès des services de l'Etat pour obtenir un titre de propriété plus stable, le certificat d'enregistrement. Les contrats d'amodiation perdent presque le marché en faveur des achats des terres. Les éventuels investisseurs fonciers locaux préfèrent acheter la terre, plutôt que de l'avoir par le système d'amodiation.

Cela explique également un peu pourquoi les gens ne se contentent plus seulement des structures traditionnelles de justice pour régler leurs conflits, notamment fonciers, même quand ils portent sur des questions que la coutume pourrait régler. Tout le monde décrie la qualité de travail que les juridictions de droit écrit rendent, mais les gens continuent à affluer aux portes des palais de justice.

Les coutumiers attribuent bien sûr la faute à l'Etat, parce qu'il ne reconnaît plus lui-même aux pouvoirs coutumiers la compétence de juger : les populations elles-mêmes se disent qu'il ne sert donc plus à rien de continuer à leurs soumettre leurs litiges, parce que leurs sentences ne sont plus contraignantes. C'est ce qu'a déclaré un des 'juges' coutumiers de la chefferie des bashu, à la question de savoir pourquoi leurs populations ne se contentaient plus des conciliations qu'ils initiaient :

> « *La raison est simple, c'est parce que nous n'avons plus le pouvoir de contrainte. Et puis, les tribunaux de droit écrit refusent eux même de reconnaître les conciliations que nous rendons* »[202].

Cette désintégration des structures traditionnelles se remarque également dans beaucoup d'autres secteurs. Les vérandas traditionnelles, les kyaghanda, pourtant hauts lieux d'éducation et d'initiation à la vie pour les jeunes, disparaissent des villages, les jeunes qui grandissent en ville ne savent presque plus parler le 'kinande', la langue des banande, pourtant un des grands patrimoines de ce peuple. Ceci va créer ou crée déjà un problème dans la compréhension et l'intériorisation de ce droit foncier coutumier exprimé en kinande, avec une richesse incommensurable et une diversité sémantique parfois complexe.

---

[202] Entretien avec les juges de la chefferie des bashu, à Butungera, chef-lieu administratif de la chefferie, le 23 juin 2008.

Un avocat de la région à bien résumer cette « perte de vitesse » dans cette organisation sociale, répondant à la question de savoir si le droit foncier traditionnel nande avait encore certaines forces :

> « *La force serait cette valeur qu'on donnait à la redevance coutumière (la chèvre), et le respect des contrats conclus par les aïeux. Malheureusement, actuellement tout le monde foule aux pieds ces valeurs. A titre d'exemple, la redevance est actuellement payée en argent, ce qui lui enlève son sens et sa valeur ancestrale, les contrats conclus par les ancêtres sont bafoués, tout le monde est prêt à céder sa terre contre l'argent. Même les « mahero » (les tombeaux des ancêtres) sont vendus* »[203].

Cette situation, qui n'est pas seulement la spécificité du droit coutumier nande, est également due à la position un peu ambiguë de l'Etat face au pouvoir coutumier en République démocratique du Congo. Dans l'histoire du pays, le pouvoir a déjà essayé à plusieurs reprises de supprimer le pouvoir coutumier. Il y serait déjà parvenu s'il ne heurtait pas une forme de résistance et des autorités coutumières elles-mêmes et des populations qui se reconnaissent malgré tout encore, en certains points, dans ce système d'organisation. Depuis un certain temps, il semble s'être ressaisi. Les constitutions de la RDC affirment reconnaître le pouvoir coutumier. Ce qui paraît affirmer une chose et son contraire à la fois. L'Etat veut reconnaître les pouvoirs coutumiers, sans reconnaître les pouvoirs qu'ils pourraient avoir sur les terres sur lesquelles ce pouvoir doit s'exercer, étant devenu seul propriétaire du sol congolais depuis la loi du 20 juillet 1973. Or le pouvoir coutumier est intimement lié à la terre. On peut donc dire que c'est une reconnaissance incomplète.

1.2. LES CONFLITS DE POUVOIR COUTUMIER

Nous l'avons dit et redit, le pouvoir coutumier en Territoires de Beni et de Lubero est intimement lié à la gestion de la terre. Les autorités coutumières chez les nande sont en même temps les gestionnaires fonciers. En lisant l'histoire de pouvoir chez les nande et

---

[203] Maître KIZITO Flavien, réponse au questionnaire d'enquête destiné au personnel et aux auxiliaires de la justice.

en observant attentivement la situation, on constate que certaines autorités coutumières établies dans ces deux territoires exercent un pouvoir contesté. Il va de soi que les terres qu'elles gèrent subissent le même régime de contestation. Le cas du groupement Mwenye est un exemple illustratif. A cela il faut ajouter les ingrédients des conflits liés aux rivalités existant entre les entités claniques, notamment entre les Bakira et les baswagha, les basukali et les baswagha, les basukali et les bamates, etc. Un ancien administrateur de Lubero l'a clairement exprimé :

> *« Ces conflits (les conflits fonciers), ne sont rien d'autres en fait que des conflits de pouvoir coutumier. Et comme tout pouvoir doit s'exercer sur une portion de terre bien déterminée, occupée par des vassaux, c'est ainsi qu'ils dégénèrent en conflits de terres et de redevances coutumières. Tous les pouvoirs coutumiers en Territoire de Lubero sont objet de contestation : du chef de chefferie au capita de village, les chefs coutumiers eux-mêmes peuvent en témoigner et les correspondances dans nos archives en font la preuve. Une des caractéristiques de ces conflits de pouvoir coutumier est l'existence de deux pouvoirs au sein d'un même entité, à savoir le pouvoir administratif et le pouvoir coutumier dont les limites de compétence ou les attributions ne sont pas clairement définies, ou tout simplement par non-respect des limites de ses attributions, il arrive souvent que non seulement l'un s'ingère dans les attributions de l'autre, mais qu'il cherche aussi à exercer ces deux pouvoirs seuls »*[204].

Une illustration de ces conflits de pouvoir est le conflit de succession qu' connu la chefferie des Bashu à la mort de mwami Sulemani Patanguli Kalemire II le 28 octobre 2008 et que nous présente cette dépêche de Juvénal Paluku, au site www.benilubero.com :

> *« 40 jours après la mort de Mwami Sulemani Kalemire II, les lignages de la famille royale des Bashu (ou Vasukali), en Territoire*

[204] LAINGULIA NJEWA, *Les conflits de pouvoirs coutumiers et terres coutumières en territoire de Lubero : pistes de résolution pacifique et durable.* Communication faite dans un atelier du Centre d'études juridiques appliquées sur la problématique foncière dans les territoires de Beni et de Lubero, en février 2003.

de Beni, se disputent encore la succession au trône. Rappelons que Mwami Sulemani était décédé à Goma en date du 22 Octobre 2008 et enterré le samedi le 25 octobre 2008 au cimetière royal de Mutendero-Isale.

La présentation du successeur au trône des Bashu était prévue au programme de la commémoration du 40ième jour du décès de Mwami Sulemani, une commémoration qui a eu lieu à Vuhovi à la résidence officielle du chef de collectivité des Bashu, le samedi 6 décembre 2008.

Au centre de la dispute se trouve différentes interprétations du droit de succession chez les Bashu ou tout simplement une tentative d'usurpation du pouvoir ancestral Bashu par les descendants des lignages royaux. D'où la question que plusieurs vasukali se posent aujourd'hui : qui doit être chef de la Collectivité des Bashu ?

Les Bashu qu'on appelle aussi « Vasukali » sont communément reconnus comme les premiers nande qui se sont installés au Nord-Kivu au cours d'un des mouvements migratoires des Bantu du Soudan vers l'Afrique Centrale. Les points de vue des historiens sont encore divergents sur le nombre et les dates des migrations nande au Nord-Kivu.

Pour en savoir un peu plus à partir d'une personne ressource, nous avons interrogé un membre de la famille royale, Son Excellence Balikwisha Juma, Actuel Ministre Provincial des Mines et fils du feu Mwami Sulemani.

Voici, d'après le Ministre Balikwisha Juma, ce que les chefs Bashu transmettent oralement à leurs descendants de génération à génération :

« Le premier Musukali arrivé à Beni-Lubero fut MAHERERE. Ce dernier s'était installé à Masambo entre Lume et Kasindi, Secteur de Ruwenzori, Territoire de Beni. Maherere a donné naissance à KAVANGO. Kavango est parti de Masambo pour s'installer sur le flanc du Mont Mughulungu, dans l'actuel secteur des Bashu, avant de déménager jusqu'à Mutendero où se trouve jusqu'à nos

jours le siège coutumier des Bashu. [NDLR : Une autre version donne MUHIYI (un chasseur de gibier) comme le premier nande qui a traversé la rivière Semuliki sur le dos du dragon pour s'installer temporairement sur le flanc du Mont Mughulungu avant de s'établir définitivement à Vitungwe, chef-lieu du groupement Bunyuka]

Kavango a donné naissance à MUKUNYU, celui-ci a donné naissance à Luvango et Luvango a donné naissance à MUHUYU. Muhuyu a donné naissance à trois enfants : VYAVU, LUSENGE et KASUMBAKALI

Avant sa mort, Muhuyu a procédé au partage du pouvoir ancestral des Bashu de la manière suivante :

-VYAVU avait été responsabilisé comme « Mutavali » c'est-à-dire celui qui règne,

-LUSENGE avait été responsabilisé comme « gardien de la défense » ou « ow'engavo » ou « muhani »,

-KASUMBAKALI avait été responsabilisé comme « Ow'ekyaghanda » ou gardien de la coutume ou coutumier.

Le partage du pouvoir ancestral suivant les lignages ci-haut identifiés s'est transmis de génération à génération jusqu'à nos jours. On découvre que les Lusenge et les Kasumbakali dont on a besoin aujourd'hui n'assument plus leur rôle, certainement depuis que le pouvoir moderne a réduit le pouvoir coutumier en une seule catégorie, notamment celle de Vatavali. Malgré cela, chaque fois qu'il y a désignation d'un successeur, la référence serait toujours la subdivision tripartite de l'ancestre Muhuyu. Celui qui règne chez les Bashu soit le Mutavali a toujours été du lignage VYAVU. Dans la dispute actuelle, et contrairement à la coutume ci-dessus, des Lusenge et Kasumbakali veulent aussi devenir chefs de la collectivité des Bashu. Nos efforts pour avoir l'interprétation du droit ancestral des Bashu par des Lusenge et des Kasumbakali ont été vains.

Voici comment les Vyavu ont présenté leur généalogie pour avancer leur cause: Vyavu engendra Patanguli, Patanguli engendra Vyalemene appelé aussi Kalemire (Juma Kalemire Kavango II), Kalemire engendra Sulemani (le dernier Mwami décédé) et Sulaiti qui est encore en vie.

Les Vyavu brandissent la tradition orale et la généalogie de leur lignage pour mettre fin aux ambitions des Lusenge et des Kasumbakali. D'après certains membres du lignage Vyavu, le trône laissé vacant par la mort de Mwami Sulemani reviendrait de jure à son jeune frère SULAITI né le 17 Juin 1963 et père de deux enfants. Au cas où ce dernier ne serait pas disponible, le règne reviendrait au fils aîné de Sulemani.

Cette dispute sur le droit à la succession au trône des Bashu, a conduit les prétendants des trois lignages de la famille royale à faire recours au gouverneur du Nord-Kivu, Son Excellence Julien Paluku Kahongya qui vient de mettre sur pied une commission d'arbitrage qui étudiera les différentes requêtes, consultera les sages Bashu et les historiens spécialistes des Bashu, pour remettre chacun dans son droit et choisir sans tarder un successeur au trône des Bashu »[205].

Un autre document (sans date) établi par l'administrateur de territoire assistant du territoire de Lubero, renseigne également sur le malaise qui existe au sein de la famille royale en chefferie des Baswagha. Le document est intitulée '*conflit familial au sein de la famille du Mwami Nzanzu Mwami*'. Quelques extraits de ce document transmis au mwami actuel de la chefferie, monsieur Nzanzu Bonannée dans une lettre datant du 17 septembre 2010 sont éloquents quant à l'existence d'un climat de tension :

« Par sa lettre sans numéro du 20 décembre 2009 adressée à l'administrateur du Territoire, la Famille Luv. a émis les vœux de

[205] http://www.benilubero.com/index.php?option=com_content&task=view&id=1262&Itemid=28, 9 décembre 2008.

voir l'autorité territoriale trouver une solution au problème d'exclusion dont elle est victime, (…)

Sur demande de la famille Luv., d'une part qui se lamente d'être écartée de la gestion du patrimoine de Nzanzu Mwami, grand chef coutumier des Baswagha par ses frères, (...) »

Cette situation aurait investi les Territoires de Beni et de Lubero au contact avec les colonisateurs belges et aurait été pérennisée par les pouvoirs congolais. En effet, à l'arrivée des belges au Congo,

«*Certains chefs étaient au pouvoir. Mais lorsque les colonisateurs arrivaient dans le village du chef, ce dernier en avait peur et cachait ses propres fils pour présenter son neveu. A force de prendre régulièrement contact avec les blancs, ces derniers finissaient par désigner ses neveux du chef comme chef coutumier. Et depuis l'époque belge à nos jours, il y en a qui sont encore au pouvoir* »[206].

L'administration congolaise n'a pas aussi permis de régler le problème. Les coutumiers sont en effet nommés selon leur allégeance au pouvoir, surtout du temps du Mouvement populaire de la révolution. Ce ne sont pas toujours les ayant-droits qui ont été installés chefs coutumiers. Certains l'ont été parce qu'ils ont servis ou promis de servir le pouvoir en place.

1.3. L'ORALITE DU DROIT, L'ORALITE DES TRANSACTIONS

Le droit foncier coutumier, comme les autres aspects de la coutume nande est oral. Il se transmet de génération en génération, du fait de son encrage dans les mentalités des populations qui l'appliquent et qui l'ont toujours appliqué depuis des siècles. L'assurance de sa fidélité aux prescrits des ancêtres est tenue par le gardien de coutumes. Celui-ci joue un rôle important auprès du mwami dont il est un de grands conseillers. Il est la « bibliothèque » de la chefferie. Il participe à cette

[206] Communication de M. Laingulya Njewa à l'atelier du CEJA, octobre 2002.

qualité à la quasi-totalité de toutes les conciliations qui se font chez le mwami.

Cet aspect du droit foncier coutumier le fragilise cependant. Car malgré les assurances que peut donner le gardien de coutumes, les déformations volontaires ou involontaires liées à la nature humaine ne peuvent pas manquer d'intervenir. Certains pourraient le manier à leur faveur et il présenterait le risque de changer en fonction des intérêts en présence, soit pour faire perdre un procès, soit pour faire légitimer les positions de celui qu'on voudrait voir l'emporter. Et au fil des temps, il perdrait ainsi de son contenu premier. Les partisans de cette position disent qu'il faut alors écrire la coutume, la codifier, afin de lui éviter toutes ces influences négatives et essayer de l'harmoniser.

Les acteurs de développement de la région de Beni-Lubero semblent avoir déjà été séduits par ces idées de codification de la coutume. Des ONG comme le Syndicat de défense des intérêts paysans, les forums des organisations Paysannes du Kivu et le forum des amis de terre ont même déjà initié les premiers travaux dans le sens d'écrire la coutume de différents clans composant l'ethnie nande. Elles veulent ainsi lutter contre l'oralité elle-même, la diversité sémantique, et la non uniformisation de ces coutumes, et espèrent contribuer à diminuer les conflits fonciers qui résultent de la manipulation de la coutume.

Son oralité la mettrait également à la merci des mutations sociales profondes et il changerait ainsi selon les circonstances de temps et de lieu. Pour certains auteurs cependant, c'est ce qui fait aussi sa force, car la coutume est appelée à évoluer avec la société, à s'adapter aux réalités du moment. Ceux-ci sont bien attendus opposés à la codification de la coutume.

Cette oralité frappe également les transactions qui se font sur les terres des communautés traditionnelles. Les contrats d'amodiation sont oraux et les obligations dont ils résultent sont aussi logiquement orales. Cette situation est quelques fois à la base des conflits car les générations actuelles veulent changer justement les dispositions qui ont été mises sur pieds depuis des générations par les ancêtres qui ont signé les premières amodiations. Comme les choses ne sont pas écrites, on veut modifier les limites des terrains amodiés, on veut revoir à la hausse le nombre de chèvres composant la redevance, on veut renier la qualité de vassal à certaines familles, ou celle de chef terrien à certaines autres, tout un cocktail pour créer l'insécurité dans les opérations foncières coutumières, ce qui entraîne bien évidemment des conflits fonciers.

1.4. UNE PROPRIETE DE LA TERRE AUX CONTOURS VAGUES

En droit coutumier nande, la terre est une propriété collective, une propriété inaliénable. Mais c'est une conception complexe, tellement complexe que même les acteurs chargés de faire appliquer le droit foncier coutumier ne parviennent pas à le traduire correctement, sans bien attendu entamer son contenu. Dans beaucoup de jugements et actes de conciliation, comme on va le voir plus loin, la propriété de la terre est attribuée soit à la famille des vassaux soit à celle des chefs terriens.

Dans toutes ces confusions, il devient en effet très difficile de donner un contenu à cette notion de propriété. Nous avons en fait cité les personnes qui sont impliquées dans la gestion de la terre, qui part du mwami, jusqu'à l'exploitant ordinaire (le mughunda), en passant par les bakekulu et les bakama. Dans cette pyramide des bakekulu, des bakama, des basoki, il est très malaisé de désigner le vrai propriétaire. Est-ce la personne qui reçoit les redevances en dernière instance ? Est-ce l'exploitant effectif du terrain ?

De toute façon, lorsque ce dernier veut aliéner la terre qu'il habite ou exploite, il se réfère à son mukama. En cas de vente, il lui verse une indemnité de résiliation du contrat qui se chiffre à 10% de la valeur de l'objet. C'est le mukulukyo dont nous avons déjà fait allusion. Dans ces circonstances, si le mukama reçoit le 10ième de la valeur de l'objet, le vrai propriétaire est l'exploitant ! Ce qui est anormal. Mais plus grave est que lorsque le mukama attrait son vassal devant la justice par défaut de paiement de redevance, cette justice coutumière ou de droit écrit, lui reconnaît son droit. Qui est alors dans ces circonstances le légitime propriétaire coutumier ? Dans les transactions foncières, souvent le mukekulu est ignoré lorsqu'il y a trois ou quatre degrés entre l'exploitant et les bakama les plus proches. Cette situation fait qu'il y a des procès qui ne se terminent pas car, lorsque le vassal exploitant a perdu le procès, il recourt au mukama ou au mukekulu par une action en tierce opposition.

Nous avons également dit que le droit foncier coutumier nande reconnaissait au vassal le plein droit de jouissance sur le terrain pour lequel il paye une redevance coutumière mais qu'il a lui aussi la latitude d'amodier à son tour le champ en faveur de ses propres sous-vassaux et de recevoir d'eux des redevances coutumières (après avoir informé son chef terrien). Ces principes nous ramènent dans le débat de savoir qui est le véritable propriétaire du champ amodié. La question peut être posée autrement. Ce contrat d'amodiation des terres coutumières peut-il être considéré comme un contrat de vente[207], une emphytéose[208], une superficie[209], un usufruit[210], un contrat de

[207] La vente est une convention par laquelle l'un s'oblige à livrer une chose, et l'autre à la payer (art. 263, décret du 30 juillet 1888, Des contrats ou des obligations conventionnelles).

[208] L'emphytéose est le droit d'avoir la pleine jouissance d'un terrain inculte appartenant à l'Etat, à la charge de mettre et d'entretenir le fonds en valeur et de payer à l'Etat une redevance en nature ou en argent (article 110 de la loi foncière congolaise).

L'emphytéose ne peut être établie pour un terme excédant 25 ans. Ce terme est renouvelable. Lors des renouvellements, la redevance sera revue et fixée aux taux en vigueur au moment du renouvellement (article 111 : de la loi foncière congolaise)

[209] La superficie est le droit de jouir d'un fonds appartenant à l'Etat et de disposer des constructions, bois, arbres et autres plantes qui y sont incorporés (article 123 de la loi foncière congolaise).

La superficie ne peut être établie pour un terme excédant vingt-cinq ans. Ce terme est renouvelable (article 124 de la loi foncière congolaise).

[210] L'usufruit concédé par l'Etat à une personne sur un fonds est le droit pour elle d'user et de jouir de ce fonds, comme l'Etat lui-même, mais à la charge de le conserver dans son état (article 132 de la loi foncière congolaise).

L'usufruitier a le droit de jouir des fruits naturels civils et industriels que peut produire le fonds. Les droits et les obligations de l'usufruitier ainsi que les autres conditions et modalités pour la constitution de l'usufruit seront fixés par contrat (article 133 de la loi foncière congolaise).

L'usufruit concédé par l'Etat peut l'être à titre gratuit, s'il est limité aux besoins de l'usufruitier et de sa famille (Article 134 de la loi foncière congolaise).

Il ne peut stipuler pour un terme excédant vingt-cinq ans. Ce terme est renouvelable. L'usufruit ainsi constitué s'éteint par la mort de l'usufruitier avant l'expiration du terme convenu (article 135 de la loi foncière congolaise).

location[211], un contrat d'usage[212], ou crée-t-il une copropriété ? L'analyse de ce contrat nous montre en effet qu'il ne correspond exactement à aucun de contrats et modes de tenure évoqués, même s'il peut présenter des acpects des uns et des autres. Il reste qu'il est un contrat particulier, d'une nature 'sui gereris' dans son essence.

1.5. UN DROIT OBSOLETE ?

1.5.1. L'INADAPATATION DE QUELQUES PRINCIPES

En procédant à une analyse approfondie de la coutume, on a l'impression que certains aspects du droit foncier coutumier ne sont plus adaptés à la situation actuelle. Par exemple, la coutume prône l'invariabilité des rapports de vassalité en termes d'étendue du terrain donné par amodiation, par rapport au taux de la redevance coutumière. Actuellement, les chefs terriens ont tendance à réévaluer la redevance. L'unique chèvre remise pour toute une colline depuis des décennies ne vaut presque plus rien. Voilà pourquoi aujourd'hui plusieurs chefs terriens voyant leurs vassaux s'enrichir de l'exploitation de la terre ont tendance soit à vouloir exploiter eux-mêmes la terre en chassant les vassaux soit à revoir à la hausse la redevance coutumière, ce que les vassaux ne veulent pas accepter. C'est aussi une des causes des conflits fonciers.

La situation devrait pourtant évoluer vers l'adaptation raisonnée des obligations contenues dans le contrat d'amodiation. Les dispositions de ce dernier devraient être redéfinies en fonction de la

---

A l'extinction de l'usufruit, l'usufruitier ou ses ayants-droit peuvent enlever ce que l'usufruitier a incorporé au sol. A défaut, ces biens sont délaissés et sont acquis à l'Etat sans qu'il soit tenu à l'indemnité (article 136 de la loi foncière congolaise).

[211] Par la location, l'Etat s'oblige à faire jouir une personne d'un terrain et moyennant un certain prix que celle-ci s'oblige à lui payer. Elle ne peut être accordée pour un terme excédant 3 ans (article 144 de la loi foncière congolaise)

[212] L'usage d'un fonds est le droit que l'Etat reconnaît à une personne d'en jouir soi-même avec sa famille, soit en y habitant, soit en y créant des entrepôts pour soi-même. Il ne peut être concédé pour un terme excédant quinze ans. Ce terme est renouvelable (article 141 de la loi foncière congolaise).

L'usager peut mettre une partie de ses équipements et installations à la disposition des tiers, contre ou sans rémunération, mais uniquement dans la mesure requise pour couvrir ses frais et ceux de sa famille (article 142 de la loi foncière congolaise).

conjoncture en tenant compte du fait que les principes coutumiers doivent évoluer avec la société au sein de laquelle ils ont été produits.

La situation qui est souvent évoquée est celle d'un chef terrien qui amodie un terrain constitué de 30 collines pour lequel il demande au vassal une redevance de 5 chèvres par an. Le vassal qui ne sait exploiter seul ce nouveau capital foncier décide de placer 9 sous-vassaux en raison d'un sous vassal par trois collines qui lui remettraient chacun deux chèvres comme redevance. A la fin de chaque année, le vassal réalisera 18 chèvres reçues de ses sous-vassaux et n'en remettra que 5 à son chef terrien. Il lui restera donc 13 chèvres. C'est la situation que les chefs terriens ne supportent que difficilement, et ce au nom d'un droit qui prône l'immuabilité des rapports dans la vassalité. Les chefs terriens ne cachent plus leur désaccord et certains ont même déjà dit leur souhait de voir la coutume évoluer à cette matière[213].

1.5.2. LES DROITS DE LA FEMME MAL DEFINIS

Lorsqu'on pose la question de l'accès de la femme à la terre, les réponses deviennent un peu indécises. Pour les uns, la femme ne peut pas signer un contrat d'amodiation, ni comme amodiant (hypothèse presqu'impossible la société nande étant patriarcale), ni comme amodiataire. Pour cette dernière occurrence cependant, les personnes que nous avons interrogées disent qu'une femme peut solliciter un champ par le régime de l'amodiation. « *Une femme peut signer comme amodiataire, mais ce sont des cas très rares et très limités* »[214]. « *La femme n'intervient pas dans la gestion de la terre. Si elle doit signer un contrat d'amodiation comme amodiataire, elle ne le fera qu'au travers d'une autre personne, un homme. Elle aura donc besoin d'un intermédiaire* »[215].

[213] Idée avancée par M. Lusenge Mabruki, chef du groupement Musindi, Chefferie des Batangi, dans un entretien qu'il nous a accordé à son domicile de Butembo, le 24 août 2008.
[214] Entretien avec Syayipuma, juge assesseur au Tribunal de Paix de Butembo, le 15 août 2008.
[215] Entretien avec Rumbika, juge assesseur au Tribunal de Paix de Butembo, le 14 août 2008.

La femme est quelque peu marginalisée dans la gestion foncière coutumière nande. Elle ne peut pas acquérir la terre comme vassale au même titre que les hommes. Dans la culture traditionnelle nande la femme n'a pas le droit d'avoir sa propre terre parce qu'elle a vocation à se marier et à quitter ainsi sa famille. Lui donner la terre serait un risque, celui de voir un jour ce patrimoine aller dans la famille d'un éventuel homme qui se déciderait de la prendre en mariage, ce qui serait considéré comme un enrichissement de celle de son futur mari au détriment de sa famille d'origine.

La femme non mariée née dans une famille d'un chef terrien se limitait à solliciter des champs pour ses cultures et elle devrait l'occuper personnellement.

L'unique hypothèse dans laquelle la femme pouvait être titulaire d'un terrain est celle du champ qu'elle peut recevoir de sa propre famille à l'occasion de son mariage, le champ dit 'eririma eryovuhara'. Curieusement, il s'agit d'un droit précaire parce qu'à sa mort, le champ revient à la famille de son père, ou alors son mari ou ses enfants acceptent de payer désormais la redevance coutumière annuelle pour garder le champ.

Par ailleurs, la femme n'était pas comptée parmi les successibles pouvant hériter la terre. La pratique est encore en vigueur, en dépit de sa violation manifeste de la loi congolaise de la famille qui ne discrimine pas les enfants selon qu'ils sont du sexe masculin ou féminin. L'article 758, alinéa 1 de la loi n° 87-010 du 1er août 1987 portant Code de la famille dispose en effet que les enfants du *de cujus* nés dans le mariage et ceux nés hors mariage mais affiliés de son vivant, ainsi que les enfants qu'il a adoptés, forment la première catégorie des héritiers de la succession.

Le droit foncier coutumier nande est donc discriminatoire à l'égard des femmes, qui voient leur accès à la terre vraiment très limité. Cette situation limite les possibilités des femmes à pouvoir investir dans le domaine foncier, et à contribuer ainsi au développement des territoires de Beni et de Lubero. Les choses ont cependant un peu évolué car, comme nous l'avons déjà dit, les femmes peuvent déjà acquérir des droits fonciers par le régime de l'achat des terres. La coutume, comme elle doit s'adapter aux mutations socioéconomiques que connaissent nos sociétés, devrait tout de même suivre cette évolution positive et permettre aux femmes d'accéder facilement à la terre, le monde ayant évolué et les arguments qui étaient avancés pour la discriminer ne tenant plus debout.

1.5.3. LE DROIT DE PROPRIETE COLLECTIVE

Le droit foncier coutumier nande pose également des problèmes pour ce qui est de sa conception de la propriété, une conception collectiviste. On est ainsi presqu'obligé pour ce qui est de la propriété de la terre de demeurer dans cette collectivité de la terre, sans possibilité pour celui qui le désirerait avoir une terre dont il serait lui-même propriétaire, dans le sens classique de mot, pouvant se faire prévaloir de tous les attributs de la propriété qui sont l'usus, le fructus et l'abusus, de quitter l'indivision. Parce qu'ici en fait, la propriété ne se conçoit que par rapport à l'appartenance à la collectivité.

§.2. LES INFLUENCES EXOGENES SUR LE DROIT FONCIER COUTUMIER NANDE

2.1. POLITISATION DE LA FONCTION DE L'AUTORITE COUTUMIERE

La politisation de la fonction de coutumier a une histoire longue en République Démocratique du Congo. Déjà les autorités coloniales ont cherché à asseoir leur pouvoir sur des coutumiers. La pratique s'est surtout accentuée à l'époque du parti unique, les coutumiers ayant eux aussi revêtu les casquettes du Mouvement populaire de la révolution.

Dans les territoires de Beni et de Lubero, les chefs coutumiers ont plusieurs fois été sollicités par les politiques, tant provinciaux que nationaux, souvent pour se faire légitimer et pour montrer qu'ils traînaient derrière eux toutes les populations de la région. Beaucoup de chefs de la région ont ainsi été désignés ou cooptés députés provinciaux et nationaux.

Ainsi, pendant la transition que le pays a connu entre 2003 et 2006, un des grands chefs des clans nande en chefferie des batangi a été appelé à exercer la fonction de député national pour le compte de la formation politique RCD/K-ML. Il est donc resté à Kinshasa pendant une bonne partie de cette transition qui a duré quelques trois ans, loin de ses populations.

Aujourd'hui, beaucoup d'autres chefs traditionnels nande ont été cooptés comme députés dans l'assemblée provinciale du Nord-Kivu, il s'agit notamment des 'bami' [216] de la chefferie des Baswagha, du secteur de Beni-Mbau. Leurs fonctions les appellent à séjourner pendant beaucoup de mois dans la capitale de la province Goma pour participer aux sessions parlementaires.

Comme nous l'avons vu, les grands chefs coutumiers nande sont également les magistrats suprêmes des « tribunaux » coutumiers qui fonctionnent au sein de leurs entités. Les grandes affaires foncières sont donc obligées d'attendre le retour de ces chefs dans leurs juridictions pour être débattues, des conflits qui peuvent entre temps dégénérer en violences. Il faut signaler le risque de voir ces chefs relâcher un côté, qui pourrait être celui de leurs responsabilités coutumières, au profit de leurs nouvelles fonctions politiques.

2.2. LA PAUVRETE DES POPULATIONS

La majorité de la population des territoires de Beni et de Lubero vit en dessous du seuil de pauvreté[217], moins d'un dollar par jour. Le problème se pose avec acuité dans les campagnes où il faut faire face aux questions d'alimentation, de santé, de scolarisation, etc. L'agriculture vivrière n'étant pas encore en mesure de les aider à surmonter ces difficultés vitales.

Cette situation est à la base de multiples conflits fonciers. Pour faire face à ces problèmes, les individus ou les familles n'ont d'autre solution que de vendre la terre, souvent sans suivre les règles prévues en matière de transaction foncière. Les chefs terriens vendent les

---

216 Pluriel du mot 'mwami'

217 Sur base de quelques indicateurs de la pauvreté au Nord-Kivu fournis dans le DSRP Nord-Kivu et qui indiquent entre autres : PNB par habitant : 74$ en 2001, espérance de vie à la naissance (1999) : 49,1 ans ; taux de mortalité infantile : 129/1000 ; 80% de l'activité relève de l'informel. Cf. DSRP Nord-Kivu.

terres aux commerçants et aux élites intellectuelles et politiques, les vassaux font la même chose, ceux qui occupent les terres sous le système de gardiennage aliènent également, ce qui crée des conflits entrent tous ces opérateurs fonciers. Dans une cause qui a été enregistrée au tribunal de paix de Beni une des parties « *a reconnu avoir vendu la colline querellée suite aux difficultés qu'il rencontre dans la vie à sieur Paluku Batsotsi et qu'il venait de s'arranger avec l'acheteur de continuer à percevoir la redevance des cultivateurs qui s'y trouveraient* »[218].

Au lieu de se concentrer sur le travail de la terre, certaines gens pensent qu'il faut plutôt la vendre si on veut devenir riche. Il faut reconnaître que l'agriculture pratiquée dans la région est encore extensive et rudimentaire. Elle ne permet donc pas encore à ceux qui s'en donnent de se créer des richesses.

Cette pauvreté joue également sur l'issue de certains procès, notamment pour ce qui est du paiement des frais de justice et des frais d'enquêtes pour les causes qui exigent les descentes sur terrain, mais également pour ce qui est de la possibilité de certains justiciables de se payer les services d'un avocat, de la capacité financière de certains autres de payer le déplacement pour se rendre vers les villes qui abritent les sièges des tribunaux (les distances séparant les campagnes des villes étant parfois très importantes).

2.3. UNE DEMOGRAPHIE GALOPANTE

Les populations de deux territoires s'accroissent à un rythme très sensible, surtout dans les hautes terres du territoire de Lubero, où la densité se situe entre 40 et 200 habitants par kilomètre carré[219]. Cette démographie exerce des pressions sur les espaces cultivables disponibles au point que les espaces de terre jadis occupés par les communautés familiales se trouvent aujourd'hui saturés. Les familles se concentrent sur des espaces devenus exigus, ce qui augmente les risques de collisions. Une même terre qui était il y a 60 ans exploitée

---

[218] Tribunal de paix de Beni, R.C. 1977, inédit 14/12/2006.

[219] Paluku Kitakya, A., *Interactions entre la gestion foncière et l'économie locale en région de Butembo, Nord-Kivu, République démocratique du Congo*, Louvain-la-Neuve, Presses universitaires de Louvain, 2007, p. 83.

par une famille composée des 6 personnes, est aujourd'hui envahie par les fils et les petits fils de ces six, les nouveaux exploitants sont peut-être aujourd'hui au nombre 96, mais entre temps la terre ne s'est pas multipliée. Et dans ces hautes terres, comme ailleurs dans le bunande, les gens migrent difficilement. Ces pressions sur les terres finissent par engendrer des tensions qui s'expriment rapidement en termes de conflits fonciers.

2.4. LES NECESSITES SOCIALES ET ECONOMIQUES DE DEVELOPPEMENT

Les nécessités sociales et économiques de développement arrivent avec des exigences. L'implantation des projets de développement va souvent ensemble avec l'acquisition des terres, et c'est sur les milieux ruraux que les yeux sont braqués pour avoir de l'espace sur lequel ces projets vont s'installer. Ces terres ne sont pas libres, elles sont souvent occupées. Les populations sont en fait obligées de vendre leurs concessions aux initiateurs des projets ou d'accepter d'être réinstallées sur les terres que ceux-ci mettent à leur disposition. Certains acceptent facilement le marché, d'autres cependant opposent des résistances à la vente ou au déplacement. Le cas échéant, on assiste à la naissance de conflits qui prennent parfois des années et des années et qui engagent des générations et des générations.

Le territoire de Lubero enregistre beaucoup de situations de ce genre. On peut citer notamment l'implantation de l'Université Catholique du Graben dans la ville de Butembo. Près de 20 ans depuis l'acquisition de la concession sur laquelle l'université a aménagé son site, certains ressortissants des villages qui vivaient sur ledit site continuent à revendiquer. L'Université est presque constamment trainée en justice par ces gens. La même situation est vécue par la Communauté Baptiste au Kivu sur la concession sur laquelle elle a initiée un projet de léproserie.

SECTION IV : L'IMPLICATION DES ONG DANS LE DOMAINE DU FONCIER COUTUMIER

Les Territoires de Beni et de Lubero enregistrent beaucoup d'organisations non gouvernementales. Les unes sont locales, nationales, les autres régionales ou internationales. Elles investissent dans le domaine humanitaire, les droits de l'homme, le syndicalisme, le développement,... Quelques unes d'entre elles interviennent entre autres activités dans le domaine du droit foncier écrit et coutumier : vulgarisation de la loi foncière, vulgarisation des principes fonciers coutumiers, changement des coutumes, conciliations,...

On peut citer le centre d'études juridiques appliquées (CEJA), la commission diocésaine justice et paix (une structure liée à l'Eglise catholique), la ligue des organisations des femmes paysannes du Congo (LOFEPACO), le centre d'animation pour la culture et le développement de Kirumba (CACUDEKI), la fédération des organisations paysannes du Congo (FOPAC), le forum des amis de la terre (FAT) et le Syndicat de défense des intérêts paysans (SYDIP). Leurs actions dans le domaine foncier portent sur l'amélioration de l'accompagnement des petits producteurs dans leur système de production, sur l'assistance juridique autour de la problématique foncière au Nord-Kivu, sur la vulgarisation du code foncier et de la coutume foncière, sur la structuration du mouvement paysan au Nord-Kivu à travers les regroupements au niveau des chefferies et des territoires pour la concertation autour de la problématique agricole, sur la réflexion autour des possibilités d'amélioration du code foncier congolais et du code agricole, etc.

Nous allons nous intéresser par la suite au travail du SYDIP et du FAT qui semblent être les plus actives dans le domaine de notre recherche. SYDIP a entrepris des efforts de codification de la coutume foncière de la région et travaille à la mise sur pieds d'un contrat d'amodiation écrit afin de lutter contre l'oralité dans les transactions autour de la terre. Le FAT quant à lui veut travailler à la mise en œuvre d'un code de conduite des chefs coutumiers autour de la gestion de la terre.

§1. LES EFFORTS DE CODIFICATION DE PRINCIPES FONCIERS COUTUMIERS ET LA CONCEPTION D'UN CONTRAT ECRIT D'AMODIATION

1.1. LE PROJET DE CODIFICATION

Le syndicat de défense des intérêts paysans, SYDIP en sigle, est une organisation non gouvernementale paysanne créée depuis les années 1993. Il a son siège national à Butembo et s'est assigné pour mission d'encadrer les paysans membres de son organisation, et ce au travers de deux volets, syndical et économique. Le premier se concrétise à travers les services de défense des intérêts sociaux et professionnels, le second au travers des fédérations agricoles.

Le SYDIP a entrepris de codifier les principes coutumiers de gestion de la terre, une œuvre qui est en cours de réalisation avec l'appui financier de certaines organisations non gouvernementales belge (Vredeseilanden) et hollandaise (AGRITERA)[220]. L'approche du SYDIP, partagée par les autres organisations présentes dans le même secteur dans la région, s'appui sur l'idée que codifier les principes coutumiers de gestion de la terre peut contribuer à bien aborder le problème des conflits fonciers en vue de leurs résolutions. Le syndicat a organisé et organise pour ce faire des ateliers autour desquels il réunit des leaders paysans, des gardiens de coutume, des chefs de groupements, des chefs de chefferies, des chercheurs libres, des délégués de confessions religieuses, des autorités administratives, des techniciens de développement, des juristes, etc. …

---

[220] Nous avons voulu savoir ce qui a poussé ces deux organisations, belge et néerlandaise, à financer ce projet de rédaction des coutumes foncières locales dans les territoires de Beni et de Lubero. Nous nous sommes pour ce faire adressés au chargé à Vredeseilanden des projets avec le Syndicat de défense des intérêts paysans. Selon M. Yan Aertsen, Vredeseilanden et Agriterra ont juste voulu offrir un appui institutionnel au syndicat de défense des intérêts paysans pour ce projet (et d'autres) de rédaction des principes fonciers coutumiers. Monsieur Yan Aertsen affirme que Vredeseilanden et Agriterra ont dans leur partenariat avec le SYDIP toujours voulu respecter les priorités/les préoccupations de SYDIP. Il indique que lesdites organisations n'avaient pas d'autres objectifs que cet appui institutionnel dans le respect des programmes et priorités de SYDIP.

Aujourd'hui le SYDIP a réussi à faire adopter ce qu'elle a appelé 'les principes coutumiers régissant les terres coutumières' de tous les clans des nande. Cette 'adoption' a consisté à faire signer les textes de ces principes par les chefs coutumiers au niveau des groupements et des chefferies, les notables, les leaders sociaux, les représentants des couches socioprofessionnelles du secteur de l'agriculture et de l'élevage et des groupements d'agriculteurs.

Ces principes semblent avoir la bénédiction des principaux détenteurs du pouvoir de gestion des terres dans la région, qui s'y réfèrent bonnement et y réfèrent tout celui qui voudrait les aborder pour étudier la coutume foncière chez les nande. C'est même une des difficultés auxquelles nous nous sommes heurtés. Certains coutumiers ne veulent plus répondre aux questions relatives à la gestion de la terre, et renvoient carrément aux dits principes. 'Nous avons déjà écrit ça', 'vous n'avez qu'à aller les consulter', rétorquent-ils parfois, ce qui pour nous est, à la suite de ceux-là qui émettent des critiques sur la codification des coutumes que ce soit au niveau étatique ou privé, un développement négatif du fait qu'il empêche tout développement de l'imagination dans la recherche des formules nouvelles concernant la gestion de la terre ou dans la recherche de solutions nouvelles relatives aux mécanismes de règlement des conflits fonciers.

La méthodologie suivie pour la rédaction de ces principes a en fait été participative. On a d'abord mené une sensibilisation au cours de laquelle on a intéressé les chefs coutumiers de la nécessité de mettre par écrit leurs coutumes foncières. Avec leur bénédiction, on a procédé à l'inventaire des principes clés en usage dans leur entité avec l'aide ou l'accompagnement des gardiens de coutume. Le SYDIP a ensuite convoqué un atelier d'élaboration des principes fonciers coutumiers pendant lequel les coutumiers ont été appelés à donner la compréhension et le contexte d'application de chaque concept lié à la gestion de la terre dans leurs entités respectives.

Un autre atelier était convoqué, au cours duquel l'équipe pédagogique du SYDIP présentait le draft du contenu des principes tels qu'issus des échanges du premier atelier, et qui étaient soumis à l'adoption par les coutumiers et les paysans, article par article, pour en fin faire adopter le document dans son entièreté.

Nous entretenant avec l'un des responsables du SYDIP, celui-ci nous a dit, répondant à la question de savoir si la démarche n'était pas dangereuse car elle figerait la coutume, pourtant appelée à évoluer,

« *Non, ce n'est pas la figer. Est-ce qu'écrire l'histoire, c'est la figer ? Et puis, elle va évoluer vers où, pour seulement imiter les choses importées. Ou alors elle doit évoluer en gardant son sens profond. Nous disons qu'il faut écrire la coutume pour éviter les falsifications, les déformations volontaires ou involontaires par le temps. Pour moi la coutume c'est l'histoire, et il n'est pas mauvais d'écrire l'histoire d'un peuple* »[221].

Mais quelle coutume a été codifiée, les organisateurs n'ont-ils pas fait adopter des innovations dans ces principes qui ont été signés par les coutumiers ?

1.2. LES EVOLUTIONS APPORTEES PAR LA CODIFICATION

Comme nous l'avons dit, la démarche de SYDIP a eu, après une forte sensibilisation, l'avis favorable des coutumiers et des leaders sociaux de la région. Ceux-ci ont activement participé dans les travaux qui ont conduit à l'élaboration de ces principes fonciers coutumiers. En lisant les textes adoptés, on a cependant l'impression qu'ils contiennent des questions dont les coutumiers ne parlent pas quand on les questionne sur les principes de gestion des terres, ou disons qui expriment la volonté des ONG initiatrices de la codification des principes fonciers coutumiers. On peut ainsi lire dans l'un ou l'autre des « codes » élaborés :

« *Pour éviter les conflits naissant de l'oralité des conventions coutumières en matière des terres et autres matières y relatives,*

[221] Entretien avec M. Mivimba, ancien président du SYDIP et actuel président de FOPAK.

tout « Mukama » doit tenir un registre des « Basoki » et de paiement des redevances coutumières »[222].

« Les conflits fonciers doivent d'abord être conciliés par les hommes et les bakama, notables, chefs de groupement, chefs de chefferie, en d'autres termes par les coutumiers avant que le dossier soit transmis au tribunal »[223].

Ou alors que,

«...Il est une nécessité pour le musoki de planter les haies antiérosives sans aucune obstruction du mukama »[224].

Autrement dit, qu'

« Il est tenu de poser des actes visant à conserver la terre dans son état productif pour longtemps que possible »[225].

Sur le plan formel, les initiateurs du projet obtiennent également la signature d'une disposition qui semblent aller dans le sens de l'amélioration du sort des femmes, une catégorie des femmes, -les célibataires-, en maintenant malheureusement les mariées dans une situation de quasi incapacité :

« La femme non mariée a les mêmes droits et devoirs que l'homme sur la terre qu'elle a acquise par le contrat d'amodiation. La femme mariée qui veut obtenir la terre doit se faire accompagner de son mari au nom de qui elle sera enregistrée »[226].

---

[222] Principes coutumiers régissant les terres chez les baswagha, adoptés le 19 octobre 2004 à Musienene par les gardiens de coutumes.
[223] Principes coutumiers régissant les terres chez les bashu, adoptés à Bunyuka le 30 septembre 2005.
[224] *Ibid.*
[225] Principes coutumiers régissant les terres chez les Batangi, adoptés à Mbingi le 27 novembre 2006.
[226] Principes coutumiers régissant les terres chez les bamate adoptés à Mambasa, le 17 février 2006.

Ce sont peut-être des positions que les ONG avaient déjà avant en termes de souhaits ou de programmes et qu'elles ont inséré dans ces « codes », profitant de l'opportunité qui leur était ainsi offerte.

Dans la logique de cette œuvre qu'il a commencé, le SYDIP est aujourd'hui en train de mener des consultations dans l'optique de la conception d'un contrat foncier coutumier que les parties au contrat d'amodiation signeraient pour sécuriser leurs transactions.

Avec la crédibilité dont elles jouissent et l'influence qu'elles peuvent encore avoir sur le terrain (fortes d'actions en leur faveur en termes de réalisations), certaines ONG peuvent jouer un rôle important dans la transformation positive des principes fonciers coutumiers.

1.3. LA CONCEPTION D'UN CONTRAT D'AMODIATION FONCIERE COUTUMIERE

Pour ce qui est de la conception d'un contrat d'amodiation écrit, le SYDIP travaille depuis quelques années à une proposition d'un titre foncier local que signeraient les chefs terriens et les vassaux en termes de contrat d'amodiation. Il réunit pour ce faire depuis quelques années des chefs de chefferie, des chefs de groupements, des chefs de localités, des chefs terriens et des vassaux, des agriculteurs, des délégués de confessions religieuses, des acteurs de développement,… pour réfléchir sur un modèle de titre foncier local, en vue de l'objectif avoué de sécurisation foncière et de stabilisation de tenure.

Le système coutumier caractérisé par l'oralité, estime-t-on au niveau de cette organisation, manque de supports matériels, devant prouver l'existence des droits des exploitants coutumiers. Devant ce phénomène, les tribunaux institués pour départager les parties en conflits ont du mal à se prononcer sur tel ou tel autre fait, avec toutes les conséquences qui peuvent s'en suivre : conflit entre chefs coutumiers hiérarchiques ou entre exploitants eux-mêmes, celui qui en souffre reste l'agent appelé communément 'sans terre' en coutume donc le simple exploitant foncier. La sécurité juridique de cet agent s'avère donc indispensable tant sur le plan de la jouissance que sur le plan du droit.

Partant de ce constat, le SYDIP a donc songé à l'élaboration des titres fonciers locaux qui seraient non seulement mis à la disposition des paysans agriculteurs ayant acquis des terres auprès des chefs comme garantie mais qui seraient aussi exhibés au conservateur des titres immobiliers [227] lors de la sollicitation du certificat d'enregistrement [228].

Les premières réflexions autour de cette question ont eu lieu du 3 au 4 mars 2009, avec comme thème principal, '*atelier de définition des titres fonciers en faveur des communautés locales*' ; le dernier en date s'est déroulé toujours à Butembo le 31 aout 2009, celui-ci était consacré à la validation du modèle du titre qui a été adopté dans la réunion de mars. Les coutumiers qui participent à toutes ces rencontres semblent accepter la démarche. On peut en fait apprécier cet avis par leur participation active aux réunions consacrées à l'analyse de la proposition présentée par l'organisation.

Les concepteurs de ce modèle de contrat disent s'être inspiré des principes fonciers coutumiers nande, rédigés quelques années auparavant par la même organisation. Mais, comme pour la codification évoquée plus haut, on voit apparaître dans le contrat des notions relatives à l'environnement, à la conservation du sol,… et mêmes d'autres notions inconnues au droit coutumier.

Le SYDIP n'a pas d'agenda clairement défini ou d'objectif avoué en faveur du changement du droit coutumier auquel il ne consacre pas de programme particulier. On peut cependant affirmer qu'il le fait (sans le savoir ?). Nous avons en effet des nouveautés qui apparaissent dans les principes fonciers coutumiers rassemblés et rédigés par le SYDIP, notamment la prévision de tenue de registre de vassaux, la conservation du sol,… Il s'agit déjà ici de quelques idées qui vont dans le sens du changement du droit foncier coutumier.

---

[227] Le conservateur des titres immobiliers est fonctionnaire de l'Etat à la tête d'une circonscription foncière chargé de la gestion du domaine privé de l'Etat. Il lui revient la compétence d'accorder ou de refuser une demande de terre, de signer un contrat de location ou une concession.

[228] Syndicat de défense des intérêts paysans, *rapport de l'atelier de validation des titres fonciers en faveur des communautés locales*.

On peut également signaler le fait que le SYDIP a dans son organigramme une section chargée de la question des femmes, qui sensibilise sur le thème du genre, et mène un plaidoyer en faveur de l'amélioration du sort des femmes par rapport à leur statut juridique autour de la terre. Quand on sait que le droit coutumier est discriminatoire à l'égard de la femme, on est vite tenté de penser que cette activité s'inscrit dans la ligne du changement du droit foncier coutumier en faveur de l'accès de la femme à la propriété foncière.

§.2. LE FORUM DES AMIS DE LA TERRE ET LE CODE DE CONDUITE DES CHEFS COUTUMIERS EN MATIERE DE GESTION FONCIERE

Le forum des amis de terre/grands-lacs, FAT/GL en sigle, est une organisation non gouvernementale dont la coordination régionale se trouve à Butembo. Elle fonctionne depuis quelques années déjà et elle s'identifie comme étant un cadre de concertation entre les différents acteurs engagés dans la gestion durable et responsable des ressources naturelles.

Le forum des amis de la terre figure lui aussi parmi les ONG qui s'investissent dans le domaine du foncier. L'organisation ne cache pas l'ambition qu'elle nourrit de travailler pour le changement des principes fonciers coutumiers. Elle est en train de sensibiliser les chefs coutumiers aux problèmes fonciers, avec en perspective de les amener à concevoir et à adopter un code de bonne conduite, qui prévoirait entre autres points l'engagement des coutumiers à lutter contre les ventes intempestives des terres dont ils deviennent aujourd'hui les initiateurs ; avec ce slogan mobilisateur sur le danger qu'ils font courir à leur propre pouvoir en se débarrassant de leurs terres par ces aliénations en leur disant qu'il y aura : « *…bientôt des chefs coutumiers sans terres, et des terres sans chefs coutumiers* »[229].

Son coordonnateur, répondant à la question de savoir ce que son institution faisait comme travail dans le domaine foncier, a répondu :

---

[229] Forum des amis de la terre, atelier tenu à Butembo du 21 au 23 août 2008.

« Nous sommes sur deux axes. Le premier c'est sur les lois, nous supposons que les lois ne sont pas du tout bonnes pour ce qui est des conflits fonciers; mais aussi le deuxième axe la coutume, nous supposons aussi que dans la coutume, les pratiques coutumières ne sont pas toujours correctes, il y en a qui sont conflictuelles, ou même discriminatoires comme à l'égard de la femme surtout dans Beni –Lubero et même ailleurs, d'autres sont obsolètes comme on dit, qui ne tiennent plus débout. Nous travaillons donc sur ces deux volets. Au niveau de la coutume, nous sommes en train de voir quels sont les aspects positifs de la coutume qu'on peut valoriser, et les aspects qui sont visiblement dépassés et qu'il faut vraiment écarter car ils ne nous avancent plus à rien.

Notre souci c'est de voir principalement les tenants de la coutume, chefs terriens/chefs coutumiers, Mais nous disons qu'au niveau de la coutume il faut qu'on arrive à améliorer certaines pratiques et cela passe par la relecture du rôle des chefs coutumiers en matière de gestion foncière. Nous voulons en tant que FAT que le rôle des chefs coutumiers soit reprécisé et c'est pour cette raison que nous soutenons au niveau provincial un projet d'édit qui porte sur le code de bonne conduite des chefs coutumiers en matière de gestion foncière. Et là nous avons déjà fait plusieurs ateliers. L'un à Butembo (avec les chefs coutumiers de Beni-Lubero et l'autre à Goma avec les chefs coutumiers de Rutshuru, Walikale, Masisi et Nyiragongo).

Nous avons ensuite tenu ce que nous avons appelé la provinciale, les délégués qui ont alors ramené les résultats de différents ateliers locaux tenu à Butembo et à Goma, et nous avons produit un rapport provincial des délégués des chefs coutumiers, pour ce qu'il convient d'appeler draft ; comme les chefs coutumiers coulaient leurs idées de façon littéraire, nous avons convoqué des experts qui ont alors écrit le projet à terme d'édit. Donc au niveau de FAT, nous considérons que si on améliorait certaines pratiques coutumières autour de la terre, on peut parvenir à régler certains conflits »[230].

---

[230] Entretien avec monsieur Malembe, coordonnateur du Forum des amis de la terre,

Le forum des amis de la terre est donc à l'origine d'une réflexion sur un édit qu'il propose déposer au bureau de l'assemblée provincial du Nord-Kivu intitulé '*projet d'édit portant code de bonne conduite des chefs coutumiers en matière de gestion foncière au Nord-Kivu'*. On pense au niveau du FAT qu'agir sur les chefs coutumiers peut améliorer la situation, peut contribuer à diminuer les conflits fonciers et peut améliorer les pratiques coutumières en vigueur dans la région. Entre autres contributions dans les réflexions du FAT, on peut en effet noter que les chefs coutumiers sont encouragés à livrer, outre la preuve du versement de la redevance, un titre foncier coutumier attestant que l'exploitant est propriétaire ou occupant du terrain qui lui a été amodié. Le projet d'édit sus évoqué prévoit également une disposition adjoignant aux chefs coutumiers d'éviter des mesures discriminatoires qui bloquent l'accès des femmes aux ressources naturelles notamment la terre.

Aujourd'hui le projet du code de bonne conduite est passé à la proposition d'édit portant rapports entre les chefs coutumiers, les chefs terriens et les exploitants agricoles en matière de gestion des terres coutumières en province du Nord-Kivu. Cette mouture est portée actuellement par un bon nombre de députés provinciaux pour aboutir à son adoption et promulgation. Récemment le texte a subi des avis du vice-gouverneur provincial et poursuit son parcours à l'assemblée provinciale.

CONCLUSION PARTIELLE

Le droit foncier coutumier a pour raison d'être de réglementer les rapports sociaux entre les hommes dans leurs relations avec la terre ainsi que les conflits qui peuvent en naître.

Nous venons de voir dans le développement précédent que le droit foncier nande est organisé autour du système de la vassalité, dont le statut est défini par un contrat particulier aux contours complexes, l'amodiation, rendue par le concept 'erikumbira' qui signifie se faire concéder la jouissance d'une terre moyennant paiement d'une redevance coutumière appelée 'muhako' au bénéfice du concédant, qui est le chef terrien (le 'mukama').

Le concessionnaire (le 'musoki') jouit ainsi du terrain objet de l'amodiation pour une durée indéfinie, conditionnée par le paiement régulier de la redevance. Celle-ci est un tribut payé à l'amodiant d'une terre par tout amodiataire traditionnel. Elle englobe tous les tributs payés par les membres de la hiérarchie socio-politico-foncière à leurs supérieurs respectifs. Le non-paiement de la redevance peut dans certaines conditions entraîner la rupture du contrat d'amodiation à l'initiative de l'amodiant. Les redevances et tributs versés auprès des différents gestionnaires fonciers ne constituent pas le prix d'achat de la terre mais expriment tout simplement une reconnaissance de l'autorité du chef terrien pour les droits d'usage de l'acquéreur sur la terre qui lui est accordée.

Dans cette organisation foncière, la terre est collective. Elle appartient à la famille, à la communauté, à la collectivité. Elle n'appartient donc ni aux chefs terriens ('bakama'), ni aux vassaux ('basoki'), elle appartient au clan, à tous les membres de la communauté (composée des morts, des vivants et des générations futures). Les individus ne peuvent avoir sur elle que des droits de jouissance. Cette appropriation collective de la terre fait qu'elle soit inaliénable, c'est-à-dire en dehors de tout commerce. La terre ne peut donc pas être vendue.

Comme on a pu le voir, cette gestion coutumière entretient une certaine discrimination par rapport à certaines catégories sociales notamment les femmes qui sont ainsi limitées pour ce qui est de l'accès et du contrôle de terre et en matière de succession ; mais aussi par rapport à certaines catégories d'enfants, notamment les enfants adoptifs.

Cependant, les évolutions que connaît ce droit, évolutions que nous avons analysées comme traduction d'une certaine interlégalité à la De Sousa Santos, les plaidoyers que font les ONG dans la lutte contre les coutumes discriminatoires à l'égard de la femme, la mobilisation autour du thème du genre, commencent à faire apparaître un début de changement, bien que timide. Certaines femmes profitent également de l'ouverture offerte par la vente des terres qui gagnent la région pour accéder à des concessions de terres, ou devenir vassales, ce qui était inconcevable il y a quelques années. Il faut cependant noter que la situation relève encore des cas particuliers.

Il faut noter que les mutations socio-économiques que connaît la société nande de Beni-Lubero depuis plusieurs décennies ont une certaine influence sur la gestion de la terre. La reconsidération du statut de la femme et de son rôle dans la société, le développement du caractère marchant des terres depuis quelques lustres, caractérisé par la perte de la conception traditionnelle de la terre suite à l'intégration de la paysannerie à une économie monétaire… La terre devient aux yeux de certains gestionnaires fonciers coutumiers une source d'enrichissement (non par le travail qu'on peut réaliser sur elle mais parce qu'on peut simplement la vendre et se faire beaucoup d'argent) ; ces transactions ne respectent malheureusement plus les dispositions coutumières.

Devant les cours et tribunaux, et même devant certaines chambres de conciliation, on a parfois des interprétations différentes des principes fonciers coutumiers. On se demande même parfois quel est le contenu exact de certaines dispositions coutumières tellement elles ne donnent pas à une lecture identique parfois même devant des situations qui présentent des similitudes. Cet état dû à l'oralité desdits principes a parfois aussi mis le droit foncier coutumier dans une situation inconfortable.

Beaucoup d'ONG dans la région ont proposé des solutions qui vont dans le sens de la codification des principes coutumiers pour lutter contre ce phénomène. Ces orientations n'échappent malheureusement pas à la critique depuis longtemps formulée contre les tentatives de codification des coutumes, qui ont pour effet de figer des situations appelées par leur essence à muer, à se transformer, à évoluer.

Le danger de la codification est de bloquer les parties dans leur souci d'organiser leurs transactions foncières et de mettre fin à leurs conflits par le recours à des solutions négociées, à des arrangements, à des compromis, ce qui présente le risque de rendre statiques des dispositions pourtant caractérisées par leur souplesse, leur dynamisme.

Les pratiques et solutions négociées peuvent pourtant être la base de l'émergence d'un nouveau droit foncier coutumier. Par exemple, au lieu de régler la question de la redevance dans un texte pour ce qui est de sa composition, pourquoi ne pas laisser son appréciation aux familles parties au contrat d'amodiation, ce qui pourrait objectivement varier selon le développement socioéconomique atteint dans le milieu.

On ne peut ne pas noter l'importance du rôle que jouent les conflits de pouvoir dans cette situation de conflit. Certains des conflits enregistrés dans quelques familles terriennes dans le Bunande se répercutent sur les vassaux et engendrent des conflits fonciers dus à des concessions anarchiques des terres que les terriens en conflits ont opérées les uns et les autres s'estimant fondés à pouvoir le faire. En effet, comme nous l'avons dit, pouvoir politique et pouvoir foncier vont ensemble de telle sorte qu'un conflit de pouvoir est en même temps un conflit de contrôle d'accès à la terre.

Les institutions foncières coutumières dans la région sont également fragilisées par les ambitions politiques manifestées par certains chefs coutumiers et notables. La transition politique de 2003-2006 que le pays a connu, a emporté certains dans ces institutions. Les élections nationales et provinciales de fin 2006 ont mobilisé certains autres comme candidats, et l'on a vu des chefs de chefferies se disputer la place de député provincial lors de la cooptation, ce qui a réveillé les vieilles querelles de légitimité dans certaines entités coutumières.

Alors que la présence de ces personnalités auprès de leur base rassure, leur absence prolongée est en fait un élément déstabilisateur car il peut pousser certaines personnes mal intentionnées à manipuler les institutions coutumières (normes, instances de résolution) à leur faveur dans le but de s'octroyer des avantages fonciers, ou même de revendiquer la place de celui qui exerce le mandat politique comme successeur légitime (conflit de pouvoir). Certains vieux conflits fonciers ont en effet été « ressuscités » parce que ceux-là qui les avaient tranchés étaient momentanément absents de leurs entités coutumières.

Le droit et les institutions fonciers coutumiers ont cependant encore des forces. En effet, il y a lieu de se référer aux éléments ci-après :

-Le communautarisme foncier, mode d'exploitation qui apparemment rassure encore les paysanneries ;

-La forte hiérarchisation foncière qui fait qu'il est difficile qu'un seul acteur se dise propriétaire de la terre, rendant quasi impossible l'aliénation des terres coutumières, principe qui garantit la jouissance de la terre à tous les membres de la communauté, y compris aux immigrants;

-Les règles de gestion des terres sont connues et bien comprises par tous les membres de collectivités locales, elles sont la résultante des cultures locales.

-Les mécanismes d'arbitrage des conflits fonciers sont populaires et détachés de tout formalisme de la justice moderne. Ils sont accessibles et rapides.

-Les coutumes foncières sont dynamiques. Elles s'adaptent aux contextes et aux moments tout en conservant leurs caractéristiques intrinsèques, ce qui explique leur résistance aux lois modernes écrites (ce qui semblent jouer contre la codification prônée par certains chercheurs), elles favorisent trop peu la concentration des terres par quelques acteurs fonciers bien que la jouissance des terres ne soit pas égalitaire.

CHAPITRE TROISIEME : DROIT FONCIER COUTUMIER NANDE, REGLEMENT DES CONFLITS FONCIERS EN TERRITOIRES DE BENI ET DE LUBERO

Les Territoires de Beni et de Lubero présentent un taux très élevé de conflits fonciers dans la Province du Nord-Kivu. Les tribunaux de paix de Butembo et de Beni arrivent à plus ou moins 80 % de litiges fonciers par rapport à toutes les affaires qu'ils enregistrent annuellement.

La situation est la même dans les autres instances qui connaissent des litiges fonciers dans la région, comme les administrations publiques notamment les bureaux des territoires, les chefs-lieux de chefferies et de groupements, des localités et des villages. Partout, l'administration a presque été réduite à une instance de résolution des conflits fonciers.

Comme dit précédemment, ces conflits fonciers suivent pour leur règlement des itinéraires vraiment diversifiés. Les uns sont en effet orientés vers les tribunaux de paix, qui sont légalement compétents pour connaître des conflits fonciers collectifs et individuels régis par la coutume, les autres vont auprès d'autres instances comme les administrations publiques, les chambres de conciliation des entités coutumières comme les groupements, les chefferies, d'autres se retrouvent dans les cellules de médiation des ONG,…

Dans ce chapitre, il s'agira d'abord de décrire les conflits fonciers enregistrés dans les juridictions judiciaires et autres tels qu'ils ressortent des jugements et PV de conciliation qui ont été analysés (types d'acteurs, enjeux des conflits fonciers). Le chapitre va ensuite se pencher sur les difficultés inhérentes à l'application de la coutume par les tribunaux de droit écrit dans la situation particulière des territoires de Beni et de Lubero. Il va également voir comment s'organisent la justice informelle, surtout dans les entités coutumières (groupements et chefferies), et la médiation auprès des ONG. Une étude d'un cas de pluralisme juridictionnel sera enfin présentée avant qu'on n'évoque le statut de la femme par rapport à la terre au regard des matériaux qui ont été récoltés.

SECTION 1 : DESCRIPTION DES CONFLITS FONCIERS ENREGISTRES DANS LES TERRTOIRES DE BENI ET DE LUBERO.

La présente section veut procéder à la description des conflits fonciers. Il s'agira d'en proposer une certaine typologie, de présenter les acteurs impliqués dans lesdits conflits et de parler des enjeux en présence.

§.1. LES TYPES DE CONFLITS FONCIERS

L'analyse des jugements et des actes de conciliation prononcés et établis par les instances judiciaires et juridictionnelles de la région font apparaître, selon la nature des litiges [231], des conflits de succession, de conflits de limites et de reconnaissance des droits de jouissance sur les terres coutumières.

1.1. LES CONFLITS DE SUCCESSION

Ces genres de conflits mettent aux prises les membres d'une même famille suite aux problèmes que pose le partage de la succession, constituée dans la plupart des cas de la terre pour les populations rurales des territoires de Beni et de Lubero. Les successibles se disputent la terre soit quand l'aîné à qui la responsabilité de la gestion des terres familiales a été confiée prend l'héritage comme la sienne et tente d'ignorer ses autres frères, soit quand l'un des membres de la famille a vendu les terres de la famille sans en référer aux cohéritiers. Le problème s'accentue par le fait que les populations rurales dont il est question, n'ont pas encore intériorisé la pratique des testaments écrits. Tout ce que le droit coutumier nande prévoit, c'est que c'est l'aine qui doit gérer les terres laissées par le de cujus, et ce au nom de ses frères. C'est aussi le problème lorsqu'un de ces cohéritiers veut

---

[231] Une typologie déjà utilisée par Séverin Mugangu, in *La gestion foncière rurale au Zaïre. Réformes juridiques et pratiques foncières locales. Cas du Bushi*, Louvain-la-Neuve, Academia Bruylant, 1997, p. 283.

avoir sa part individuelle de l'héritage et que les autres la lui refuse au motif que les terres sont familiales. L'héritage ne peut alors pas être partagé aux individus, obligeant les héritiers à rester dans l'indivision.

1.2. LES CONFLITS DE LIMITES

Les conflits de limites sont aussi fréquents dans les instances juridictionnelles de la région. Comme nous l'avons déjà dit, le chef terrien connait, entre autres obligations consécutives à la signature du contrat d'amodiation, celle de montrer les limites du champ au vassal amodiataire. Ces limites sont naturelles ou artificielles. Ce sont des cours d'eau, des vallées, des arbres plantés autour de la concession. Le problème est que ces limites ne sont pas matérialisées par des données topographiques écrites et sont donc sujettes à des modifications aussi bien de la part de l'amodiant, que de la part de l'amodiataire. Souvent, les chefs terriens, lorsqu'ils veulent spolier une partie des terres qu'ils ont concédées, cherchent à modifier les limites des terrains des vassaux, soit pour se créer un espace à exploiter eux même, soit encore pour trouver de la place à un nouveau vassal. Parfois c'est le vassal qui veut étendre ses terres au-delà de celles qui lui ont été initialement indiquées par le chef terrien.

1.3. LA RECONNAISSANCE OU LA CONTESTATION DES DROITS DE PROPRIETE

Ces conflits mettent souvent aux prises les chefs terriens et leurs vassaux. Les premiers réclament des seconds la reconnaissance de leur qualité de chef terrien, et consécutivement le droit que cela emporte, à savoir le versement de la redevance ; les seconds contestent, parfois avec la complicité des autres membres de la famille des terriens, les droits de ceux-là à percevoir la redevance pour chercher à l'orienter ailleurs, ou tout simplement échapper à son paiement. Les conflits portant sur la propriété sont en effet les plus importants et les plus nombreux. La majorité des conflits porte en effet comme demande : la confirmation du droit de propriété, la cessation des troubles de jouissance, le déguerpissement,…

§.2. LES ACTEURS EN SCENE DANS LES CONFLITS FONCIERS

Les conflits fonciers dans les territoires de Beni et Lubero opposent les personnes physiques entre elles dans des conflits familiaux ou inter-villageois, les chefs terriens et les vassaux, les administrations publiques et les personnes morales de droit privé.

2.1. LES PERSONNES PHYSIQUES DANS LES CONFLITS FONCIERS INTERFAMILIAUX OU INTERVILLAGEOIS

Comme nous l'avons dit, ces genres de conflits sont surtout dus aux problèmes de succession, mais aussi à la remise en cause des liens familiaux eux-mêmes. C'est le cas lorsque l'héritage a été mal partagé ou a discriminé certaines catégories de successibles, ou alors lorsqu'une mauvaise distribution des fruits de la terre a eu lieu. Mais aussi, lorsqu'on veut s'emparer de l'héritage que le de cujus a laissé, on commence à s'interroger sur son passé, à interroger l'histoire sur la situation généalogique de sa famille. Cet exercice entraîne des conséquences de diverses formes : soit la consolidation des liens familiaux, soit leur destruction. Dans le dernier cas, cette destruction se manifeste par des conflits généalogiques interminables parmi lesquels des conflits fonciers, car les uns et les autres se considéreront comme gestionnaires légitimes de la terre, voudront occuper seuls ce patrimoine foncier pour surtout bénéficier des redevances foncières. Ainsi naissent des conflits souvent très violents entre frères, neveux, cousins,…

2.2. LES PERSONNES MORALES DE DROIT PRIVE OU PUBLIC

Les personnes morales de droit privé ou public sont elles aussi impliquées dans des conflits fonciers dans le Bunande. Le cas le plus illustratif dans la région est le conflit interminable qui date de plusieurs décennies déjà entre les populations riveraines du parc national des Virunga, déjà classé patrimoine mondial de l'humanité et l'Institut Congolais pour la Conservation de la nature, qui a la gestion des parcs dans ses attributions.

Les populations qui ne savent presque plus où cultiver se déversent sur les terres de ce parc, ce que contestent bien entendu les gestionnaires de ce domaine protégé qui ne jurent que sur leur déguerpissement. Ceux impliquant également les personnes morales de droit privé sont également légions, notamment celui impliquant l'Université Catholique du Graben à certains individus ressortissants des villages Vutatimbwa qui abritent le site universitaire de celle-là. L'Université Catholique du Graben soutient avoir déjà acquis la propriété du terrain, après avoir suivi toute la procédure coutumière et légale exigée, et les autres veulent encore obtenir des fonds en plus pour ce qui est de leur indemnisation. Un autre conflit est celui qui oppose la Communauté Baptiste du Kivu à des populations qui étaient sur le terrain qui abrite son projet de léproserie situé dans les alentours de quartier Katwa au sud-est de la ville de Butembo.

2.3. LES CHEFS TERRIENS ET LES VASSAUX

Le caractère vénal qu'acquiert la terre dans la région depuis quelques années accentue les conflits entre les chefs terriens et les vassaux. Les ventes des terres à l'initiative des uns et des autres deviennent régulières, et entraînent un nombre important de conflits auprès des instances juridictionnelles. Ils opposent les chefs terriens entre eux, les vassaux entre eux, les chefs terriens et les vassaux.

2.4. LES OPERATEURS ECONOMIQUES, ELITES INTELLECTUELLES ET POLITIQUES URBAINES

Le souci d'acquérir des terres, soit pour investir réellement, soit pour des raisons de prestige, hante depuis un certain temps les opérateurs économiques, les élites intellectuelles et politiques de la région. Cela se remarque dans le nombre toujours croissant des fermes agro-pastorales dans les deux territoires de Beni et de Lubero. Les acquisitions de ces terres se font malheureusement souvent par des spoliations orchestrées soit par les chefs terriens, sur des terres occupées et exploitées par des vassaux installés régulièrement, soit par des vassaux qui vendent leurs terres sans en référer à leurs chefs terriens, ce qui crée des conflits fonciers en contestation de ces ventes entre les anciens et les nouveaux acquéreurs de ces terres, ou entre les parties au premier contrat d'amodiation (chefs terriens et vassaux).

§3. LES ENJEUX DES CONFLITS FONCIERS EN TERRITOIRES DE BENI ET DE LUBERO

L'enjeu est souvent défini comme ce qu'on a à gagner ou à perdre, dans une confrontation, « *ce qui fait l'objet de conduite d'anticipation, le gain ou perte n'étant seulement évaluable matériellement (...), ce qui est mis 'en jeu'. C'est à la fois le support du jeu social et l'objet de la compétition* »[232]. Jean-Pierre Chauveau et Paul Mathieu en défissent trois sortes pour ce qui est des conflits fonciers.

-L'appropriation d'une terre et/ou des ressources naturelles qu'elle porte qui « *relève de « jeu » ou du « débat » sur les règles générales d'accès et d'usage des ressources foncières qui ne sont pas remises en cause. Seule la portée des droits (dans le cas du « jeu » foncier) ou leur nature (cas du débat foncier) font l'objet de conflits dans lesquels les différentes parties tentent de tirer avantage de leurs marges de manœuvre et de rapports de forces favorables* » ;

-La sécurisation foncière, qui « *porte non pas tant sur la portée ou la nature des droits que « sur le fait que ces droits ne puissent être subitement contestés ou remis en cause (...) et donc qu'ils soient reconnus et légitimés et puissent être défendus par les instances d'arbitrage reconnues* », situation dans laquelle « *la partie se joue sur les règles elles-mêmes et sur les garantis des droits* » ;

-L'exclusion ou l'élimination physique du groupe concurrent (le combat) qui « *peut –être un enjeu extrême à l'échelle des groupes socio-ethniques importants. Des affrontements violents peuvent se*

[232] Le Roy, E., Karsenty A., Bertrand A., *La sécurisation foncière en Afrique. Pour une gestion viable des ressources*, Paris Karthala, 1996, p. 203.

cristalliser sur le foncier et se traduire par la guerre civile (locale ou étendue) ».[233]

Dans les trois types d'enjeux ci-dessus, affirment-ils,

« *Conditions foncières et non foncières des conflits fonciers sont ainsi étroitement mêlées (clientélisme accompagnant les conventions foncières entre autochtones et allochtones, voire au sein des groupes domestiques ; compétition dans les arènes politiques domestiques, lignagères, villageoises, et nationales qui accompagnent le jeu foncier ; dimension politique régionaliste des interventions de développement ; enjeux identitaires et religieux à l'échelle régionale ou nationale, etc.). Le glissement des conflits nés du motif d'appropriation et du motif de sécurisation vers des enjeux d'exclusion à résonance politico-ethnique est favorisé par le fait que l'appartenance identitaire (qui relève largement d'une construction politique et historique) est une ressource stratégique pour accéder aux réseaux de patronage et de protection dans l'arène politique et administrative régionale et nationale* »[234].

Si les deux premiers enjeux peuvent être présents dans les compétitions foncières conflictuelles dans les territoires de Beni et de Lubero, le troisième en revanche ne semble pas encore toucher les populations de la région (situation qui serait cependant différente dans les territoires de Masisi et de Walikale). Les conflits fonciers en territoires de Beni et de Lubero mettraient ainsi en jeu beaucoup d'intérêts, sociaux, politiques et même économiques dans les rangs des protagonistes, et de ceux qui sont chargés de résoudre les conflits.

3.1. LA REAFFIRMATION DE LA POSITION D'AUTORITE

Les conflits fonciers remettent souvent en cause l'autorité de certains gestionnaires fonciers. Ceux-ci veulent au travers des

---

[233] Chauveau J-P., Mathieu P., *Dynamiques et enjeux fonciers*, in Lavigne Delville P. (sous la direction de), *Quelles politiques foncières pour l'Afrique rurale. Réconcilier pratiques, légitimité et égalité*, Paris, Karthala, 1998, p. 254.
[234] *Ibid.*, p. 255.

confrontations qu'entraînent les conflits fonciers voir réaffirmer leur pouvoir de chef coutumier et de gestionnaire de terres, pour pouvoir continuer de jouir des avantages que procure cette position. C'est le prestige du chef terrien qui est en jeu lors d'un conflit foncier, c'est son honneur qui risque d'être entamé si l'issue du conflit doit être en sa défaveur. C'est un pouvoir qu'il risque de perdre, par la déchéance de son droit sur la gestion des terres. Mais au-delà de toutes ces considérations, c'est aussi son pouvoir économique qui risque de diminuer s'il perd un procès. Il s'agit donc également d'enjeux économiques importants. Le chef terrien doit chercher coûte que coûte à sauvegarder son droit à percevoir la redevance, qui est un revenu important pour des familles qui disposent de vastes étendues de terres.

3.2. LA CONFIRMATION DE LA POSITION DE VASSAL

Les conflits fonciers ont pour le vassal beaucoup d'enjeux. L'issue du procès peut-être fatale pour lui si le jugement doit décider de son déguerpissement. Il perdrait ainsi l'essentiel de ce qui constitue sa principale source de revenu. Il doit se battre pour que son statut de vassal soit reconnu et réaffirmé à l'issue du procès. Cette réaffirmation,- qui est en fait une confirmation-, lui donnerait également le pouvoir de décider d'aliéner la terre qu'il exploite s'il réalise que la cohabitation devient difficile avec son chef terrien ou tout simplement de lui proposer de s'affranchir des liens de vassalité, en achetant directement une fois pour toute le terrain qu'il exploite. Pour un vassal qui a installé des sous-vassaux, c'est aussi de s'assurer qu'il ne va pas être évincé, et ainsi être sûr de continuer à percevoir lui aussi les redevances qui ont été convenues avec ces derniers.

3.3. CONFLITS FONCIERS ET REVENUS ILLICITES

Les conflits ont toujours procuré des revenus illicites importants à ceux-là qui interviennent dans leur résolution, qu'il s'agisse des acteurs judiciaires, des politico-administratifs ou même des autorités coutumières chargées de concilier les protagonistes. Pour certains observateurs, c'est ce qui expliquent que certains conflits prennent beaucoup de mois, jusqu'à des années pour trouver une issue, avant qu'un jugement soit rendu. Les juges traineraient ainsi les pieds pour tirer le maximum de fonds des parties au litige, avant de rendre leurs jugements. La pratique appelée dans l'espace Beni-Lubero 'diligence' n'est en effet autre chose que l'argent que les parties doivent apporter aux juges pour qu'ils rendent rapidement un jugement mais surtout à leur faveur. Les fonds qu'on espère tirer d'un conflit foncier ont aussi souvent motivé beaucoup d'ingérence des politico-administratifs dans les affaires judiciaires.

La poursuite de la 'diligence' donne parfois lieu à des pratiques bizarres que certains avocats et défenseurs judiciaires ont accepté de nous décrire. Ainsi, avons-nous appris que dans certains conflits, le magistrat rédige plusieurs projets de jugements, deux ou trois. L'un destiné au demandeur dans le procès et qui lui est favorable, l'autre destiné au défendeur et qui va à son avantage, et souvent le troisième qui reprend alors sa position véritable. Pour se faire obtenir de l'argent, il présente à chacune des parties la version du jugement qui lui est favorable avant de les surprendre le jour du prononcé du jugement[235].

Certains autres se sont faits des complicités dans le corps des défenseurs judiciaires et du barreau de la région. Lorsqu'un client vient voir le magistrat pour l'informer de son intention de poursuivre quelqu'un en justice, d'ouvrir un procès pour mettre fin à un litige qui l'oppose à quelqu'un d'autre, le magistrat propose à ce client un 'cabinet ami', parce qu'il coopère positivement pour ce qui est des questions de 'diligence'.

Les autres acteurs qui s'adonnent à la récolte des fonds illicites se recrutent dans le monde des greffiers et des huissiers. Ceux-ci ont déjà inventés des nomenclatures illégales pour des actes dont l'accomplissement entre dans leurs tâches habituelles. Les justiciables doivent par exemple payer ce que dans le jargon local des habitués des palais de justice on appelle les frais de retrait du jugement, en plus des fonds décaissés pour graisser la patte aux juges.

Des nomenclatures comme 'préambuler un jugement' (il s'agit ici pour le greffier de rassembler et de décrire comment les différentes audiences se sont déroulées en vue de la rédaction du jugement),

---

[235] Entretien avec Me M.V.M., 16 avril 2008.

dactylographier un jugement (tout simplement le saisir à la machine à écrire ou à l'ordinateur), collationner le texte du jugement (il s'agit de corriger les erreurs qui se sont glissées dans le texte lors de la saisie), signifier le jugement (ici il s'agit du déplacement et de la prime de l'huissier), voilà quelques actes que posent les greffiers et huissiers (et qui relèvent de leurs tâches ordinaires, mais qui sont lourdement taxées aux dépens des justiciables).

Les conflits fonciers ont aussi créé une catégorie d'intermédiaires auxiliaires de justice appelés les 'avocats sans toges'. La pratique est assez vieille. Elle date de la période où les cours et tribunaux n'étaient pas encore installés dans les territoires de Beni et de Lubero. A cette même période, il n'y avait également pas de cabinet d'avocats ou de défenseurs judiciaires dans la région, ce qui est normal parce qu'il n'y avait aucune administration judiciaire formelle. Ce sont donc ces 'sans toges' qui convoyaient les dossiers des justiciables dans les villes de Goma et de Bukavu où étaient installés les cours et tribunaux. Ils côtoyaient les avocats et les juges, et cette fréquentation leur a permis de se familiariser avec le langage des palais de justice. Ce dernier élément leur a fait rapidement gagner la confiance de justiciables. Le système a survécu, et aujourd'hui certains font même une véritable concurrence aux avocats et défenseurs judiciaires.

Les 'avocats sans toges' se sont donc imposés comme des intermédiaires tantôt entre les clients et les avocats, tantôt entre les clients et les juges. S'ils contribuent à orienter les justiciables dans certaines occurrences, dans beaucoup de cas ils sont devenus des complices des juges dans le rançonnement des parties au procès. Leur service n'est pas gratuit, parce qu'ils doivent aussi être payés et vivent de ces services sur le dos des justiciables. Ils soutirent des fonds importants des justiciables soit à leur nom propre (il faut le dire, pour un travail sans impact réel sur l'avancement du dossier), soit au nom des juges pour tel ou tel autre avantage par rapport à l'issue du dossier.

Il y a des procès dans lesquels des jugements définitifs sont intervenus mais qui n'ont jamais pu être exécutés, parce que des chefs de cités, bourgmestres et maires de villes ont voulu à leur tour réécouter les parties, pour officiellement leur proposer une conciliation. Mais, dans le fond, c'est qu'ils ont aussi voulu tirer leur part des protagonistes. On peut illustrer cette situation par les conflits sur les concessions Kig. (au sud de la ville de Butembo) et Mag. (au nord-est de la ville de Butembo), conflits qui ont connu l'intervention de plusieurs autorités politico-administratives de la ville de Butembo.

La nomination d'une nouvelle autorité entrainait de nouveaux rebondissements de la situation. Ce qui fait qu'il existe sur les mêmes conflits beaucoup de décisions contradictoires. On ne peut donc s'empêcher de penser que l'argent a joué un rôle important à une certaine époque dans le processus du règlement de ces conflits. Comme au Ghana, les conflits et les litiges fonciers ainsi que les problèmes connexes dans les territoires de Beni et de Lubero ont détournés de précieuses ressources. Celles-ci, au lieu d'être investies dans le développement, ont bénéficié aux avocats, aux juges et aux tribunaux, qui ont tout à gagner des litiges prolongés[236]. On ne peut cependant pas généraliser la situation ou dire que c'est la corruption qui détermine l'issue des litiges. On ne peut cependant pas non plus négliger le rôle que l'argent joue dans certains 'grands' conflits fonciers.

3.4. LA LEGITIMATION POLITIQUE

Certaines interventions dans les conflits fonciers ont eu pour soubassement la recherche d'une légitimation, d'une reconnaissance politique. Les politiciens ont ainsi trouvé dans certains conflits l'occasion de se faire connaître, de se faire accepter dans le milieu. On a surtout vécu cette situation au travers des péripéties administratives et judiciaires que le conflit foncier de l'Université Catholique du Graben a connues, ainsi que dans le conflit qui oppose l'Institut Congolais pour Conservation de la nature (ICCN) aux populations riveraines du Parc National des Virunga.

Les politiciens membres de différents mouvements politico-militaires qui ont occupé les Territoires de Beni et de Lubero depuis la

---

[236] Kasil Kasanga, *Système foncier, accès aux ressources et décentralisation au Ghana*, in Lavigne Delville et al. (Sous la direction de), *Gérer le foncier rural en Afrique de l'Ouest. Dynamiques foncières et interventions publiques*, Paris Karthala, 2000, p. 65.

fin des années 90 ont souvent récupéré certains « grands » conflits fonciers. On peut citer notamment l'intervention de l'Alliance des forces démocratiques pour la libération du Zaïre (AFDL) dont un des administrateurs politiques, M. Barnaba, a participé activement à la recherche d'une solution dans le conflit qui oppose l'Université à certains anciens habitants de la concession qu'elle occupe ; celle du commissaire (ministre) de la Justice du Front de Libération du Congo (de Jean-Pierre Bemba), M. Delphin Etula Motute qui a aussi pris position dans le conflit pour demander aux anciennes populations de la concession querellée de cesser tout trouble de jouissance contre l'Université.

On peut bien s'interroger sur les mobiles de ces interventions pour vouloir comprendre s'il s'est agi d'un réel souci de contribuer au règlement d'un conflit qui n'avait que trop durer, où alors d'un opportunisme commandé par la recherche d'une quelconque légitimité quand on connait l'importance sociale d'une institution universitaire dans une ville naissante comme Butembo.

Des interventions politiques, on dirait d'ailleurs politiciennes, sont enregistrées dans le conflit qui oppose l'ICCN aux populations riveraines du Parc National de Virunga. En effet, lors des élections législatives de 2006 certains politiciens ressortissants de la région du Parc ont battu campagne autour du thème de la remise de certaines terres du Parc aux populations riveraines qui en revendiquent encore la propriété ou le droit de culture. Ils se sont faits ainsi élire en exploitant ce conflit sensible, sur des promesses qu'ils savaient eux-mêmes ne pas être en mesure de tenir.

SECTION 2: LES TRIBUNAUX DE PAIX DANS LE REGELEMENT DES CONFLITS FONCIERS

COUTUMIERS : QUESTION DE LA CONNAISSANCE ET DE L'APPLICATION DE LA COUTUME FONCIERE NANDE

L'application de la coutume par les juridictions judiciaires de la République démocratique du Congo est constitutionnelle et relève de certaines lois pour des matières déterminées. Il s'agit d'un pluralisme juridique étatique tel qu'il a été défini par Gordon Woodman[237].

En effet, toutes les constitutions que la république démocratique du Congo a connues jusque-là ont prévu une telle application. La dernière, celle du 18 février 2006 dispose en effet à son article 153 :

« *Les Cours et Tribunaux, civils et militaires, appliquent les traités internationaux dûment ratifiés, les lois, les actes réglementaires pour autant qu'ils soient conformes aux lois ainsi que la coutume pour autant que celle-ci ne soit pas contraire à l'ordre public ou aux bonnes mœurs* ».

Les conflits fonciers collectifs ou individuels régis par la coutume, qui font l'objet de l'étude dans la présente partie, sont de la compétence des tribunaux de paix. En effet, le droit de l'organisation et la compétence judiciaires congolais prévoit à son article 110 que :

« *Les tribunaux de paix connaissent de toute contestation portant sur le droit de la famille, les successions, les libéralités et les conflits fonciers collectifs ou individuels régis par la coutume* ».

Et toutes les décisions rendues par les tribunaux de paix sont en effet susceptibles de recours en appel devant les tribunaux de grande instance.

Dans cette partie du travail, nous allons en effet nous pencher sur les ressources dont disposent les juges de paix et de grande instances en matière de coutume foncière nande, avant de relever les problèmes que posent l'application même de cette coutume par les tribunaux de la région à la lumière de quelques jugements rendus par les TRIPAIX de Butembo et Beni et par le tribunal de grande instance du Nord-Kivu, siège secondaire de Butembo.

---

[237] Woodman G., *Op.Cit.*, pp. 129-130.

§.1. LES RESSOURCES DONT DISPOSENT LES JUGES EN MATIERE DE COUTUME FONCIERE

Comme on peut le déduire de ce qui a été dit précédemment, les juridictions judiciaires de la région connaissent donc des conflits collectifs ou individuels régis par la coutume. De quelle coutume s'agit-il ? Il s'agit ici de la coutume 'nande', ethnie majoritaire dans les territoires de Beni et de Lubero. Les jugements y relatifs réfèrent tous à la coutume. Tous les dispositifs des jugements commencent par la même formule :

« *Le tribunal...*
Vu le code d'organisation et de compétence judiciaires,
Vu le code de procédure civile,
Vu la coutume nande, celles des parties au procès[238]*,...* »

La référence à la coutume nande dans tous les jugements que nous avons analysés nous fait dire que les conflits fonciers coutumiers dans la région mettent aux prises les parties appartenant à un même groupe ethnique, à savoir les 'nande', les zones rurales étant encore habitées exclusivement par des populations appartenant à cette tribu.

On peut cependant se poser la question de savoir si cette coutume est connue par ceux-là qui sont sensés l'appliquer. La question mérite d'être posée si l'on s'en tient aux interprétations divergentes qu'on trouve dans certains jugements. De quelles ressources de connaissance de la coutume disposent-ils en effet ?

1.1. SUR LE PLAN LEGAL

Pour trancher les litiges régis par la coutume, les juges de paix se font assister par des assesseurs qui sont censés avoir des connaissances en matière coutumière. A cet effet, la loi sur l'organisation et la compétence judiciaires dispose à son article 24 :

« *Le tribunal de paix est composé d'un président, d'un ou de plusieurs juges et de deux juges assesseurs, au moins.*

[238] C'est nous qui soulignons

En cas d'absence ou d'empêchement, le président est remplacé par le juge le plus ancien d'après l'ordre de nominations. Le tribunal de paix siège au nombre d'un seul juge. Toutefois, il siège au nombre de trois juges dont deux assesseurs lorsqu'il y a lieu de faire application de la coutume.

Dans le cas où l'effectif des juges assesseurs présents au lieu où ce tribunal siège ne permet pas de composer le siège, le président ou le juge peut assumer au titre de juge assesseur, tout notable résidant dans ce ressort.

Le notable ainsi assumé juge assesseur prêtera entre les mains du président ou du juge le serment suivant: «Je jure fidélité au président du Mouvement populaire de la révolution, président de la République, obéissance à la Constitution et aux lois de la République du Zaïre.»

L'article 25 donne les modalités de nomination des assesseurs : « *Le commissaire d'État à la Justice nomme les juges assesseurs parmi les notables du ressort dans lequel se situe le tribunal de paix. Ils sont régis par un règlement d'administration propre. »*

Pour toutes questions qui appellent l'application de la coutume, le juge doit donc se faire assister des juges assesseurs. Aux termes de l'article 80 de l'ordonnance-loi n° 88-056 du 29 septembre 1988 portant statut des magistrats, les juges assesseurs sont en effet,

« Ceux qui œuvrent au sein de la magistrature sans remplir toutes les conditions prévues à l'article premier de la présente ordonnance-loi. Ils sont exclusivement affectés auprès des tribunaux de paix. Ils sont désignés ou, le cas échéant, relevés de leurs fonctions par le président du Conseil judiciaire. »

Les conditions évoquées dans cet article portent sur le recrutement des magistrats de carrière. Le candidat magistrat doit en effet remplir les conditions ci-après, notamment : posséder la nationalité congolaise; être âgé de vingt et un ans accomplis et n'avoir pas dépassé l'âge de trente-cinq ans; jouir de la plénitude de ses droits civiques; être titulaire d'un diplôme de docteur ou de licencié en droit délivré par une université zaïroise ou par une université étrangère déclaré équivalent conformément à la législation zaïroise; s'il s'agit d'une femme mariée, produire une autorisation écrite du conjoint; et avoir subi avec succès les épreuves d'un concours de recrutement, sauf le cas exceptionnel de recrutement sur titre prévu à l'article 2.

Il faut cependant déjà signaler que la loi sur l'organisation et la compétence judiciaire ne prévoit pas d'assesseurs au niveau des tribunaux de grande instance et de la cour d'appel, ce qui signifierait que les parties, au niveau d'appel notamment, se trouveraient abandonnées à elles-mêmes si le juge appelé à connaître de leurs litiges n'était pas de la région.

Certaines autres dispositions législatives et réglementaires essayent, sans rassurer, de pallier cette difficulté réelle. C'est le cas de l'arrêté d'organisation judiciaire n° 299/79 du 20 août 1979 portant règlement intérieur des cours, tribunaux et parquets qui évoque à son article 21 l'existence des ' consultants coutumiers'. Il dispose :

« Il est tenu au siège des cours et tribunaux un tableau des consultants coutumiers. En cas d'enquête sur la coutume, les présidents des cours et tribunaux peuvent désigner un consultant coutumier parmi les experts inscrits à ce tableau ou les personnes possédant une expérience éprouvée en la matière.

Les présidents des cours et tribunaux prennent une ordonnance de taxation suivant le tarif fixé par le ministre de la Justice. »

Par ailleurs, et ce devant la Cour suprême de Justice, l'ordonnance n° 0166 du 5 juillet 1976 du premier président de la Cour suprême de justice modifiant et complétant le règlement d'ordre intérieur de la Cour suprême de justice, dispose à son article 19, s'agissant des enquêtes sur la coutume,

« Il est tenu au siège de la Cour suprême de justice un tableau des experts «coutumistes».

En cas d'enquête sur la coutume, le premier président peut désigner les experts «coutumistes» parmi les personnes inscrites à

ce tableau et consulter des personnes expérimentées. Le premier président fixe les indemnités à allouer aux experts «coutumistes» commis. »

Ces textes ne précisent cependant pas les conditions de recrutement de ces consultants coutumiers, de ces experts 'coutumistes'.

1.2. SUR LE PLAN LOCAL DANS LES TRIBUNAUX DE BENI-LUBERO

Comme nous l'avons déjà dit, les juges de paix siègent avec des assesseurs pour des questions qui exigent l'application de la coutume. Ceux-ci sont donc sensés connaître la coutume car c'est sur base de leur apport à l'analyse des dossiers que les juges vont asseoir leurs jugements.

Dans les territoires de Beni et de Lubero on a fait recours à certains anciens administrateurs de territoires et 'juges' des tribunaux coutumiers comme assesseurs. Nombreux sont originaires de la région, et appartiennent presque tous à l'ethnie nande. Certains cependant viennent d'autres ethnies et ont été recrutés pour avoir vécu longtemps dans la région où ils ont travaillé dans l'administration au niveau des territoires.

Les juges de paix disposeraient également des jugements rendus par leurs prédécesseurs dans les matières foncières. Mais ici il se pose un problème car les bureaux des archives de ces deux tribunaux sont vandalisés régulièrement lors des manifestations (populaires, estudiantines). Il n'y a pas donc lieu de compter sur ce qui aurait déjà été constitué comme jurisprudence locale en matière foncière. En effet, en décembre 1996 avec l'entrée de la rébellion organisée par l'Alliance des forces démocratiques pour la libération (AFDL), des jeunes révoltés ont brûlé les registres et archives du Tribunal de paix de Butembo. Quatre ans après, en février 2000 après que fut tué un cambiste-changeur de monnaie par des éléments armés dans un des quartiers de la ville de Butembo, la colère de la population aura comme conséquence l'incendie pour la deuxième fois de tous les documents judiciaires du trinunal de paix de Butembo. Et comme si cela n'avait pas suffi, les archives et registres ont à nouveau brûlés en août 2003.

Les juges de paix en matière de coutume se réfèrent également depuis un certain temps aux principes fonciers coutumiers rédigés par le SYDIP. Les juges ont commencé à se référer à ces principes comme à des textes de loi. Ils sont évoqués dans des jugements rendus localement.

Mais force est de constater que ces principes, même s'ils sont identiques dans les grandes lignes pour tous les clans nande, présentent quand même sur certaines notions des différences dans leur conception. Parce qu'en fait le même concept peut revêtir des acceptions différentes selon que l'on est dans tel ou tel autre clan.

Le concept « muhara » signifie chez les baswagha, les bamate comme chez les bashu,

> *« Toute femme mariée à qui sa famille remet un champ lors de son mariage et qu'elle exploite avec son mari jusqu'à son décès sans payer de redevance coutumière. Elle ne peut l'amodier à d'autres personnes »*[239].

Il signifie chez les batangi, un autre clan de l'ethnie nande « *une fille non mariée d'une famille quelconque* »[240], donc toute femme célibataire.

Sur une autre point, on peut relever que chez les baswagha, les bashu et les batangi, un vassal qui n'a pas payé de redevance coutumière sans motifs valables pendant une période de cinq ans successifs peut être déchu de ses droits de vassalité et donc déguerpi du terrain qu'il exploite. Mais ce délai n'est pas celui appliqué chez les bamate. Pour ce clan 3 ans suffisent pour que le vassal perde ses droits, peut-on lire dans les principes fonciers coutumiers rédigés avec le concours du syndicat de défense des intérêts paysans.

---

[239] Article 1 principes fonciers coutumiers (Baswagha, bashu, batangi).

[240] Article 1 principes fonciers coutumiers des batangi.

Cela pourrait ainsi embarrasser les tribunaux dans leur travail, ne sachant à quel droit coutumier il faut se référer. Mais on se contente jusque-là de prendre les principes coutumiers des baswagha comme référence, la question des différences ne semble pas encore se poser, les principes fonciers étant foncièrement les mêmes dans tous les clans.

En effet, l'usage de ces 'codes' coutumiers par les tribunaux peut en fait créer des problèmes et peut surtout freiner l'esprit de compromis caractérisant les négociations dans les transactions foncières en tendant de dénier aux parties le pouvoir de transiger, la faculté de négocier et de modifier dans des conditions normales les dispositions du contrat.

On peut citer l'exemple des gens qui, de commun accord, se sont entendus pour modifier les dispositions, parmi les plus fondamentales de la convention d'amodiation, comme celles relatives à la redevance (en termes du nombre de bêtes à payer) pour les adapter à la conjoncture socioéconomique du moment. Si le vassal payait annuellement deux chèvres, les parties se sont convenues de porter leur nombre à trois, sans frustrer les unes ou les autres. Et ceci, on dirait, « en violation » des principes fonciers coutumiers nande qui prévoient que les conventions créées par le contrat d'amodiation restent immuables de génération à génération et doivent s'interpréter dans l'esprit et la situation initiale des ancêtres.

Il en est de même de cette disposition qui interdit que la redevance soit stipulée en monnaie (locale ou étrangère), et qu'elle ne peut se concevoir qu'en bétail (chèvres, moutons, poules). Dans la réalité, les redevances s'acquittent en monnaie, (en dollars d'ailleurs dans beaucoup de situations, la société étant aujourd'hui 'surdollarisée'). Devrait-on donc considérer que le vassal qui a versé de l'argent (équivalent au prix de la bête sur le marché) a fait cadeau au chef terrien, même si les deux parties ont convenu de cette forme de paiement de redevance ? On aurait pu introduire ce mode de paiement dans les principes coutumiers et demander alors aux coutumiers d'en étudier la faisabilité, parce que déjà presqu'accepté au niveau des tribunaux. On peut en effet lire dans le jugement RC 1586 rendu par le tribunal de paix de Beni :

« ...que le 12/06/2004, le défendeur a reçu de la famille Kav. Kih. une somme de 50 $ US ; soit 5 chèvres à titre de redevance coutumière,... »[241].

Cette séquence du jugement référencié nous montre en fait que la redevance a été payée en espèce, à l'occurrence, en dollars américains. Les parties ne semblent pas s'en être fait. La situation ainsi relevée a donc été négociée et acceptée.

Les principes fonciers coutumiers ont donc presque figé les choses, en tendant de dénier aux parties le pouvoir de transiger, la faculté de négocier et de modifier dans des conditions normales les dispositions du contrat. Les dispositions contractuelles doivent en principe s'adapter aux réalités du moment, à l'évolution de la société, aux mutations socioéconomiques que connait la société dans laquelle elles ont été négociées.

D'autres facteurs qui ont concouru à la connaissance, dans les territoires de Beni et de Lubero, de la coutume foncière des nande, ce sont des travaux des anthropologues[242], des recherches des étudiants, l'arrivée des magistrats, défenseurs judiciaires et avocats ressortissants de la région déployés sur le marché de l'emploi par les institutions supérieures et universitaires locales. Ceux-ci ont permis, ou alors aidé les juges dans la compréhension du droit foncier coutumier nande, surtout à cause de la facilité de communication qu'ils ont offerte aux justiciables qui ne parlaient une autre langue que le kinande.

§.2. DIFFICULTES DANS L'APPLICATION DE LA COUTUME DANS LES TRIBUNAUX DE DROIT ECRIT

2.1. LA LANGUE DE COMMUNICATION

Comme soulignée plus haut, la langue d'expression dans les tribunaux congolais de droit écrit est le français, qui a le statut de langue officiel. Les demandes portées devant juges sont donc libellées en français et les discussions devant les cours et tribunaux ne peuvent

[241] RC 1586, Tribunal de paix de Beni, 4/8/2008.
[242] Le père Lieven Bergmans et tant d'autres.

se faire que dans la langue de Molière[243] et parfois dans la pratique dans les langues nationales. La majeure partie de la population rurale dans les territoires de Beni et de Lubero est analphabète. Beaucoup de gens (une certaine tranche d'âge) n'ont pas été à l'école et ne parlent donc pas le français, et éprouvent même des difficultés à parler le swahili qui est une des langues nationales parlée à l'est de la république démocratique du Congo.

Quelques observations ont été relevées lors des audiences auxquelles nous avons souvent assisté et même de quelques cas que nous avons eus à plaider.

Le problème qui se pose à ce niveau, est la traduction de la réalité profonde portée par les principes fonciers coutumiers nande dans la langue française. Alors qu'il est foncièrement déjà complexe, le droit coutumier nande contient beaucoup de concepts qui n'ont pas d'équivalent en français et que toute tentative de traduction vide de tout leur sens. On veut notamment évoquer une série de concepts :

'Omwana we s'yombene', ce concept se traduit littéralement par, 'l'enfant des chèvres', cela veut dire que le juge ou ses assesseurs doivent être en mesure de comprendre ce que ceci signifie et ce n'est toujours pas évident. Dire au juge qui ne connait pas le kinande, 'monsieur le juge, cet enfant est un enfant des chèvres qui sur le plan des droits fonciers doit être traité de la manière suivante…' serait déjà le bloquer dans sa compréhension et peut-être hypothéquer les chances de voir le litige être raisonnablement résolu. Ce concept

---

[243] D'après le décret du 5 février 1957 relatif à l'emploi des langues en matière judiciaire, devant les juridictions siégeant en matière civile et commerciale, l'acte introductif d'instance peut être rédigé en français ou en néerlandais, au choix du demandeur. La procédure est poursuivie dans la langue employée pour la rédaction de l'acte. Des changements pouvaient être obtenus. Néanmoins cette réglementation trouvant son fondement dans l'article 5 al. 2 de la charte coloniale, est devenue étrangère à la législation du Congo indépendant. Il reste évident que la langue officielle en RDC est la langue française. L'article premier de la constitution fait de la langue française la langue officielle de la république, sans préjudice des langues nationales qui sont le kikongo, le lingala, le swahili et le tshiluba. Toutefois, la traduction du français en d'autres langues ou d'autres langues en français peut être obtenue (Matadi Nenga Gamanda, *Droit judiciaire privé*, Louvain-la-Neuve, Academia Bruylant, p. 126.)

signifie en fait tout enfant mis au monde par une femme veuve ou séparée de son mari avant un quelconque remariage dans lequel elle s'engagerait. Parce qu'en fait chez les nande c'est la dot (les chèvres) qui fait les enfants. L'enfant a pour père l'homme qui a doté sa mère (veuve ou séparée) jusqu'au remariage de celle-ci. Sur le plan des droits fonciers, il va jouir ou hériter des terres de cet homme ou de la famille de cet homme.

'Omwasa na nyinya': le concept veut dire littéralement 'l'enfant qui est venu avec sa mère', c'est en fait l'enfant qu'une femme a eu d'une autre union avant qu'elle ne se marie à l'homme chez qui elle vient habiter avec le dit enfant. Et sur le plan du foncier coutumier, l'enfant ainsi qualifié n'aura droit qu'aux terres de ses oncles maternels et non de l'actuel mari de sa mère. Comme on peut le voir, il n'a donc pas droit pas à l'héritage de son père adoptif à moins que celui-ci n'en décide expressément autrement.

A part ce langage complexe, il y a alors une autre conséquence de la tenue des procès dans une langue autre que celle des parties. C'est en fait l'exclusion des parties aux débats des principaux acteurs du procès qui sont les justiciables. Du fait qu'ils ne parlent ni ne comprennent la langue de la justice, ils deviennent des spectateurs qui assistent impuissants aux envolées oratoires des avocats et défenseurs judiciaires et aux échanges entre les avocats et les juges sans comprendre ce qui se discute. Le procès devient ainsi l'affaire des avocats, défenseurs judiciaires et des juges, les justiciables devenant des intervenants secondaires. Ici c'est l'avocat qui traduit mal ce que lui dit son client, c'est le juge qui interprète à sa manière ce que lui transmet le conseil de l'une des parties. Et même quand on improvise un traducteur, on voit qu'il ne maitrise pas, lui non plus, le langage du foncier coutumier. On voit souvent des clients un peu avisés dire publiquement ne pas se reconnaître dans la version des faits présentée par leurs conseils, ou s'insurger contre la traduction faite de leurs propos par leurs avocats ou les traducteurs improvisés.

2.2. PROPRIETE EN DROIT ECRIT ET PROPRIETE EN DROIT COUTUMIER NANDE : DIFFICILE COHABITATION

Comme déjà rappelé plus haut, la propriété foncière dans les systèmes juridiques traditionnels africains est familiale, communautaire, collective. La terre appartient à une famille, à une collectivité, à une communauté, même si elle peut faire l'objet d'un usage privatif, d'une jouissance individuelle, tandis que dans le droit moderne de type occidental (adopté par la majorité des pays africains), la terre peut être l'objet d'une propriété privée, avec toutes les conséquences que cette notion emporte à savoir l'usus, le fructus et l'abusus.

La preuve de la propriété en droit coutumier nande s'établit en effet par l'appartenance à la famille terrienne, par la perception de la redevance, par le paiement de la redevance, par l'accomplissement de certains rites,...Si on ne considère que l'aspect de la redevance, on va dire que la terre appartient à la famille de celui qui paie la redevance (le 'musoki'), mais aussi à la famille de celui qui la reçoit (le 'mukama'). C'est même une des illustrations les plus parfaites de cette collectivité des droits fonciers en coutume nande basés sur le paiement de la redevance (le 'muhako').

Cette réalité ne transparaît pas dans les jugements que nous avons analysés et dénote peut-être de la complexité et de la difficulté d'application de cette notion de propriété par le juge moderne qui a une autre conception de la même réalité. Le vassal qui dit à ses enfants 'ekyo ni kithaka kyetu', cette terre est à nous, aura à côté de lui un chef terrien qui dira aussi à ses enfants, sur la même terre, 'ekyo ni kithaka kyetu'. Si on analyse ces deux affirmations en terme de propriété, on va arriver à la conclusion que la dite terre appartient à deux propriétaires, ou mieux qu'il y a peut-être des familles qui l'ont en copropriété. Les difficultés de compréhension augmentent quand on se rappelle que chez les nande, tout vassal a un chef terrien, qui peut être aussi vassal d'un autre terrien, et ainsi de suite jusqu'au mwami, et qu'un chef terrien peut être vassal de son vassal (qui dans cette occurrence devient son chef terrien à qui il doit aussi payer la redevance).

La complexité de cette notion apparaît dans les jugements que nous avons étudiés, et nous pensons qu'elle est la conséquence de l'application de cette notion de propriété à des réalités qu'elle ne sait pas contenir. Dans les jugements, on sent l'embarras des juges, pour certains il s'agit du droit de propriété, pour d'autres du droit de jouissance dont les bénéficiaires[244] sont tantôt les chefs terriens, tantôt les vassaux, tantôt la population. Quelques exemples rendent compte de cette complexité.

Dans le RC 956/II/KAV, le tribunal de paix de Butembo a accordé le droit de jouissance à un chef terrien sur un terrain qu'il avait déjà amodié et sur lequel il percevait donc la redevance. Le flou commence par l'exploit introductif d'instance. On peut en effet lire dans l'assignation :

> *« Attendu que mon requérant est titulaire du droit de jouissance coutumier sur un terrain dénommé Kah. situé dans la localité de Voh. dans le groupement Bukenie en Territoire de Lubero,*
>
> *Attendu qu'en 1972, mon requérant avait conclu avec l'assigné sub 1 un contrat d'amodiation sur une partie du terrain précité moyennant paiement d'une redevance coutumière d'une chèvre par an,*
> *(...)*
> *Plaise au tribunal de :*
> *(...) confirmer mon requérant comme légitime détenteur du droit de jouissance sur le terrain Kah., (...) »*

Le demandeur, chef terrien, a eu gain de cause. Le juge dit lui accorder le bénéfice intégral de son exploit introductif d'instance[245].

Un autre jugement va dans le même sens, la reconnaissance du droit de propriété à un chef terrien qui lui aussi s'est vu accorder le

---

[244] Dans le RCA 447, le juge n'a pas trouvé mieux que de dire *« il est demeuré constant que les parties au procès se disputent le droit de propriété, mieux de jouissance coutumière des collines... »*, RCA 447, Tribunal de grande instance du Nord-Kivu, siège secondaire de Butembo, 12/5/2009.
[245] RC 956/KV, Tribunal de paix de Butembo, 31 décembre 2007.

bénéfice intégral de son exploit introductif d'instance. On peut le lire dans la motivation de la décision du juge sous le RC 791/IKOW,

« *Exposant ses prétentions, le demandeur allègue qu'il est propriétaire des terres Vuk. situées à Luk. groupement Bukenie dans la chefferie des baswagha. Il ajoute que ces droit ont été confirmés par les jugements RC 373/KAV et RCA 234, lesquels jugements avaient condamné le défendeur à la cessation de tout trouble de jouissance sur les terrains querellés.*

Par ailleurs le demandeur prétend que le défendeur est son vassal sur les lieux querellés, ... »[246].

Dans ce jugement, on reconnait en fait la propriété du terrain querellé au chef terrien, au détriment du vassal qui payait la redevance.

Le RC 1408 expose dans ses attendus,

« *Attendu qu'il est de coutume nande que toute redevance remise à la personne dépourvue de qualité de la percevoir ne peut être prise en compte ni être considérée ;*

Qu'au vu des agissements du défendeur, il y a lieu de conclure qu'il reconnait à la concluante la qualité d'ayant droit coutumier tout en la négligeant, qu'en conséquence, il plaira au tribunal de la confirmer au regard des principes coutumiers comme la seule ayant droit coutumier sur le terrain querellé... »[247].

Il s'agit, comme dans les exemples sus invoqués, de la reconnaissance du droit de jouissance ou de propriété aux chefs terriens.

D'autres jugements reconnaissent cependant la propriété des terres aux vassaux. Dans le RC698/702/703/707, le chef terrien a d'ailleurs

[246] RC 791/I/KOW, tribunal de paix de Butembo, 23 avril 2007.
[247] RC 1408, Tribunal de paix de Beni, 2 août 2007.

été appelé pour confirmer les droits des vassaux. Le jugement renseigne ce qui suit :

« *Attendu que dans le développement de leurs moyens et conclusions, soutenus par leurs représentants respectifs précités, les demanderesses allèguent ensemble qu'elles sont les véritables propriétaires des champs situés sur la colline Del., localité de Tenambo, Groupement Batalinga Mbau, Secteur de Beni-Mbau, constituant des legs familiaux ;*

Que ces champs furent achetés depuis 1952 et 1954 d'entre les mains du chef terrien Kap. aujourd'hui décédé et représenté par son fils Kap. Mul. à qui les successions précitées paient régulièrement leurs redevances coutumières,…

Attendu qu'à cet effet, et examinant et confrontant les déclarations des parties et les pièces du dossier, relève que le chef terrien titulaire des redevances coutumières et défendeur sub 1 a reconnu et confirmé les droits d'occupants incontestables des demanderesses et plaidé pour leur installation,… »[248].

Les vassaux sont reconnus propriétaire des champs querellés, situation reconnue par leur chef terrien qui perçoit la redevance.

Cette reconnaissance de droit de propriété au vassal revient dans un autre jugement dont on peut lire dans les motivations :

« *Il se dégage des éléments de l'affaire que la colline querellée fut amodiée à la demanderesse moyennant payement d'une chèvre de redevance au chef terrien chaque année ;*

Que le premier défendeur Cl. Nz. avait reçu mandat de percevoir la redevance coutumière et de la remettre au chef terrien ;

[248] RC 698/707/702/703, Tribunal de grande instance du Nord-Kivu, siège secondaire de Butembo, 16/8/2005.

Que la demanderesse jouit du droit de propriété sur cette partie de terre depuis les années 1964,... »[249].

Le demandeur, qui paie la redevance, donc vassal, est ici présenté comme celui jouissant du droit de propriété.

L'embarras est perceptible dans les RP 13.607/13.514/CD et le RC 756/I dans lequel une des parties, ici le demandeur dans la cause, est qualifié tantôt de propriétaire, tantôt de copropriétaire. Ce qui dénote encore une fois la complexité de la notion de propriété en droit foncier coutumier nande, toujours pas bien appréhendée par les praticiens du droit moderne. On peut voir dans le premier jugement « *attendu que le requérant est copropriétaire foncier des collines Wayene et Mutone reconnu et par les chefs terriens et par les chefs cotumiers... »*[250] et dans le second qui se réfère au premier on constate que le juge parlant du même demandeur, sur les mêmes terres, le présente comme propriétaire :

« Attendu qu'il résulte des faits tels qu'exposés par le demandeur que son droit de propriété de la concession Wayene Mutone est fondé sur le jugement RP 13.607/13.514 rendu contradictoirement en chambre foraine à Butembo le 06/09/1997 par le Tribunal de grande instance à Goma qui l'a reconnu comme propriétaire coutumier, qu'il poursuit que la dite décision a même déjà été confirmée dans toutes ces dispositions par l'arrêt RPA 622 rendu par défaut vis-à-vis du sieur Kas. Ish. (le défendeur) par la cour d'appel de Gomale 21 juillet 2004, que cette œuvre est déjà coulée à force de chose jugée car ayant été régulièrement signifiée à ce dernier à Butembo le 6 novembre 2004 à sa requête... »[251].

Les juges eux-mêmes créent la confusion. A la même partie est reconnue tantôt le statut de propriétaire tantôt celui de copropriétaire.

---

[249] RC 1377, Tribunal de Paix de Beni, 14/12/2006.
[250] RP 13.607/13/514/CD, Tribunal de grande instance du Nord-Kivu, 5/9/1997.
[251] RC 756/I, tribunal de grande instance du Nord-Kivu, siège secondaire de Butembo, 15/11/2005.

3. L'APPLICATION DES PROCEDURES DE DROIT ECRIT A DES LITIGES DE DROIT COUTUMIER

La procédure civile est celle qui s'applique sur les litiges du droit foncier coutumier. De la saisine du tribunal au prononcé du jugement, les règles de procédure appliquées sont celles de la procédure civile, avec toute la rigueur qu'elles imposent.

Le droit coutumier étant entre autres caractérisé par la souplesse et la rapidité dans les démarches de règlement des conflits, on a l'impression que lesdites règles paraissent inappropriées.

2.3.1. LA QUESTION DES JUGEMENTS PAR DEFAUT DANS LES LITIGES COUTUMIERS

Beaucoup de jugements sont rendus par défaut. Ce qui dans les conditions normales d'un procès de droit civil classique est aussi normal. L'institution de défaut est en effet prévue par le code de procédure civile qui dispose à son article 17 :

> « *Si le demandeur ne comparaît pas, le défendeur peut demander défaut-congé, sans qu'il soit statué au fond. Cette décision éteint l'instance. La prescription demeure toutefois interrompue par l'assignation.*
>
> *Si le défendeur ne comparaît pas, il est donné défaut et les conclusions du demandeur sont adjugées si elles se trouvent justes et bien vérifiées* »

Cette institution qui est normale semble pourtant inappropriée pour bien de raisons. Les paysans, qui sont les principaux justiciables dans les litiges régis par la coutume savent en fait qu'on ne peut pas juger quelqu'un à son absence, à moins qu'il n'ait fait preuve de négligence manifeste.

Dans le Kyaghanda, lieu où sont discutées les questions importantes relatives à la vie de la communauté, et où se tiennent les séances de conciliation, toutes les parties au procès sont présentes lors de la séance, personne parmi les parties au litige ne cherche à se dérober. Quand une des parties est absente le jour du procès indiqué, on envoie à son domicile quelques sages du village pour savoir ce qui lui est arrivé, les motifs de sa non présence à la séance de conciliation. C'est seulement si on réalise qu'il refuse de se rendre à la véranda sans motif valable, par négligence, que les sages du village peuvent décider de le condamner à son absence. Dans cette occurrence, l'absence non justifiée à la conciliation est considérée comme un aveu de culpabilité.

Les anciens tribunaux coutumiers auxquels ils ont été pendant longtemps soumis, ont suivi cette logique. Ils n'appliquaient pas la procédure du défaut. Toutes les parties au procès devaient être présentes à l'audience. L'article 26 des décrets coordonnés sur les juridictions coutumières dispose en effet :

« Quelle que soit la coutume, aucun jugement n'est rendu sans que les parties elles-mêmes ou leur mandataire n'aient été, au préalable, mises à même de contredire aux allégations et aux preuves de la partie adverse et de préparer et de faire valoir leurs moyens en toute liberté. »

L'article 27 vient renchérir en disant :

« Le défendeur ou le prévenu qui ne comparaît pas personnellement, peut être l'objet d'un mandat d'amener délivré sur l'ordre du tribunal, par un des juges ou par le greffier du tribunal. »

C'est même jusqu'aujourd'hui la logique des chambres de conciliation des groupements et des chefferies. Toutes les parties sont entendues. L'avantage ici, c'est que ce sont les membres du conseil de conciliation qui sillonnent les villages en train de siéger sur tous les litiges qui sont portés à leur connaissance, ou qui organisent des descentes sur terrain pour les affaires qu'ils suivent à leur siège principal.

Cela fait que le défaut devient une solution injuste et irresponsable aux yeux des paysans des territoires de Beni et Lubero.

Il faut également considérer d'autres contraintes qui semblent jouer contre la réalité de l'institution du défaut. Le Territoire de Lubero occupe avec la ville de Butembo, comme nous l'avons déjà signalé, un espace de 18.096 km² pour un seul tribunal de paix, le territoire de Beni, avec la ville de Beni, couvre une étendue estimée à 7484 km². Les deux territoires avec les villes de Butembo et de Beni dispose de deux sièges secondaires du tribunal de grande instance du Nord-Kivu, le premier installé à Butembo depuis l'année 2002, et le second depuis novembre 2010 en ville de Beni ; une cour d'appel pour toute la province du Nord-Kivu dont le siège est situé en ville de Goma, capitale de la province. Donc pratiquement, les distances qui séparent les justiciables des cours et tribunaux sont tellement grandes qu'il n'est pas impossible de manquer à l'appel le jour prévu d'une audience quelconque.

La situation de pauvreté dans laquelle vit la majorité des populations paysannes des territoires de Beni et de Lubero rend la situation encore plus difficile. Beaucoup de justiciables doivent parcourir à pieds 50, voire 100 kilomètres pour se rendre au siège du tribunal. Lorsque le dossier exige qu'on aille jusqu'à la cour d'appel à Goma, la situation devient encore plus difficile parce qu'il faut payer un billet d'avion ou celui de l'avocat, disposer des frais de séjour,... ce que les pauvres paysans de la région ne savent pas supporter. Certains se découragent parce qu'incapables de répondre à ces exigences financières, ce qui les expose alors à des jugements rendus par défaut que se font obtenir ceux qui ont les moyens de payer (d'acheter) la justice. Le défaut, bien que légal, devient alors inapproprié.

Avant 2003, il fonctionnait dans le ressort du tribunal de paix de Butembo des chambres foraines dans certaines agglomérations du territoire de Lubero. Elles se situaient à Musienene qui se trouve à 17 km du siège ordinaire ; la seconde à Luotu (35 km du siège), à Kitsombiro (75 km) ; à Kayna (170 km) ; à Manguredjipa (90 km) et à Kanyabayonga (185 km). L'organisation des chambres foraines a été malheureusement suspendue par motif de sécurité dans certaines contrées et par excès de pouvoir de certains juges assesseurs dans d'autres.

Il faut également signaler que pour le munande, certaines circonstances de la vie de la communauté le lient, qu'il ne peut pas s'y dérober qu'importe le motif. Il s'agit notamment de naissance dans sa famille, de mariage, de deuil, et parfois de saison culturale. Même avec une assignation qu'il a reçue régulièrement, il peut sacrifier le procès pour prendre part à ces activités, conscient qu'il ne peut être jugé à son absence dont il pense qu'évoquer le motif le dédouane sans aucune forme de procès. C'est malheureusement sans compter que le tribunal devant lequel il est appelé à se présenter ne peut l'entendre de cette oreille. Sa non présence au rendez-vous judiciaire va entraîner le défaut ou le défaut-congé à son encontre.

Et comme nous l'avons déjà signalé, la procédure du défaut est devenue un moyen de d'expropriation des terres à certains paysans. En effet les huissiers chargés d'aller déposer les assignations aux parties peuvent, à la sollicitation de l'une d'elles, moyennant rétribution ou promesse de rétribution, ne pas faire parvenir le document au destinataire pour qu'au jour de l'audience retenu, il lui soit appliqué un défaut. La même pratique peut s'appliquer pour la signification du jugement, pour ne pas permettre à la partie victime du défaut de faire opposition du jugement, ou de faire appel de celui-ci s'il a été rendu contradictoirement.

Il en est de même de la prescription ou de l'autorité de la chose jugée.

2.3.2 LA QUESTION DE L'OPPOSITION ET DE L'APPEL, DE LA PRESCRIPTION ET DE L'AUTORITE DE LA CHOSE JUGEE

Appliquer ces principes sur des litiges de droit coutumier c'est en fait ignorer que ce sont des institutions inconnues de celui-ci comme nous avons eu à le dire. Le nande ne comprendra pas qu'on lui dise qu'il a perdu un dossier tout simplement parce qu'il n'a pas fait opposition ou appel dans le délai, ou parce que le jugement qu'il voudrait attaquer se réclame avoir déjà acquis l'autorité de la chose jugée, et donc inattaquable. Il va tout simplement l'ignorer et il va se comporter comme si le jugement n'a jamais existé, ce qui fait frein à l'exécution de certains jugements rendus dans ces conditions.

« Olubanza silwehonda », dit-il, qu'un litige ne 'pourrit' pas, que l'écoulement du temps ne peut avoir d'effets sur lui, à moins qu'un compromis juste n'ait été trouvé. Il subit malheureusement la rigueur de la procédure civile appliquée sur les litiges du foncier régis par la coutume. Dans une plaidoirie,

> *« Le conseil du défendeur sub 1 Me A. P. insiste d'abord sur l'autorité de la chose jugée en ce que en désespoir de la cause, le demandeur est venu sous RC1453 alors que sous le RC 914 l'affaire était déjà close et que le jugement a déjà acquis l'autorité de la chose jugée ;*
>
> *Qu'ainsi le tribunal rejettera purement et simplement la présente action pour autorité de la chose jugée,... »*[252].

2.3.3. DES CONDAMNATIONS POUR DES CAUSES EXTERIEURES AUX PARTIES

Par ailleurs, certains justiciables perdent des droits sur leurs terres, pour des fautes qui ne leur incombent pas. L'assignation a été mal rédigée au bureau du greffier ou au cabinet de l'avocat, l'avocat s'est présenté au tribunal sans la procuration spéciale que le client lui a remis la veille ou ne s'est tout simplement pas présenté, l'avocat n'a pas envoyé ses conclusions dans le délai prévu. En lisant en effet cet attendu, on peut conclure que le défendeur a perdu le procès parce que les conclusions n'ont pas été déposées à temps au tribunal, et on peut se demander si la faute est à imputer à son avocat ou au client :

> *« Considérant d'en date du 13 novembre 2007, le défendeur n'avait toujours pas conclu alors qu'il était en possession de la sommation à conclure depuis le 25 octobre 2007, le tribunal ne prendra pas en compte ses moyens non communiqués au demandeur et le jugement sera réputé contradictoire... »*[253].

---

[252] RC 1453, Tribunal de paix de Beni, 13/3/2008.

[253] RC 1319, Tribunal de grande instance du Nord-Kivu, siège secondaire de Butembo, 11/12/2007.

Ce qui pour le paysan est inconcevable. En droit coutumier nande on peut en effet dire que la forme importe peu, que c'est le fonds, le contenu du dossier qui compte. La recherche de la vérité pour mettre fin à la contestation va au delà des procédures formelles. Ce sont en fait deux logiques différentes, celle du droit écrit pour laquelle le respect de la procédure est le gage de la bonne administration de la justice et celle du droit coutumier qui fait de la recherche de la vérité la priorité. S'opposent donc ici rigueur et souplesse.

2.3.4. LA QUESTION DU DEGUERPISSEMENT

Les tribunaux rendent parfois des jugements inappropriés dans ce contexte de droit coutumier. Une des demandes qui reviennent souvent dans les assignations est le déguerpissement des assignés ainsi que de tous ceux qui se trouvent sur le terrain par leur fait. Les litiges de droit foncier coutumier mettent souvent aux prises les membres de mêmes familles, les parties sont des parents, des frères, des oncles, des neveux, des cousins, ce qui fait que condamner au déguerpissement dans certaines occurrences revient à disloquer des familles, à séparer des proches qui vivent ensemble depuis des générations, ce qui porte atteinte à la paix sociale, un des objectifs de toute tentative de conciliation d'un conflit coutumier où il paraît dangereux de créer par un jugement des vainqueurs et des vaincus. Il ne faut pas aussi perdre de vue le fait qu'en droit foncier coutumier nande l'éviction d'un vassal ou d'un chef terrien n'entraîne pas automatiquement celle des sous-vassaux (pour le vassal) ou des vassaux (pour les chefs terriens).

Quand deux chefs terriens, ou deux grands vassaux se disputent l'autorité sur une portion de terre, les vassaux ou les sous-vassaux auront pour chef terrien (mukama), celui qui aura eu gain de cause ou celui qui sera désigné par la famille terrienne comme représentant de celle-ci. L'expression 'omusoki ahwere mukama', le traduit bien. Elle veut dire que le vassal ne regarde pas le visage du chef terrien, il se contente de celui qui lui est présenté. Le déguerpissement paraît donc être une solution inappropriée dans le cadre du droit foncier coutumier nande. La solution la plus salutaire serait celle d'obliger les parties à respecter les conventions et les arrangements essentiels négociés lors de la signature de l'amodiation. Une autre solution est celle d'une condamnation au paiement de la redevance ou celle d'une condamnation à l'acceptation de la redevance pour un chef terrien qui voudrait se débarrasser de son vassal sans motifs valables.

Il faut cependant reconnaître que le déguerpissement peut paraître logique dans certaines occurrences, notamment dans celle où un vassal, de mauvaise foi, occupe le 'kyatho' de son chef terrien. Il est en fait de coutume chez les nande que le chef terrien qui amodie ses terres à un vassal peut se réserver dans la concession amodiée une portion des terres pour marquer le droit qu'il a sur les dites terres. Cette portion de terre appelée 'kyatho', il peut l'exploiter lui-même ou la donner en amodiation au même vassal ou à un autre. Occuper cette portion de terre sans le consentement du chef terrien est donc un acte de mauvaise foi manifeste qui peut être sanctionné par le déguerpissement.

On peut en fait lire dans le jugement RC 015/365/I/KOW rendu par le tribunal de paix de Butembo :

« Il appert des débats à l'audience publique et des éléments recueillis lors de la descente effectuée sur les lieux que le champ Kat. est légitimement occupée par les défendeurs qui paient à ce titre la redevance coutumière à leur chef terrien direct que sont les demandeurs, tandis que le kyatho de Kiv. est la propriété exclusive des demandeurs. Donc c'est sans titre ni droit que les défendeurs occupent ledit kyatho qui coutumièrement constitue le lopin de terre appartenant de plein gré au chef terrien. (...)
Pour ces motifs,
Le tribunal statuant contradictoirement, (...)
Dit que le kyatho de Kiv. est une propriété exclusive de la famille demanderesse et non des défendeurs qui l'occupent sans titre ni droit. En conséquence ordonne leur déguerpissement de ce kyatho faisant partie du patrimoine foncier coutumier du chef terrien, (...) »[254].

Cette solution retenue par le juge paraît justifiée, l'occupation irrégulière de ce terrain appelé 'kyatho' par le vassal étant un signe de mauvaise foi manifeste.

---

[254] RC 015/365/I/KOW, Tribunal de paix de Butembo, 5 juillet 2000.

2.3.5. LA QUESTION DE L'EXORBITANCE DES D&I : JUSTICE PUNITIVE vs JUSTICE RESTAURATRICE

L'allocation des dommages-intérêts exorbitants que décident les juges dans certaines affaires relatives au foncier coutumier nande fait frémir les populations de la région. Le nande a le sens inné de la justice réparatrice. Et cette réparation est toujours symbolique. Elle vise d'ailleurs à rapprocher les personnes que le conflit a cherché à éloigner et à séparer. Elle va du paiement d'une poule à la partie lésée (pour les affaires ne présentant pas une certaine gravité) à celui d'une chèvre (pour des litiges sérieux). C'est le 'mbanulo' (la réparation). Lorsqu'on dit à un munande qu'il va payer une chèvre comme dommage-intérêt pour réparer une faute qu'il a commise, il sait que le problème qu'il a causé ou le malaise qu'il a occasionné par ses actes ou ses paroles est très grand.

On lit dans les jugements des allocations à des dommages-intérêts très importants et incompréhensibles pour un sujet nande. Certains jugements vont jusqu'à 200, 300 cent ou même 500 chèvres de dommages-intérêts, ce qui équivaut à 200 ans, 300 ans ou 500 ans de redevance, lorsque celle-ci est d'une chèvre par an ; ou alors carrément 2000, 3000 jusqu'à 10000 dollars. Il réalise donc que c'est un jugement 'irrationnel' qu'il estime ne pas le concerner. Sur l'exorbitance des D&I, on peut considérer les jugements ci-après :

« Attendu que s'agissant de la réparation du préjudice causé au demandeur par le fait du défendeur le Tribunal estime exorbitante la somme de 50.000 $ US postulée à titre de dommages et intérêts, que faute d'éléments précis d'appréciation, ceux-ci seront fixés ex aequo et bono par le Tribunal à l'équivalent à Franc congolais de 10.000 $ US,... »[255]

Et

« Qu'en plus, s'agissant des dommages intérêts de 200 chèvres, le fait pour la demanderesse précitée de se voir privé de son droit

[255] RC 756/I, Tribunal de grande instance du Nord-Kivu, siège secondaire de Butembo, 15/11/2005.

pendant 14 ans, c'est la mauvaise foi et qu'il a effectivement subi un préjudice énorme qu'il sied de réparer. Cependant les 200 chèvres sollicitées consistant à une somme exorbitante, le tribunal estime, qu'en application de l'équité, condamne le défendeur Melc. au paiement de 100 chèvres à titre des dommages et intérêts en réparation des préjudice subis, ... »[256]

2.3.6. LA QUESTION DE LA FORME DE LA PREUVE

Le droit coutumier est également mis à rude épreuve dans les tribunaux de droit écrit quand on se penche sur la question de preuves. L'importance de celles-ci diffère en effet selon que l'on est en droit civil classique ou selon que l'on se retrouve en face d'un procès de droit coutumier. Pour prouver son droit sur une terre, le nande commence par décliner sa généalogie, à partir de ses arrière-grands-parents, ses ancêtres afin de montrer la place qu'il occupe au sein de la famille terrienne ou vassale dont il se réclame membre. Pour lui, prouver son appartenance à la famille est plus important qu'un titre qu'il détiendrait et ou dont l'autre partie se prévaudrait. C'est même cela l'originalité que nous avons trouvé dans certains procès-verbaux de conciliation établis en chefferies de Baswagha. Le demandeur décline d'abord sa généalogie, parfois même avant d'exposer l'objet de ses réclamations.

Pour le nande, la perception de la redevance, le paiement de la redevance, est une preuve incontestable de son droit sur la terre sur laquelle il perçoit la redevance ou qu'il exploite.

Un jugement, même coulé à force chose jugée, ne peut pas vaincre sa conviction d'appartenir à l'une de ses institutions.

« *A quoi bon avoir un titre qui ne vous donne droit à rien sur le terrain, s'est exclamé un paysan. Je suis né dans ce village, nos parents nous ont légué ces terres, personne ne peut me chasser des terres qui m'ont vu naitre, seulement parce que des juges qui*

---

[256] RC 1408 Tribunal de paix de Beni, 2/8/2007.

ignorent tout de notre famille veulent lui en donner la propriété. Je préfère mourir que d'être déguerpi »[257].

On peut donc dire que chez le nande, pour ce qui est du foncier, le lien familial, la perception ou le paiement de la redevance vaut titre. Ici on peut dire que le droit équivaut au titre, ce qui rend flou certaines formulations qu'on retrouve dans un certain nombre de jugements, comme 'occupation sans titre ni droit'.

Certaines formes de preuves 'immatérielles' auxquelles certains plaideurs veulent parfois recourir ne trouvent pas d'échos favorables auprès des juges modernes, même quand les parties au procès croient en leur efficacité, nombreuses sont en fait assimilées à des pratiques de sorcellerie. Nous avons eu vent d'un cas dans lequel un témoignage a été tout simplement rejeté parce que le témoin a voulu fonder ses dires sur une pratique que le tribunal n'a pas apprécié.

En effet, appelé à témoigner dans un conflit foncier qui opposait deux vassaux, un vieillard, membre de la famille du chef terrien, s'est présenté au tribunal de grande instance du Nord-Kivu, siège secondaire de Butembo avec dans sa gibecière une petite pierre. Invité à dire qui entre les deux prétendus vassaux était celui que la famille du chef terrien reconnaissait, il a sorti la petite pierre de sa gibecière et l'a placé sur la table devant laquelle siégeait le tribunal. Il a dit aux juges qu'il n'avait aucun mot à dire mais que le tribunal pourrait prendre pour vrai vassal, celui entre les deux qui arriverait à soulever cette petite de là où il l'avait placé. Le juge s'est énervé et a chassé le pauvre vieillard le qualifiant de sorcier. Son témoignage n'a donc plus été reçu[258].

---

[257] Monsieur Mughasu, partie à un conflit foncier coutumier

[258] Entretien avec Me K.M., le 20 mars 2009.

SECTION III : LA JUSTICE INFORMELLE AUTOUR DES CONFLITS FONCIERS DANS LES TERRITOIRES DE BENI ET DE LUBERO : REGLEMENT EXTRA-JUDICIAIRE DES CONFLITS FONCIERS

Comme nous avons eu à le rappeler, les conflits fonciers individuels ou collectifs régis par la coutume sont de la compétence des tribunaux de paix. Mais en réalité ils suivent beaucoup de directions sans liens les unes avec les autres. Ainsi, les conflits fonciers individuels et collectifs sont orientés auprès des administrations publiques (mairies, communes, territoires, chefferies, groupements,…), mais ils sont aussi entendus au niveau des organisations de la société civile comme les ONG, les Eglises,… Ce qu'il convient déjà d'indiquer, c'est que toutes ces instances disent appliquer le droit foncier coutumier nande pour régler lesdits conflits.

Le règlement des conflits fonciers fait en effet partie du quotidien de certaines institutions étatiques. Il s'agit surtout des territoires et des chefferies. L'importance des litiges relatifs au fonciers atteint parfois 90 % de l'activité 'juridictionnelle' des dites institutions. Nous nous sommes intéressés surtout à l'œuvre que rendent les chefferies et les Organisations non gouvernementales.

§.1. LES CONFLITS FONCIERS AU NIVEAU DES GROUPEMENTS ET CHEFFERIES

Pour comprendre la place de la chefferie dans l'organisation administrative de la république démocratique du Congo, il faut lire la constitution du 18 février 2006 mais aussi et surtout la loi organique n°08/016 du 07 octobre 2008 portant composition, organisation et fonctionnement des entités territoriales décentralisées et leurs rapports avec l'Etat et les provinces.

La constitution susvisée dispose à son article 3 :

« Les provinces et les entités territoriales décentralisées de la République Démocratique du Congo sont dotées de la personnalité juridique et sont gérées par les organes locaux.

Ces entités territoriales décentralisées sont la ville, la commune, le secteur et la chefferie[259]. Elles jouissent de la libre administration et de l'autonomie de gestion de leurs ressources économiques, humaines, financières et techniques.

La composition, l'organisation, le fonctionnement de ces entités territoriales décentralisées ainsi que leurs rapports avec l'État et les provinces sont fixés par une loi organique ».

L'article 4 de la loi susmentionnée sur la décentralisation donne les subdivisions de la province et des entités qui la composent :

« La province est subdivisée en villes et terriroires. Sont subdivisés à l'intérieur de la province :

1. *La ville en communes ;*
2. *La commune en quartiers et/ou groupements incorporés ;*
3. *Le territoire en communes, secteurs et/ou chefferies[260] ;*
4. *Le secteur et /ou chefferie en groupements,*
5. *Le groupement en villes.*

L'article 5 énumère dans ladite subdivision les entitées qui sont décentralisées et celles qui sont déconcentrées :

« Le territoire, le quartier, le groupement et le village sont des entités territoiriales déconcentrées dépourvues de personnalité juridique.

La ville, la commune, le secteur et la chefferie[261]sont des entités territoriales décentralisées dotées de la personnalité juridique.

---

[259] C'est nous qui soulignons.
[260] C'est nous qui soulignons.

Elles jouissent de la libre administration et de l'autonomie de gestion de leurs ressources humaines, économiques, fiancières et techniques ».

La chefferie est donc une des subdivisions du Territoire, comme le dit l'article 65 de la même loi qui indique : « *le secteur ou la chefferie est une subdivision du territoire* » et a le statut d'entité territoriale décentralisée.

Elle est comprise comme étant un *« ensemble généralement homogène de communautés traditionnelles organisées sur la base de la coutume et ayant à sa tête un chef désigné par la coutume, reconnu et investi par les pouvoirs publics »* [262] qui *« est administée conformement aux dispositions de la présente loi et à la coutume pour autant que celle-ci ne soit pas contraire ni aux lois, ni aux édits, ni à l'ordre public et aux bonnes mœurs »*[263].

Elle diffère du secteur qui lui est entendu comme *« un ensemble généralement hétérogène de communautés traditionnelles indépendantes, organisées sur base de la coutume. Il a à sa tête un chef élu et investi par les pouvoirs publics »*[264].

La chefferie est donc une des structures décentralisées à la base qui sont appelées à jouer un rôle crucial dans l'organisation territoriale. Cette institution n'est pas une nouveauté de la constitution de 2006 et de la loi du 07 octobre 2008 portant composition, organisation et fonctionnement des entités territoriales décentralisées et leurs rapports avec l'Etat et les provinces. Les constitutions antérieures et les autres lois sur la décentralisation que le pays a connues l'ont toujours concencrée.

---

[261] C'est nous qui soulignons.

[262] Article 67 al 1, Loi organique n°08/016 du 07 octobre 2008 portant composition, organisation et fonctionnement des entités territoriales décentralisées et leurs rapports avec l'Etat et les provinces.

[263] Article 67 al 2, Loi organique n°08/016 du 07 octobre 2008 portant composition, organisation et fonctionnement des entités territoriales décentralisées et leurs rapports avec l'Etat et les provinces.

[264] Article 66, Loi organique n°08/016 du 07 octobre 2008 portant composition, organisation et fonctionnement des entités territoriales décentralisées et leurs rapports avec l'Etat et les provinces.

Elle est, comme dit plus haut, régie par loi et la coutume. Elle est donc d'une importance capitale pour la compréhension de la coutume et de son application, vu que beaucoup d'aspects de la vie y sont encore reglementés par la coutume.

Sur le plan judiciaire, il faut situer la chefferie dans l'organisation des juridictions coutumières prévues par les decrets coordonnés sur les juridictions coutumières qui dispose à son article premier :

« Les seules juridictions indigènes régulières sont:

1. Le tribunal de chefferie existant conformément à la coutume et reconnu, selon le cas, par le commissaire de district ou par le premier bourgmestre.

Si dans une même chefferie il existe un tribunal principal et des tribunaux secondaires, la décision qui les reconnaît mentionne, pour chacun d'eux, leur caractère principal ou secondaire.

2. Le tribunal de secteur créé, selon le cas, par le commissaire de district ou par le premier bourgmestre.

S'il existe des juridictions coutumières au sein des groupements constitutifs d'un secteur, le commissaire de district ou le premier bourgmestre, selon le cas, peut les reconnaître sous la dénomination de tribunal secondaire de secteur.

3. Le tribunal de centre créé, selon le cas, par le commissaire de district ou par le premier bourgmestre.

Sur décision de l'autorité qui l'a créé, le tribunal de centre peut comprendre plusieurs chambres.

4. Le tribunal de commune créé par le premier bourgmestre qui peut créer plusieurs chambres au sein de ce tribunal.

5. Le tribunal de territoire. Il en existe un dans chaque territoire.

6. Le tribunal de ville. Il en existe un dans chaque ville ».

Il existe donc auprès de chaque chefferie une juridiction coutumière. Comme dit à l'article 2 desdits décrets, *« le ressort du tribunal principal de chefferie est celui de la chefferie; celui des tribunaux secondaires est déterminé par la coutume »*.

Les tribunaux coutumiers fonctionnent encore dans certaines parties du pays, là où les tribunaux de paix ne sont pas encore installés. La loi sur l'organisation et la compétence judiciaires dispose en effet à son article 163 *« Les tribunaux de police et les juridictions coutumières sont maintenus jusqu'à l'installation des tribunaux de paix »*.

C'est le cas des territoires de Beni et de Lubero où existent déjà des tribunaux de paix. Ceux-ci, avec plusieurs autres, ont été créés par l'ordonnance n° 89-132 du 3 juin 1989 portant création des tribunaux de paix dans les zones rurales de la République. Le tribunal de paix de Lubero a fonctionné avant celui de Beni. Il couvre l'étendue administrative du Territoire de Lubero et de la ville de Butembo et a son siège à Butembo même. Il a aussi couvert le rayon du territoire et de la ville de Beni. Celui de Beni a été installé quelques années après. Son ressort territorial s'étend sur l'étendue administrative du territoire et de la ville de Beni.

Les tribunaux coutumiers n'existent donc plus dans les territoires de Beni et de Butembo où des tribunaux de paix fonctionnent effectivement.

Mais les chefferies ont gardé presque ces structures judiciaires intactes, sous d'autres formes bien entendu. Il fonctionne auprès des différentes chefferies des territoires de Beni et de Lubero ce qu'on appelle des conseils de conciliation, qui en réalité sont des tribunaux coutumiers qui ne disent pas leurs noms. Il y en a même dans les différents groupements qui composent lesdites chefferies. Les premiers fonctionnent sous la responsabilité des chefs de chefferie et les seconds sous celle des chefs de groupement. D'autres conseils fonctionnent également au niveau un peu plus bas, à savoir au niveau des villages sous l'autorité des chefs des notabilités ou des localités. Les structures ont donc survécu à la suppression que l'installation des tribunaux de paix dans la région a entraînée.

Nous nous sommes intéressés à l'œuvre de conciliation rendue dans les chefferies. Et notamment les chefferies des Baswagha (située en territoire de Lubero) et des Bashu (en Territoire de Beni).

Comme nous venions de le dire, les conseils de conciliation fonctionnent sous l'autorité des chefs de chefferies. Ceux-ci sont entourés de quelques sages de la chefferie et des gardiens de coutume. Le 'jugement' que le conseil arrête est signé par le chef de chefferie ou son délégué, et contrairement aux jugements rendus par les tribunaux de droit écrit, il porte parfois la signature des représentants des familles qui étaient parties au litige qui a été tranché.

On ne parle plus ici de jugements. Les chefferies ont fait un contournement pour ne pas donner l'impression qu'elles font encore fonctionner des tribunaux coutumiers. Elles parlent de « procès-verbaux de conciliation » pour ceux dressés en chefferie de Bashu, et de « procès-verbaux d'audition et de conciliation » pour ceux élaborés chez les Baswagha.

Comme leur nom l'indique, il s'agit de procès-verbaux rédigés dans la forme traditionnelle de procès-verbal, comme en témoigne cette introduction d'un PV de conciliation :

> *« L'an deux mil cinq, le 4ième jour de mois d'octobre, nous Mwami K. N.B., chef de chefferie des Baswagha, nous trouvant en mission de service à Vuyinga, accompagné de ..., avons examiné les causes qui sont à la base du conflit foncier opposant la famille Ts. Is. à celle de Mus. Muj. »*

Mais ils ont aussi gardé les formes héritées des jugements qu'ils rendaient à l'époque où les tribunaux coutumiers fonctionnaient. On y lit les formules telles que *« Attendu que, pour ces motifs, dispositifs, ...* », qui sont propres aux jugements de droit écrit.

En lisant les PV de conciliation rendus par les conseils/chambres de conciliation, on se rend en fait compte que les paysans semblent ignorer la disposition légale qui porte sur la suppression des tribunaux coutumiers là où les tribunaux de paix sont déjà effectivement installés. Ils se rendent naturellement auprès de ces instances. Ils savent en effet qu'un litige est porté à la localité au niveau du village, qu'il doit être orienté au niveau du groupement s'il n'a pas été vidé au niveau de la localité, pour en fin finir par la chefferie avant que l'administrateur de territoire ne s'en saisisse. Tout ce chemin, avant de se rendre en fin au tribunal de paix.

On peut noter en effet, pour un des multiples conflits soumis à la chefferie des baswagha,

« Attendu que Mal. Kal. s'est plaint auprès de son chef de localité et de son chef de groupement contre son chef terrien Kay. Mul., pour avoir vendu son champ, le chef de groupement a décidé que le champ querellé appartient à Mal. Suite à cela, Kay. Mul. a porté l'affaire au Tribunal de paix de Butembo qui, à son tour, a remis le problème à la compétence du chef de chefferie des Baswagha »[265].

On renseigne en fait dans cet attendu que le dossier a franchi tous les échelons coutumiers de règlement de conflits : la localité, le groupement, la chefferie, jusqu'au tribunal de paix.

Répondant à une des questions des membres du conseil de chefferie, le représentant d'une des familles parties au conflit, a retracé la même trajectoire que le conflit a suivie, à partir de la localité jusqu'à la chefferie, en passant par le groupement. Il a affirmé :

« Je finis par dire que le chef de localité a transféré ce problème au chef de groupement Buyora. Celui-ci nous a envoyé à la banque pour déterminer la valeur de 5000 Zaïres en 1986. Suite au mépris des convocations du chef de groupement Buyora par Kyav., il a transféré le problème à la compétence du chef de chefferie »[266].

Par ailleurs, après avoir signalé que le litige portant sur le même terrain avait déjà été porté au bureau de l'administrateur du territoire de Lubero, le conseil relève la même situation, évoquant l'objet d'un autre litige né entre d'autres personnes sur une partie des terres concernées,

---

[265] PV de d'audition et de conciliation, Chefferie des baswagha, 19 juillet 2006.
[266] PV de d'audition et de conciliation, Chefferie des baswagha, 10 février 2004.

« Après le jugement rendu au Territoire, Pi. Te. a négocié avec Mbav. Wanz. afin de rester toujours dans son champ Katwakangwe, duquel il continue à payer la redevance annuelle d'une chèvre à Mbav. Wanz. Se trouvant calmement dans son champ, Pi. Te. fut surpris de voir Mbv. Wanz. partager de force son champ en donnant plus de la moitié de ce champ à Mus. Kis…C'est pour cette cause que Pi. Te. ira se plaindre auprès du chef de localité d'abord, puis au niveau du groupement où il a été jugé que Mus. Kis. restera dans son champ tout en payant la redevance coutumière d'une chèvre à Pi. Te. Par mépris du jugement rendu par le chef de groupement, Mus. Kis. a continué à payer les redevances coutumières à Mbav. Wanz. au lieu de les payer à Te., chose qui a poussé ce dernier de se plaindre à la chefferie »[267].

Le phénomène peut en fait être observé dans toutes les chefferies. La majorité des dossiers portés devant ces instances suit en effet cet itinéraire. En effet, ce prononçant sur un litige, le chef de chefferie des bashu avait tranché dans une des conciliations,

« …vu la procédure coutumière vis-à-vis aux vassaux et ses seigneurs[268]*,*

Concilions,

> *1. Réitérer l'esprit de la conciliation du chef de groupement Isale-Vuhovi du 2 mars 1983 et de nos enquêtes effectuées, d'où ce lopin de terre conflictuel reste de propriété de monsieur Kyos. Mobil. »*[269].

La référence à cette conciliation a elle aussi l'avantage de nous montrer que le même conflit avait déjà été entendu au niveau du groupement, qui est l'instance directement inférieur à la chefferie.

[267] PV d'audition et de conciliation, Chefferie des baswagha, 14 aout 2004.
[268] Nous reprenons intégralement.
[269] PV de conciliation, Chefferie des Bashu, 19 juin 2008.

La plupart des gens, on peut dire, se réalisent donc encore dans les décisions qui sont rendues par les conseils/chambres de conciliation, parce qu'ils s'y rendent sans y être obligés.

Mais force est de constater que beaucoup de litiges portés et supposés vidés auprès de ces différents conseils/chambres de conciliation finissent presque toujours par les portes des tribunaux de paix et de grande instance de la région. L'absence de contrainte de ces conciliations et leur non reconnaissance par les tribunaux étatiques semble être à la base de cette situation. Les 'juges' de la chambre de conciliation de la chefferie des Bashu vont dans ce sens. A la question de savoir pourquoi les affaires qu'ils ont tranchées se retrouvent encore dans les Tripaix, ils ont répondu :

« La raison est simple, c'est parce que nous n'avons plus le pouvoir de contrainte. Et puis, les tribunaux de droit écrit refusent eux mêmes de reconnaître les conciliations que nous rendons. Ce sont toujours les perdants qui se précipitent devant les tribunaux de droit écrit. Ils vont là où ils espèrent avoir une justice facile. C'est encore le cas des jugements par défaut qu'ils se font obtenir. Nos justiciables disent, j'ai déjà obtenu gain de cause devant les coutumiers, qu'est ce que je vais encore aller foutre devant le TRIPAIX. Il y a un cas flagrant, d'une conciliation que nous avons rendu dans un dossier qui nous a été soumis (dossier Museghe). Mais le perdant est allé devant le TRIPAIX de Beni et s'est fait obtenir un jugement par défaut déjà à la première assignation, mais alors, sur base de quoi ce jugement a-t-il été rendu, pas d'enquête par exemple? C'est donc sur base de ça que nous soutenons que ce sont les tribunaux qui encouragent ces comportements »[270].

Ces différentes instances informelles et les tribunaux étatiques collaborent-ils ? Il est difficile de l'apprécier. Mais on note une sorte de concurrence entre les conseils de conciliation et les tribunaux de paix, on dirait mieux un conflit de compétence dont sort toujours perdant les premiers. Il s'agit dans la plupart des cas d'un rappel à l'ordre venant des autorités judiciaires, ou alors de demandes des

[270] Entretiens avec les juges coutumiers de la chefferie des Bashu, le 23 juin 2008.

chefferies pour que les conflits fonciers coutumiers soient d'abord résolus à leur niveau. Quelques correspondances échangées entre eux peuvent en témoigner. Dans une lettre au chef de chefferie des bashu, le greffier titulaire du tribunal de paix de Beni a écrit :

« J'ai l'honneur de vous informer que je viens de recevoir à mon office de travail, Monsieur Kabw. suite à l'interférence par vos services dans l'exécution du jugement rendu sous RC 1219/1218-1217 et 1216 rendu par le tribunal de céans en date du 15 avril 2006, signifié le 15/08/2006 et exécuté le 19/11/2007 et qui a déjà acquis la force de la chose jugée.

Sur ce, pour préserver la paix sociale, dans votre entité, je vous demande de prêter mains fortes au requérant afin qu'il puisse procéder au lotissement du champ situé à Vuk. en groupement Isale-Vuhovi, chefferie des bashu dans le territoire de Beni conformément à l'esprit du dispositif dudit jugement et surtout qu'il est soucieux de respecter la coutume par le versement du 'mukulukyo' à son chef terrien »[271].

Une des parties à ce même conflit devrait avoir déjà saisi la chefferie pour les mêmes faits. Et qu'on estimait donc que l'exécution ne devait pas intervenir en attendant que la chefferie vide lui aussi le litige à son niveau. C'est en effet l'hypothèse qui expliquerait le comportement des services de la chefferie (sans doute à la solde du chef) accusés de s'opposer à l'exécution. Ce qui justifie cette sorte de rappel à l'ordre.

La même autorité s'est adressée à la chefferie des bashu avec un ton un peu plus ferme, toujours dans une autre correspondance, en ces termes :

« J'ai l'insigne honneur de vous informer que l'affaire qui oppose monsieur Ruk. Kib. au sieur Kik. Vir. est en instruction devant le tribunal de céans sous le RC 1910/1860.

---

[271] Tribunal de paix de Beni, office du greffier titulaire, lettre n° 20.233/028/TP.52/GREFFE/MPL/08 du 22février 2008.

A cet effet, le tribunal vous ordonne de ne jamais tolérer ou autoriser une quelconque opération de vente, sous quelque forme que ce soit, sur le terrain en conflit en attendant le prononcé du jugement dans cette affaire »[272].

Par ailleurs, on a vu les autorités judiciaires prendre position sur les activités que font les chambres de conciliation en matière de règlement des conflits fonciers, activités qu'elles qualifient en fait d'illégales, comme en témoignent encore une fois les deux correspondances suivantes que le tribunal de paix de Butembo a adressée successivement à monsieur Katembo Nyerere, cultivateur résident au village Vwirira en groupement Ngulo, et à un des chefs de groupements de la chefferie des baswagha :

« Monsieur, j'accuse réception de votre lettre sans numéro du 13 avril 2010 dont l'objet est repris en marge.

Je vous informe que la loi ne prévoit pas une procédure qui permet au tribunal de transmettre un dossier au Kyaghanda. Selon la loi, le tribunal saisi d'une affaire doit se prononcer par un jugement»[273].

« Monsieur le chef de groupement, j'accuse réception de la copie me réservée de votre lettre n°5072/63/2421/2010 dont l'objet est repris en marge.

Je vous informe qu'en vertu de l'article 110 du code d'organisation et de compétence judiciaires, c'est le tribunal de paix qui est compétent pour connaitre des conflits fonciers collectifs ou individuels régis par la coutume.

---

[272] Tribunal de paix de Beni, office du greffier titulaire, lettre n°20.253/020/TP.052/GREFFEMPL/2008, du 30 janvier 2008

[273] Tribunal de paix de Butembo, lettre n°20454/23/TPB/052/GREF./2010 du 12 mai 2010

Aucune loi n'attribue cette compétence au chef coutumier. Et les procès verbaux de conciliation n'ont aucune force probante à l'égard des tribunaux »[274].

Mais on a l'impression que les chefferies ne semblent pas prêtes à se laisser faire. Et elles ont parfois l'intention de défier l'autorité judiciaire établie. Ou il s'agit peut-être d'une incompréhension de part et d'autre. En effet, dans une lettre venant de la chefferie des bashu adressée au greffier titulaire du tribunal de paix de Butembo, le chef de chefferie indique,

« Je viens de recevoir le nommé Saa. Kal. porteur d'une deuxième invitation par vous lui faite en date du 27 février courant, à la demande de sieur Mus.

Tel qu'indiqué en marge, le dossier dont question suit son cours normal à mon office et vous exprime mon regret de voir que Mus. vous ait saisi avant que la base ne se soit prononcée, surtout qu'il s'agit d'une matière civile.

Pour une meilleure procédure judiciaire, il y a lieu de me les renvoyer en attendant la suite de ma part »[275].

Plus éloquente est cette lettre que le chef de chefferie des Bashu a adressé aux présidents des tribunaux de paix de Butembo et de Beni. La lettre exhale le parfum d'interpellation. Le mwami écrit :

« J'ai l'honneur de venir auprès de votre haute compétence pour vous informer de multiples conflits de terre au niveau de la chefferie des bashu.

En effet, je vous dirai que ces conflits fonciers sont orchestrés par des faux jugements à savoir d'autres raisons n'ont jamais été à qui de droit.

---

[274] Tribunal de Paix de Butembo, lettre n°20451/056/TPB/023/CAB.P./2010 du 30 août 2010

[275] Chefferie des Bashu, correspondance n° 5072/CH-B/047/E421/2008 du chef de chefferie des bashu au greffier titulaire du tribunal de paix de Butembo.

Ainsi, je sollicite de laisser le temps aux autorités de la base qui sont les chefs de groupements, les notables et les capitas à statuer sur les dossiers concernant les conflits de terre qui se manifestent jour à jour sur toute l'étendue...Et après, les rapports vous seront transmis pour les cas sans solution »[276].

La même position a, à plusieurs reprises, été exprimée par les autorités coutumières des Chefferie des Baswagha et Bamate qui voudraient elles aussi voir les conflits fonciers être d'abord entendus au niveau de leurs entités coutumières.

Le chef de poste d'encadrement administratif de Luotu l'a récemment rappelé au président du tribunal de Paix de Butembo dans une sorte de rapport qu'il lui faisait autour d'un conflit foncier :

« Monsieur le Président, j'ai l'honneur de porter à votre connaissance que ce dossier de conflit foncier qui oppose les identifiés en exergue a déjà été concilié respectivement par les capitas et vieux sages du village Kyavikere en date du 14 mars 1996, le groupement Bukenie en date du 1 avril 1999, en fin par le poste d'encadrement administratif de Luotu en date du 25 septembre 2002 ; lesquels ont donné gain de cause à la famille Kitahuhya.

Curieusement après tant de tentatives de réconciliation et après la mort du chef Kiwanza, son petit frère Kyamakya Liko en coalition avec ce Mbahweka Tsoghererwa de Kisanzi et d'autres acolytes, viennent de vendre des lopins de leur vassal Kitahuhya qu'ils cherchent à faire déguerpir au moment où Kyamakya Liko, chef terrien actuel est en train d'en percevoir régulièrement et sans dette la redevance coutumière annuellement.

Influencé par l'actuel chef terrien Kyamakya Liko et ayant constaté qu'ils venaient de vendre trois lopins de leur grand vassal Katembo Kitahuhya Jean, ils sont venus nous alerter pour y refaire

[276] Chefferie des bashu, lettre n°5072/CH-B/147/E147/2009 adressée aux présidents des tribunaux de paix de Butembo et de Beni.

des enquêtes que nous venons de mener sur le lieu en date de ce vendredi 9 avril 2010.

C'est pourquoi, ce dossier risque de dégénérer jusqu'à créer de l'insécurité dans ma juridiction, je vous demande de me renvoyer les concernés dans ce dit dossier, pour que la base notamment les vieux sages avec les autorités coutumo et politico-administratives locales réexaminent ce problème pour vous faire rapport après conclusion[277] »[278].

Et la même demande a encore été faite par le chef de village Kitsombiro monsieur Kakule Wanzire Roger toujours au Président du Tribunal de Paix de Butembo, dans une note explicative relative à un conflit foncier opposant la famille Mulawa à la famille Museya :

« *Monsieur le Président, j'ai l'honneur de venir auprès de votre haute personnalité voulant éclairer votre lanterne au sujet du dossier susmentionné ;*

Il sied de porter à votre connaissance qu'après une enquête minutieuse autour de la saisine et d'après les différentes analyses de ces deux familles (c'est-à-dire différents documents qu'ils se sont contresignés sans aucune menace), la famille demanderesse sous RC 1516 s'est précipitée d'aller aux instances supérieures avant de siéger au niveau de la base.

Il serait mieux si possible, monsieur le Président, de faire retourner ce dossier au niveau de la base et à celle-ci de vous faire un rapport ad hoc et vous nous auriez rendu une bonne œuvre de justice car c'est purement civil »[279].

---

[277] C'est nous qui soulignons.

[278] Territoire de Lubero, Poste d'encadrement administratif de Luotu, lettre n°5072/039/PEAL/E421/201 du 10 avril 2010, adressée au Président du Tribunal de Paix de Butembo

[279] Chefferie des Bamate, Groupement Buhimba, Localité Kitsombiro, lettre n°5072/022/L.K./J.038/2010 du 20 août 2010, adressée au Président du Tribunal de Paix de Butembo.

Il existe en fait un 'conflit de compétence' réel entre les tribunaux de paix de grande instance et les chambres de conciliation, 'tribunaux coutumiers' qui du reste n'existent plus théoriquement. Mais, il y a lieu de dire que ces deux régimes collaborent, par le simple fait que beaucoup de jugements se réfèrent aux conciliations rendues dans les groupements et les chefferies, les infirment ou les confirment.

Les juges citent régulièrement, et dans beaucoup de dossiers, les actes de conciliation établis par les conseils/chambres de conciliation pour fonder telle ou telle autre position. Dans le RC1632/II,

« Le tribunal remarquera qu'à la suite des troubles de jouissance dont la demanderesse a toujours été victime du fait de la défenderesse, le chef de chefferie des bashu Mwami S. Kal. II, ensemble avec sa notabilité et en présence de la demanderesse et de la défenderesse, avait mené une enquête en date du 8 aout 2006 à l'issue de laquelle les deux parties en conflit se sont conciliées. Que cette conciliation a été sanctionnée par un procès-verbal d'enquête qui a confirmé les droits de la demanderesse sur les champs querellés et ce procès-verbal a été contresigné par tous les participants et, ce, sur manuscrit...

En présence de plusieurs chefs terriens et notabilités, sanctionné par le chef de chefferie des bashu, les conclusions de l'enquête ont confirmé la demanderesse dans ses droits de jouissance sur les champs querellés... »[280].

Dans un autre dossier, le juge conclut qu'

« Il se dégage plusieurs pièces versées au dossier, entre autres le procès-verbal dit de conciliation du 14 décembre 2000 établi par monsieur Muk. Alex. II, mwami et chef de chefferie des bamate, que le champ Bisebere appartient à la famille demanderesse Kiv. tandis que pour les champ Bikarakara il s'appuie sur les dépositions antérieures sous RC 209/KOW du chef terrien Mat. qui reconnut

[280] Tribunal de paix de Beni, RC 1632/II, 12 juin 2008.

l'actuelle demanderesse comme son seul vassal sur les lieux querellés »[281].

Toujours se fondant sur des actes de conciliation, le juge a constaté que,

« Des termes des actes de conciliation du 7 décembre 1991 et 11 décembre 1998, il se dégage, d'après le tribunal, que le demandeur est le 'mukondi' des terres sises dans la notabilité de Mulambi/Nguva où sont établis les défendeurs en tant que membres de clan basukali, dont est issu également le demandeur. C'est donc sans titre ni droit que les défendeurs se mettent à percevoir les redevances coutumières sur ces terres et à vendre les portions de terre à des tiers sans obtenir l'assentiment du demandeur. De ce qui précède, il y a lieu de faire droit aux prétentions du demandeur quant à ses premiers chefs de demande... »[282].

On peut lire en ces références aux conciliations par les juges des tribunaux de droit écrit une forme de collaboration. Même si dans certaines occurrences il semble se combattre mutuellement.

Dans certains cas, mais ils ne sont pas fréquents, les juges peuvent renvoyer les parties aux instances de conciliation. Est-ce un déni de justice comme l'a déclaré le président du Tribunal de paix de Butembo ? En effet, répondant à la question de savoir s'il arrivait au juge de renvoyer les parties devant les instances de conciliation, il avait répondu :

« Non il ne peut pas le faire de lui-même sous peine d'être accusé de déni de justice. A moins que les parties ne le demandent elles-mêmes et elles doivent pour ce faire se désister de leur action. Vous savez qu'en matière civile, le dossier est l'affaire des parties. Si les parties le souhaitent et l'expriment, le juge ne va pas les leur

[281] Tribunal de paix de Butembo, RC 415/I/KOW, 4 juillet 2005.
[282] Tribunal de paix de Butembo, RC 372/I/KOW, 23 février 2004.

interdire, on dit qu'un mauvais arrangement vaut mieux qu'un bon procès »[283].

Le tribunal a pourtant renvoyé les parties à la chefferie. Mais c'est un fait rare, exceptionnel même. Dans un de ses attendus, le conseil de conciliation de la chefferie a relevé :

« Attendu que Mal. Kal. Edmond s'est plaint auprès de son chef de localité et de son chef de groupement contre son chef terrien Kay. Mul. pour avoir vendu son champ, le chef de groupement a décidé que le champ querellé appartient toujours à Mal. Edmond. Suite à cela, Kay. Mul. a porté l'affaire devant le Tribunal de Paix de Butembo qui, à son tour, a remis le problème à la compétence de la chefferie »[284].

Cette timide collaboration peut également être appréciée dans cet échange épistolaire entre le greffier divisionnaire du tribunal de grande instance, siège secondaire de Butembo et le chef de chefferie des bashu :

« Monsieur le chef de chefferie,

J'ai l'honneur de vous demander de bien vouloir m'informer de la suite que vous auriez réservé à ma lettre n°20256/281/TGI-SSB/D18a/GREF/2008 du 29 août 2008, à propos du partage du terrain Bukum... »[285].

La réponse du chef de chefferie laisse penser que le tribunal lui avait demandé de procéder à la conciliation des parties qui auraient été renvoyées à la chefferie après qu'elles aient saisi le tribunal de grande instance :

---

283 Entretiens avec Kopami Wembi, président du Tribunal de paix de Butembo, 16 juillet 2008.

284 Chefferie des baswagha, PV d'audition et de conciliation, 19 juillet 2006.

285 Tribunal de grande instance, siège secondaire de Butembo, lettre n°20256/034/TGI-SSB/D18/GREF/2009.

« Monsieur le greffier,

Je suis en possession de votre lettre n° 20256/281/TGI-SSB/D18a/GREF/2008 du 29 août 2008 ayant trait repris en relief et vous signale que le dossier est déjà clos à mon office de travail en date du 10 mars 2009 et ceci conformément à l'acte du 19 août 2007 reconnaissant M……comme l'un de la lignée M…… »[286].

C'est un cas, bien qu'isolé, qui montre que parfois les tribunaux de paix et les chambres de conciliation collaborent.

On peut cependant noter que ce conflit ouvert entre justice formelle et justice informelle ne semble pas affecter les populations qui sont justiciables devant les deux régimes judiciaires. Comme nous l'avons dit en effet, on constate que toutes ces instances ont des clients, d'ailleurs que tous les conflits transitent presque toujours par les chambres de conciliation.

Quelques traits caractérisent les PV de conciliation analysés. C'est d'abord la réaffirmation du caractère collectif de la propriété de la terre chez les nande. Les parties aux conflits sont des familles, qui pour faire valoir leurs droits devant les instances de conciliation, se choisissent des représentants. Les titres desdits PV le disent mieux. Il s'agit dans la plus part des cas de « *PV d'audition et de conciliation sur le conflit opposant la famille…à celle de…* ».

Et comme nous l'avons déjà dit, on constate en lisant ces PV de conciliation l'importance de l'appartenance à la famille (des chefs terriens ou des vassaux) pour justifier sa position ou sa réclamation. Les parties au conflit déclinent leur identité en se situant dans le chaînon généalogique, s'appellent d'ailleurs par les noms de leurs arrière-grands-parents qui étaient les premiers à convenir de l'amodiation. Les PV décrivent les situations telles que :

« Mon arrière grand-père s'appelait Muhiyi, il avait acquis de Kalira de Musimba le champ Ndando pour 7 chèvres de redevance coutumière. Kalira en a pris le kyatho Muluvo dans ce champ.

---

[286] Chefferie des bashu, lettre n°5072/CH-B/040/2009.

Muhiyi a engendré Muhambirwa, Muhambirwa a engendré Matsiva, Kivanza, Mimannire et Kirenge. Muhiyi et Muhambirwa n'ont pas eu de vassaux »[287].

Ainsi, apparait-il que celui qui ne sait pas se justifier de la connaissance de l'arbre généalogique de sa famille aura des difficultés à établir un quelconque droit sur les terres de la famille dont il se réclame.

Un autre fait qui saute aux yeux est l'importance que les chambres de conciliation accordent aux enquêtes de terrain pour établir la vérité des faits, avec cette logique qu'on ne peut comprendre le litige que lorsque l'on se rend dans le milieu qui l'a vu se développer. Cette pratique qui, comme nous l'avons déjà dit, consiste pour le conseil de conciliation à sillonner les villages de l'entité en vue de palper du doigt la réalité des faits objets des conflits, facilite également la rencontre des personnes qui peuvent témoigner dans le dossier en instruction : les chefs terriens, les vassaux, les notables, les sages du villages, et même des simples habitants du villages. Intéressante est cette indication dans un PV d'audition et de conciliation des renseignements qui ont été reçus de l'assistance présente au procès, sous forme de remarque. On mentionne en effet :

« Ici le public renseigne que Vangahi de la famille Kinzonzoli est mort en 1942, il reste enterré dans le champ de Kinzonzoli,

Autre chose, Kakule Kinzonzoli lui-même est né en 1936 toujours dans ce champ. Le champ de Kinzonzoli date d'avant 1936,
Malengule payait toujours une poule à Kinzonzoli.
Kasereka Vahyana fils de Malengule est né dans ce même champ en 1925 »[288].

Il s'agit d'éléments déterminants venant de l'assistance, dont la présence à la tenue du procès peut en garantir l'équité, parce que se déroulant devant les personnes originaires du village dans lequel les terres querellées sont situées et donc connaissant l'histoire du village,

[287] Chefferie des baswagha, PV de conciliation du 21 avril 2005.
[288] Chefferie de baswagha, PV de conciliation du 21 avril 2005.

des familles qui le composent, et de l'acquisition des terres habitées par les membres de la communauté.

Le fait pour le conseil de conciliation d'aller à la rencontre des populations évite à celles-ci les coûts trop élevés de voyage pour se rendre vers les sièges des tribunaux de droit écrit, situés dans les villes souvent à des dizaines voire centaines de kilomètres de certains villages, il lui permet de rencontrer les personnes qui ne peuvent pas se déplacer faute de maladie ou avancées en âge mais qui peuvent être des acteurs importants dans la compréhension des conflits dans le village, parce que connaissant l'histoire de la contrée et pouvant donner des témoignages qui peuvent fonder les membres du conseil de conciliation dans l'appréciation des litiges leur soumis.

Il y a lieu de signaler également, s'agissant des conclusions des conciliations par rapport aux dispositifs des jugements des tribunaux de droit écrit où il y a un gagnant et un perdant, que les verdicts rendus par les conseils de conciliation semblent mettre l'accent sur la réconciliation et le rétablissement de l'ordre perturbé par la naissance du conflit. Il convient en fait de ne pas disloquer des familles qui vivent ensemble depuis des générations, et qui sont d'ailleurs souvent membres des mêmes familles, par une sentence de conciliation. Le déguerpissement des 'perdants' ne sont pas automatiques. Les sages ne recourent à cette solution ultime que si la mauvaise fois manifeste de la partie fautive est établie.

Dans la plupart des cas, les sentences des conseils de conciliation se contentent de recommander aux parties de respecter les dispositions pertinentes des contrats d'amodiation telles qu'elles ont été négociées par les arrière-grands-parents, notamment en les condamnant au paiement de la redevance, à la perception de la redevance, à la reconnaissance du statut de vassal ou de chef terrien de l'un ou de l'autre partie au litige. Le 'dispositif' de ce PV en dit long, lorsque le conseil de conciliation constate :

> *« Le tribunal constate que Kahango Kivutuliko Henri et Mukohe et Tsodoha 'se refusent' pour rien, ils descendent tous de l'ancêtre commun Kivutuliko.*

La famille Kivutuliko (Henri, Mukihe, Tsodoha) et celle de Kura doivent annuellement une chèvre de redevance coutumière pour le champ Vuswagha.

Les deux familles doivent également une autre chèvre de redevance coutumière à Yalala pour le champ Vwandwa.

Kura Placide et Alphonse doivent annuellement une chèvre de redevance coutumière à Kahango Kivutuliko Henri, Mukohe et Tsodoha.

La part de la chèvre de redevance payée par le vassal David revient à Masika Joséphine.

Kivwagha Anyasi doit une chèvre de redevance coutumière à Tsodoha Marie Jules…»[289].

Le conseil de conciliation, dans ce procès-verbal, n'a pas décidé un quelconque déguerpissement. Il a juste rappelé que les parties sont issues d'une même famille, donc qu'elles ont toutes des droits sur les terres querellées, et a invité les uns et les autres à respecter les obligations nées de l'amodiation.

Il s'agit donc encore dans le cadre de conciliation de la recherche de paix sociale. On peut parfois apprécier dans certains autres PV le sens élevé de compromis auquel les parties peuvent aboutir. Ici, comme le dit Rodolfo Sacco, la justice a comme tâche d'établir un accord amiable. Ce qui est juste dans cet environnement, est avant tout ce qui sert à ressouder le groupe. La justice indigène apparaît ainsi comme une institution recherchant la paix, plus que l'application d'un droit rigide ; elle veut réconcilier les parties et restaurer l'harmonie de la communauté[290].

On peut apprécier la situation en se référant à la lecture du PV d'audition et de conciliation relatif au conflit foncier ayant opposé M.

---

[289] Chefferie des Baswagha, PV d'audition et de conciliation du 8 juillet 2005.
[290] Rodolfo Sacco, *Le droit africain. Anthropologie et droit positif*, Paris, Dalloz, 2009, p. 88.

Kas. Kim., à Kak. Muk. Siv. Il ressort des faits tels qu'exposés par les parties que pour régler un litige relatif à l'implication des enfants de son petit frère dans un cas d'assassinat, Monsieur Dominique s'est proposé de céder son champ à quelqu'un qui aurait les moyens de lui payer un montant équivalent à une période de cinq ans de redevance. Cinq milles zaïres[291] lui ont été ainsi remis par monsieur Albert. La famille de ce dernier a quant à elle une autre lecture de la convention qui a eu lieu entre monsieur Dominique et Albert. Elle soutient en effet qu'il s'était agi d'un achat et non d'une avance de redevance. L'objet du litige est donc le paiement de la redevance, ce que conteste la famille de Monsieur Albert. Le problème, c'est que les personnes qui ont négocié la convention sont toutes déjà mortes (Dominique et Albert). Comme dans la plupart des cas, ils se sont convenus oralement, ils n'ont donc pas laissé d'écrit de leurs contrats. Les quelques témoins entendus ont semblé soutenir l'hypothèse d'une vente qui serait intervenue entre Dominique et Albert, rejetant ainsi l'idée d'avance sur redevance avancée par les demandeurs.

Il faut noter que ce litige, comme la plupart d'autres a gravi tous échelons coutumiers de règlement de conflit. Il a été entendu au niveau de la localité (le village), et au groupement avant de frapper aux portes du conseil de conciliation de la chefferie qui l'a résolu de la manière suivante :

« Le défunt Albert, fils de Kyav. avait donné à Dominique, grand frère de Mih. Laurent la somme de 5000 zaïres pour acheter son champ de Kasingiri en 1986. Les déclarations de Kat. Nzol. Victor et Kyavo. Henri prouvent que Albert avait acheté le champ. Malheureusement Albert et Dominique sont tous morts sans avoir signé un document de vente.

Partant du cours de change renseigné dans la lettre sans numéro jdu 31/10/2002 du gérant de la banque commerciale du Congo succursale de Butembo, il est estimé que les 5000 zaïres empruntés en 1986 équivalaient à 40 dollars. D'où 15 ans (soit de 1987 à 2002) les intérêts cumulés reviennent à : 1$ x 14 x 15 = 600 $;

[291] Monnaie congolaise à l'époque de la république du Zaïre.

En vue de récupérer son champ de Kasingiri, Mih. Laurent (petit frère de Dominique) doit rembourser à Kyav. (Père d'Albert) la somme de 600 dollars et dédommager Mumb. fils de feu Albert avec une somme de 567 dollars pour payer les 756 tiges d'eucalyptus se trouvant dans le champ.

Kyav. paiera à Mih. Laurent les 15 chèvres de redevance coutumière moins une chèvre « ey'omolyo ». Ce qui fait alors 14 chèvres soit 1$ x 14 x 15 = 210 $ »[292].

La solution peut se résumer en ceci. La famille de M. Dominique va reprendre le champ que la famille de M. Albert prétend avoir acheté. Pour ce faire, elle doit restituer à la famille de M. Albert le prix de la vente, majorés des intérêts, (on ne sait pas trop sur quelle base ils ont été calculés). La famille de M. Albert quant à elle va rendre à la famille Dominique le champ que celle-ci prétend avoir plutôt amodié, mais accepte de payer les redevances échues. Il s'agit d'une solution qui a apparemment contenté tout le monde.

La justice moderne aurait autrement apprécié le cas, mais ne dit-on pas qu'un mauvais arrangement vaut parfois mieux qu'un bon procès ? En effet, eu égard à ce qui précède, lit-on dans un autre PV de conciliation, et dans le souci de préserver la paix sociale dans le milieu, que le conseil de conciliation décide et répartit d'une façon presqu'équitable le champ Katw. entre les parties au conflit[293]. Un partage équitable là où le tribunal de paix aurait peut-être décidé du déguerpissement de la partie qui allait succomber.

L'avantage des procès tenus par les différentes instances de la justice coutumière rendue dans les localités, les groupements et les chefferies est entre autres qu'ils se déroulent dans la langue maternelle des populations (le kinande), qui participent pour ce faire comme acteurs et non comme spectateurs aux différentes étapes de la résolution des litiges dans lesquels elles sont parties. Ces procès font participer la population à l'œuvre de la justice, en prenant, sans formalités, les témoignages de ceux qui estiment pouvoir apporter

---

[292] Chefferie des baswagha, PV d'audition et de conciliation, 10/02/2004.
[293] Chefferie des baswagha, PV d'audition et de conciliation, 14 aout 2004.

quelque chose à l'éclatement de la vérité. Et il s'agit parfois même de femmes, comme en témoigne ce PV d'audition et de conciliation, qui renseigne,

> *« Ayant contacté plusieurs vieux sages du milieu pouvant fournir des renseignements sûrs, la maman Kamb. Kah. qui est la grande sœur de Mus. Muj. et mariée au village Vuh. a reconnu que la limite de partage des terrains Kiv. et Kud., passe par la rivière Kiv. Les grands responsables terriens environnants...ont confirmé la limite indiquée par la maman Kam. Kah. »*[294].

Ces procès font ressortir les principaux éléments caractéristiques de la justice coutumière locale à savoir :

-La rapidité : les dossiers sont traités avec célérité et du coup sont vite clôturés. Cette célérité est due à la simplicité de la procédure, à l'étendue limitée couverte par la juridiction ainsi qu'à la disponibilité des 'juges' qui convoquent des audiences de manière régulière afin de se garder de décevoir les populations avec lesquelles ils vivent.

-Le degré de proximité très réduit : la justice coutumière est très proche des populations étant donnée qu'elle utilise la coutume que les justiciables sont sensés connaître. L'accès à ce type de justice est très aisé au regard de la simplicité des règles de procédure qui y sont appliquées.

-La communication facile : les différentes audiences sont tenues dans la langue locale que parlent les justiciables. Les règles de procédure étant très simples, elles sont vite comprises par la majorité des justiciables constituée d'analphabètes. Ainsi, aucun aspect du débat ne peut leur échapper.

-Pour citer un témoin, on n'a pas besoin de beaucoup de formalités ; les renvois, les remises ne sont concevables que si l'une des parties ou un témoin important n'est pas présent au village, les exigences des conclusions sont presque méconnues, l'exécution de la sentence n'appelle pas à des procédures particulières.

---

[294] Chefferie des baswagha, PV d'audition et de conciliation, 11/11/2005.

-La participation active de l'assistance présente à l'audience: les personnes présentes à l'audience peuvent contester le jugement séance tenante lorsqu'il est constaté que le conflit a été mal jugé. Dès cet instant, les juges s'exposent à une dénonciation publique de leur incompétence. Ce fait pousse les juges coutumiers à se garder des dérapages qui risquent de prouver qu'ils ne méritent pas cette fonction en tranchant des litiges sans tenir compte de la coutume.

-La saisine devant ces chambres de conciliation se fait oralement ou par écrit pour les parties qui savent le faire. Le plaignant s'adresse à l'un ou l'autre animateur de la juridiction. Dès cet instant, la chambre de conciliation se trouve valablement saisie et peut convoquer l'accusé pour comparution. Les deux parties sont écoutées l'une après l'autre après avoir payé les frais de justice tenant compte de la situation financière des parties. La sentence est directement prononcée pour les petites affaires comme le vol, bagarres, injures,.... Quant aux grandes affaires telles que le conflit de pouvoir ou le conflit de terre, le jugement est prononcé après qu'on ait réuni tous les éléments nécessaires à la compréhension du dossier.

-La descente sur terrain joue un rôle important dans le processus conduisant à la proposition de la conciliation. Les membres des conseils de conciliation se transportent régulièrement sur les lieux où les terres disputées sont situées pour avoir une vue large des faits portés devant eux.

-Les conciliations coutumières se réfèrent à la coutume et aux mœurs locales sensées connues par les juges et les parties en conflits. Chaque partie y recourt pour asseoir ses arguments. Les parties comparaissent devant la chambre à travers un débat contradictoire sans intermédiaire (défenseurs judiciaires, avocats), ce qui permet d'éviter certaines manœuvres dont ceux-ci peuvent être auteurs, notamment des remises injustifiées (pour des motifs financiers notamment, le client ne s'étant pas encore acquitté des honoraires exigés).

Ces procès montrent aussi des limites qu'il convient de signaler. On constate notamment, à part des cas isolés, qu'il n'y a que des hommes, de surcroît adultes, qui sont actifs devant ces juridictions, mettant ainsi à l'écart les femmes et les jeunes, fait qui montre si besoin en était encore que le droit (foncier) coutumier est discriminatoire à l'égard de certaines catégories sociales. Aucune femme ne compte par exemple parmi le staff des 'juges coutumiers' des chambres de conciliation auprès desquelles nous avons menées nos recherches de terrain (Musienene et Butungera[295]).

Une autre faiblesse que nous avons pu relever est le fait que les PV de conciliation sont rédigés en français (langue que beaucoup de paysans ne comprennent pas), alors que tout le procès s'est déroulé dans la langue locale qui est le kinande. Ce qui fait que certains PV de conciliation sont flous ou tout simplement difficiles à interpréter souvent parce que le rédacteur lui-même n'a pas su traduire exactement les paroles qui ont été dites devant la chambre de conciliation. Entre les mains des parties au procès, ces PV de conciliation ne servent souvent à rien parce que pour s'en prévaloir, on a toujours besoin des explications provenant des gens qui n'ont pas suivi le déroulement du procès.

Le plus grand problème que pose cependant cette justice au niveau des chambres de conciliation est le fait qu'au stade actuel les 'jugements' qu'elles rendent n'ont pas force contraignante, et que le pouvoir coutumier n'a pas de moyen d'obliger les parties à respecter les engagements pris. L'exécution connaît donc toujours des problèmes, la bonne foi faisant parfois défaut. Ce qui fait que tous les avantages énumérés ci-haut tombent à l'eau. C'est même cette absence de pouvoir de contrainte qui fragilise les dites instances aux yeux des justiciables avisés, fait qui résulte en fait de la suppression de juridictions coutumières par l'Etat.

§.2. ONG ET AUTRES INTERVENANTS DANS LE DOMAINE DE REGLEMENT DES CONFLITS FONCIERS LOCAUX

Plusieurs autres acteurs interviennent dans le règlement des conflits fonciers dans les territoires de Beni et de Lubero. Les Eglises et toutes

[295] Successivement chefs-lieux administratifs des chefferies de Baswagha et de Bashu.

les structures qu'elles chapotent (Caritas, Commissions Justice et paix,...), les organisations non gouvernementales, les administrations locales, les cabinets d'avocats et parfois même la police, l'armée, les milices, les agences de renseignement...

Les Eglises, les ONG, les administrations locales en font presque déjà une activité permanente. Ce qui n'est pas le cas pour les autres (policiers, militaires, miliciens,...) dont les interventions sont ponctuelles et parfois liées à un contexte politique déterminé.

2.1. L'INTERVENTION DES ONG DANS LE REGLEMENT DES CONFLITS FONCIERS

Les ONG jouent un rôle déterminant dans la résolution des conflits fonciers dans la région de Beni-Lubero. Et elles sont nombreuses qui interviennent sur ce terrain sur lequel elles offrent des services de conciliation et de médiation. On peut citer les ONG locales notamment le syndicat de défense des intérêts paysans (SYDIP), le forum des amis de la terre (FAT), le centre d'études juridiques appliquées (CEJA), le centre d'animation pour développement de Kirumba (CACUDEKI), la commission diocésaine justice et paix (CDJP), la solidarité féminine pour la paix et le développement intégral (SOFEPADI), la ligue des organisations des femmes paysannes du Congo (LOFEPACO),...

Certaines sont ouvertes à tout le monde, d'autres par contre ne reçoivent pour conciliation que des dossiers de leurs membres. Celles qui interviennent dans le secteur agricole par exemple exigent que les conflits fonciers ou autres qui naitraient entre les populations qu'elles encadrent soient d'abord entendus au niveau de leurs organisations avant que les parties au conflit ne songent à entreprendre toute autre initiative judiciaire. Quelques ONG internationales investissent également le terrain dans le règlement extrajudiciaire des conflits fonciers. Il s'agit notamment du norvegian refugee council (NRC) et de l'agence des Nations Unies UNHABITAT.

2.1.1. AU NIVEAU DU SYDIP

Le conseiller juridique du SYDIP nous a tracé le cadre de cette activité au sein de son organisation. A la question de savoir si son institution avait des actions dans le domaine de la conciliation, il a répondu :

« Nous intervenons dans les conciliations. C'est même la raison pour laquelle nous avons formé des para-juristes, que nous avons voulu outiller en fin qu'ils interviennent dans les conciliations à la base. Le conflit est donc porté d'abord auprès de ces comités locaux composés des para-juristes, et c'est seulement lorsque le conflit n'a pas été résolu à la base qu'ils nous le transmettent. Nous essayons à notre tour de concilier les parties, si la démarche aboutit, nous leur faisons signer un acte de conciliation, mais si nous ne parvenons pas à le faire, nous envoyons le dossier à notre avocat conseil qui fait le suivi du dossier au tribunal.

Nous avons donc formé des para-juristes en matière foncière, afin qu'ils soient à mesure de traiter certains conflits à la base. Les paysans avaient en fait l'habitude de recourir précocement à la justice, même pour des questions qui pourraient être résolues à la base. Nous les avons donc sensibilisés à tenter d'abord une conciliation à la base avant d'aller devant le tribunal. ».

Pour ce qui est de la procédure au niveau de SYDIP, le paysan partie à un conflit est appelé à saisir son comité local qui intéresse le centre agricole, qui à son tour réunit les parties en conflit par le biais des para juristes ruraux.

Si les parties ne s'accordent pas au niveau du centre agricole, celui-ci saisit par lettre écrite le Secrétariat Général de l'organisation, notamment le service d'accompagnement juridique pour solliciter l'intervention des services du conseiller juridique, soit pour la conciliation, soit pour l'accompagnement auprès des autorités locales, soit encore pour les conseils d'orientation. C'est seulement en cas de persistance du conflit, après que ces procédures aient été épuisées que le service juridique de l'organisation transmet le dossier à son cabinet conseil pour orientation du dossier et assistance devant les cours et tribunaux.

La plupart des dossiers soumis aux structures de SYDIP pour conciliation mettent aux prises des paysans tous membres du syndicat. Ceux qui sont souvent directement orientés au niveau des cours et tribunaux sont ceux qui concernent un membre et un non membre. Les non membres opposés aux membres n'acceptent pas toujours d'aller devant les structures de conciliation du SYDIP, craignant d'être victime d'un parti pris de la part des conciliateurs.

Le SYDIP intervient dans ces conflits comme conciliateur et témoin des arrangements arrêtés entre les parties en conflits. Pour le règlement des conflits fonciers lui soumis, le SYDIP se réfère au Droit foncier écrit mais surtout à la coutume. Dans d'autres cas, il propose aux parties des compromis originaux en application de l'adage '*un mauvais arrangement vaut mieux qu'un bon procès*'[296].

Pour apprécier l'originalité de ces compromis, on peut en effet lire dans une conciliation :

« *Entre les familles VYAMBWERA et ses vassaux sur le champ nommé MULIHI du chef terrien Kambere Kasekembwa sur les collines Kisevere, Mungo, Vupuni et Lirema, il a été convenu ce qui suit pour mettre fin au conflit de champ qui les oppose :*

-La Famille Vyambwera accepte d'indemniser ses vassaux en payant 12,5 % de la valeur totale du champ comme dommage intérêts sur les récoltes et les maisons détruites.

-Les vassaux acceptent cet arrangement et à ceux qui ont encore des maisons sur cette concession, on accorde un délai d'un an pour quitter les lieux

-Les vassaux et la famille Vyambwera conviennent qu'aucune autre instance juridictionnelle, supérieure soit-elle, ne peut encore connaître du même litige. Par conséquent, le dossier sera retiré du

---

[296] Réponse de Me Mukeshyayira au questionnaire lui adressé par nous.

tribunal, et le litige est vidé sans aucune contrainte entre les parties

-Les vassaux ne disposant pas de cultures pérennes sur ladite concession vont recevoir chacun deux chèvres de redevance qui leur permettront d'aller solliciter une amodiation ailleurs,... »[297].

En lisant attentivement cet acte de conciliation, on a l'impression qu'il est intervenu après l'exécution d'une décision de justice qui aurait décidé du déguerpissement des vassaux de la concession querellée en faveur de la famille nommée Vyambwera dans l'acte. L'exécution se serait réalisée, mais le conflit ne se serait pour autant pas vidé. Ce qui doit avoir alors amené les parties à solliciter l'intervention des organisations SYDIP et CDJP.

Il s'agit en fait dans cette conciliation d'une solution négociée, d'un compromis qui n'est ni une solution de droit écrit, ni une prévision de droit coutumier, comme ce fait de convenir avec les vassaux qu'on va leur donner de l'argent représentant la valeur de deux chèvres de redevance pour qu'ils aillent chercher d'autres champs en compensation de ceux perdus suite au jugement intervenu à leur défaveur (ou en défaveur de leur chef terrien).

---

[297] Acte de conciliation du 14 juillet 2000, devant les délégués de SYDIP et ceux de la Commission Diocésaine Justice et Paix. C'est la traduction par nous en français de quelques passages dudit acte rédigé dans la langue Swahili, une des langues nationales de la République Démocratiques du Congo. Le passage à question figure ainsi sur l'acte de conciliation : « *Kati ya jamaa ya Vyambwera na wasoki wa shamba ya Mulihi ya mwami Kambere Kasekembwa pa mulima Kisevere, Mungo, Vupuni na Lirema tunapatana kama yafwatayo kumaliza muzozo ya shamba hizo :*

1. *Jamaa ya Vyambwera inaitika kukulukya wasoki ikilipa 12,5% ya valeur ya pesa walio omba kama dommage-intérêt ya mimea na nyumba zao pia,*
2. *Wasoki ya majina yafwatayo wanaitika kulipiwa hizo pesa na kuchuma mavuno ya shamba zao. Wale walio na nyumba pale wanapewa mwaka moja (1 an) ya kuhama kabisa : Mwanzi Muhindo, Kambale Murotsyo, Kambere Mirevo, Kambale Kighoma, na K. Katsongo.*
3. *Wasoki na jamaa ya Vyambwera wanasikilizana kama tribunal ya juu ya hii maneno inaisha na dossier itakuwa retirer ao itasimamishwa, ndio kusema yote imeisha bila mukazo ya mutu fulani,*
4. *Wasoki wasiyo na mimea ya kudumu watalipiwa kila mtu mbuzi mbili ya muhako kwa kutafuta shamba mahali pengine...* »

Le service d'accompagnement juridique de cette organisation reçoit en effet des dizaines de dossiers de conflits fonciers. Pour l'année 2007, il a enregistré 88 dossiers parmi lesquels 63 étaient relatifs au foncier, en 2008, 81 dossiers dont 57 fonciers, en 2009, 84 dont 73 fonciers.

L'organisation joue donc un rôle important dans le règlement des conflits fonciers dans les territoires de Beni et de Lubero, à partir de la base avec les comités locaux au travers des centres agricoles où les para-juristes jouent un rôle majeur, jusqu'à la véranda centrale au travers du service d'accompagnement juridique où interviennent des juristes de formation et des spécialistes de droit foncier coutumier.

2.1.2. AU NIVEAU DU CENTRE D'ETUDES JURIDIQUES APPLIQUEES

Le centre d'études juridiques appliquées est un des centres de rayonnement de l'Université Catholique du Graben créé en 2000. Il s'est donné pour mission d'ouvrir la Faculté de Droit et toute la communauté universitaire à l'épineux problème de la promotion de la justice et de la défense des droits humains. Il anime en son sein un observatoire social et un service d'assistance judiciaire. Le CEJA exécute entre autres programmes, celui de la formation des para-juristes et des activistes des droits de l'homme. Il s'implique dans l'étude et la vulgarisation du droit et pour ce faire tient une série de publications, Racines et Horizons[298].

Dans le domaine du règlement des conflits fonciers, le Centre mène depuis quelques années un plaidoyer en faveur de la restauration des tribunaux coutumiers. Pour ce faire il a envoyé et envoie les résultats de ses études et réflexions contenues dans ses publications mais aussi des correspondances aux instances administratives et politiques locales, provinciales et nationales.

Le CEJA essaie depuis janvier 2010 une nouvelle expérience en matière de règlement des conflits fonciers. Il a initié ce qu'il appelle

[298] Le Centre d'Etudes Juridiques Appliquées, http://ucg-rdc.org/index.php?otion=com_content&task=view&id=44&Ite, 13octobre 2010, 14h16'.

'*boîte de droit*' en collaboration avec les autorités de la commune Mususa, une des 4 municipalités que compte la Ville de Butembo. La structure est dénommée '*boîte de droit, chambre de conciliation pour le règlement pacifique des conflits*'.

L'autorité de la municipalité a réalisé qu'elle passerait plus de temps de travail au règlement des litiges fonciers qu'à d'autres activités d'administration. Elle a ainsi sollicité le centre d'Etudes juridiques appliquées qui a mis ce projet de *boîte de droit* sur pied, boîte dont la vocation est de s'étendre sur toute l'étendue de la ville de Butembo et de couvrir les territoires de Beni et de Lubero si l'expérience est concluante.

La boîte de droit est tenue par deux animateurs qui ont été choisis pour leur expérience dans la commission paroissiale Justice et Paix de Vulema, une des paroisses catholiques du diocèse de Butembo-Beni installée dans la ville de Butembo. A côté de cette expérience, ces animateurs étaient aussi réputés pour leur maîtrise de la coutume nande surtout en matière foncière et ont suivi plusieurs formations organisées par le CEJA sur la thématique foncière dans la région et sur la résolution pacifique des conflits. Ils sont cependant encadrés par un juriste de formation[299].

Les recherches que nous avons menées au niveau de cette structure montre qu'elle accueille déjà plusieurs personnes confrontées à des conflits surtout fonciers ayant trait à l'accès et la gestion de la terre. Jusqu'au mois de juillet 2010, la boîte de droit venaient d'enregistrer quelques 52 dossiers parmi lesquels 22 relatifs aux conflits fonciers.

Les gens qui fréquentent la boîte nous ont dit avoir été séduits par la rapidité et la simplicité des procédures au niveau de la boîte et surtout l'importance que ses animateurs mettent sur la descente sur terrain et les larges consultations qu'ils font avant de proposer les termes de la conciliation. Un des éléments déterminants est surtout la gratuité de la procédure devant la boîte de droit, même si par moments

[299] Entretien avec M. Dati Tembo, secrétaire administratif du CEJA, le 14 juillet 2010.

les parties sont à appelées à contribuer aux frais de descente sur terrain dans une proportion infime.

Les animateurs de la boîte nous ont dit qu'ils proposaient les termes de leur conciliation sur base du droit écrit, de la coutume et de recourir parfois à des compromis, des solutions intermédiaires entre coutume et droit écrit, selon la nature des litiges qui leur sont soumis.

Les interventions de la boîte de droit se font ici aussi à toutes les étapes de la procédure judiciaire. Certains dossiers sont nouveaux, c'est-à-dire n'ayant jamais été portés auparavant devant aucune autre instance judiciaire, formelle ou informelle. D'autres personnes viennent devant la boîte pendant qu'elles se sont déjà trainées devant la justice et d'autres en fin, mais le cas est rare, se présentent après le prononcé d'un jugement pour solliciter une conciliation à l'amiable.

Comme dit plus haut, la coutume et les pratiques foncières locales ressortent en fait dans les conciliations faites sous la bénédiction de la boîte de droit, parfois avec les mêmes difficultés d'interprétation. Dans cette conciliation, on peut lire :

> « *Nous, familles Kathumwa et Mathumo, venons d'être désintéressé et avons reçu l'indemnisation de la part de notre vassal Kahindo Kighetse pour notre champ situé à Mpoko-nene. Ce désintéressement est constitué de cinq parcelles* ».

Cet acte qui porte la signature de ceux qui ont été désintéressés et le cachet de la boîte de droit (mais sans la signature de celui qui a désintéressé) contient en effet une des pratiques récentes déjà évoquées qui ont investi le champ du droit coutumier nande, à savoir la marchandisation de la terre (malgré le fait qu'on continue à dire que la terre n'est pas à vendre).

On voit bien qu'il s'est agi d'une vente de terre par le vassal qui au départ n'a pas désintéressé la famille des chefs terriens. C'est ce non désintéressement qui a déclenché le conflit qui a été porté devant les animateurs de la boîte. Cela nous ramène encore et aussi au flou qui existe dans la coutume nande autour de la question de savoir à qui appartient précisément la terre, les familles terriennes reconnaissant avoir été désintéressées pour leur champ (c'est-à-dire théoriquement dont elles sont propriétaires) mais qui a plutôt été vendu par leur vassal (qui serait finalement le vrai propriétaire parce que disposant de ce que le droit moderne appelle 'abusus', même s'il doit désintéresser ses chefs terriens).

2.1.3. AU NIVEAU DE LA COMMISSION DIOCESAINE JUSTICE ET PAIX

La commission diocésaine Justice et Paix est un des services de l'Eglise catholique au niveau du Diocèse de Butembo-Beni, qui a comme mission principale déclarée de promouvoir la sauvegarde de la dignité de la personne humaine, des droits humains, de l'édification de la paix et de la justice au niveau de la communauté. Pour ce qui est de son approche en matière de résolution des conflits, elle veut travailler à prévenir et à résoudre pacifiquement les conflits, les gérer de façon constructive grâce à une prise en charge des problèmes. Sur le plan structurel, elle dispose des subdivisions au niveau des paroisses, où fonctionnent des commissions paroissiales justice et paix mieux connues sous leur noms swahili de 'Haki (justice) na Amani (paix)'.

Dans son organigramme au niveau diocésain, la CDJP dispose d'une cellule de médiation des conflits, animé par un groupe de personnes qui comptent parmi elles de nombreux juristes. La consultation de son registre des dossiers enregistrés renseigne cependant que la plupart des dossiers reçus sont inhérents au problème d'accès et de gestion de la terre. Cette cellule de médiation reçoit donc essentiellement des conflits fonciers.

Les personnes qui se confient à cette cellule de médiation viennent de tout le diocèse de Butembo-Beni, recommandées par les commissions paroissiales implantées dans la quasi-totalité des paroisses du diocèse. Celles-ci leur transmettent en effet les dossiers qu'ils n'ont pas pu régler à leur niveau ou dont la consistance requiert l'intervention de plus de compétence en matière de maniement du droit et de la coutume.

La majorité des 'justiciables' qui se confient à ces commissions sont de confessions catholiques. Ce n'est pas une condition pour saisir lesdites instances, mais on a constaté dans les faits que les non catholiques se montrent méfiants lorsqu'il faut aller devant les commissions justice et paix de l'Eglise Catholique, craignant que les membres de la cellule de médiation ne fassent preuve de compréhension en faveur du justiciable qui confesse la même foi qu'eux.

Cette difficulté a été à la base de la création des commissions justice et paix dans les autres confessions religieuses, telle la commission justice et paix de l'Eglise protestante de Butembo.

La lecture de certains PV de conciliation établis au niveau des cellules de médiation des commissions justice et paix tant au niveau diocésain qu'au niveau des paroisses montrent que leurs animateurs recherchent des solutions dans tous les régimes, que ça soit dans le droit écrit ou dans le droit coutumier, et souvent ils recourent à des solutions intermédiaires négociées et acceptées entre les parties, et qui privilégient surtout la paix sociale. La coutume et les solutions négociées sont cependant plus sollicitées que le droit écrit.

2.1.4. AU NIVEAU DU CENTRE D'ANIMATION POUR LE DEVELOPPEMENT DE KIRUMBA (CACUDEKI)

Le centre d'animation pour la culture et le développement de Kirumba (CACUDEKI) est une Organisation Non Gouvernementale de Développement qui travaille avec les paysans du Territoire de Lubero depuis trente ans. Il appuie la population dans la structuration en Organisations de base et en matière de lutte contre la pauvreté.

Dans le domaine foncier, le CACUDEKI fait un travail de vulgarisation de la loi foncière et des principes fonciers coutumiers, fort que la connaissance de ces deux instruments de gestion foncière par les populations paysannes peut contribuer à réduire et à prévenir les conflits fonciers.

Le CACUDEKI n'intervient pas directement sur le terrain du règlement extrajudiciaire des conflits fonciers. Son intervention dans ce domaine se limite à un travail de sensibilisation des masses paysannes notamment sur la nécessité de prendre en charge le règlement des conflits fonciers au niveau local. Il assure dans cette logique des formations sur le règlement pacifique des conflits. Le chargé des questions juridiques au sein de l'organisation nous a ainsi déclaré :

« Nous insistons dans nos ateliers sur la valeur de la conciliation et donnons à nos membres et à ceux qui viennent participer dans nos travaux quelques dispositions à prendre pour que les petits papiers de conciliation qu'ils signent ici et là puissent avoir de la valeur aux yeux de la loi. Nous avons en fait fait le constat qu'il y avait des actes de conciliation qui n'étaient signés que par les conciliateurs seuls et non par les parties, ce qui fait que devant les tribunaux, certaines parties au procès les ont tout simplement contestés »[300].

Le CACUDEKI fait également de la sensibilisation autour de l'introduction de l'écrit dans les transactions foncières, notamment dans les conventions d'amodiation. Leur formalisation diminuerait la confusion qui entoure certaines opérations relatives à l'accès et à la gestion de la terre.

2.1.5. AU NIVEAU DU NRC ET DE UNHABITAT

Le Norwegian Refugee Council (NRC) est une ONG humanitaire dont la mission est de protéger les droits des personnes contraintes de fuir leur pays, ou leur habitation dans leur propre pays ou en dehors de ce dernier.

Dans le domaine foncier, le conseil norvégien pour les réfugiés (NRC) est engagé dans la prévention et la résolution des conflits fonciers au Nord Kivu et au Sud Kivu depuis 2003 à travers son programme Information, Conseil et Assistance Légale (ICLA). Le NRC a opté pour l'approche de la prise en charge des communautés dans la prévention et la résolution des conflits fonciers dans les zones de retour. Cette approche a été matérialisée à travers la mise en place et l'appui des commissions d'accueil et de réinsertion (CAR).

---

[300] Entretien du 28 juillet 2010 avec Maitre Mupasuli, ayant dans ses attributions la gestion du service juridique de l'organisation.

Les commissions d'accueil et de réinsertion, comme leur nom l'indique, ont pour mission principale d'aider les personnes déplacées, les retournés, les rapatriés, et d'autres vulnérables, à travers de solutions durables aux problèmes liés à l'accès et au contrôle de terre en tant qu'obstacle à leur retour et leur réintégration, réinstallation et intégration locale et sont composées de chefs traditionnels, des leaders de la société civile et des sages de villages.[301]

En dépit du fait que la nature des conflits fonciers ne soit pas la même dans le Petit Nord-Kivu (Rutshuru, Walikale Masisi) où la problématique foncière est surtout liée au problème des réfugiés et des personnes déplacées, le NRC a développé la même approche au Grand Nord-Kivu (Lubero et Beni), où les conflits fonciers se posent autrement et ne sont pas directement liés aux questions de réfugiés, même s'ils peuvent porter dans une moindre mesure au problème des déplacées internes.

Le NRC a donc installé les Commissions d'Accueil et de Réinsertion dans certains villages des Territoires de Beni et de Lubero, notamment à Butalengwa/Luotu où nous nous sommes rendus pour voir comment fonctionne la justice dans le cadre du règlement extrajudiciaire des conflits fonciers.

Le président de la CAR reçoit la partie requérante qu'il auditionne sur les faits rapportés. Il remplit pour ce faire une fiche dénommée '*fiche de données de cas*' qui renseigne sur l'identification des parties, la description des faits, les références du legal adviser, et l'identification de la commission qui connaitra du litige.

Une invitation est ensuite adressée à la partie citée à se présenter au bureau de la commission où sera organisée la séance de conciliation en présence de la partie requérante. Les solutions aux conflits au niveau des commissions d'Accueil et de Réinsertion se fondent dans la plupart des cas sur la coutume. Les membres de la commission proposent parfois des solutions originales dans la logique de cette justice extrajudiciaire où le compromis joue un rôle capital.

---

[301] Document NRC, Termes de Référence, Commission d'Accueil et de Réinsertion (CAR).

Dans un des dossiers enregistrés au niveau de la commission d'accueil et de réinsertion au village Butalengwa/Luotu, les faits exposés par la requérante Nziavake Katya sont ainsi présentés :

« *La parcelle a été vendue par Gaspard en 2005 au moment que cette parcelle ne lui appartient pas et quand Nz. continuait à y exploiter alors au courant de cette année, le chef terrien lui a ravi cette parcelle. C'est ainsi que Nziavake. est venue se plaindre dans notre bureau* »[302].

Il ressort des faits ci-haut présentés que le nommé Gaspard a vendu le champ de son chef terrien à Madame Nziavake. Très vite, le chef terrien a décidé de reprendre son champ des mains de l'acheteuse Nziavake sans aucune autre forme de procès. Monsieur Gaspard a donc vendu un bien d'autrui. Il a pour ce faire été accusé auprès de la commission par Mme Niziavake.

Les membres de la commission ont proposé un projet de solution qu'ils ont soumis à la signature des parties, et le compromis dont les termes suivent a été accepté par M. Gaspard et Madame Nziavake :

« *Consécutivement au conflit qui oppose Mme Nziavake à M. Mumbere Gaspard relatif à la parcelle située au village Ndeko, nous membres de la commission avons décidé ce qui suit :*

-A partir d'aujourd'hui, Madame Nziavake ne peut plus cultiver la parcelle querellée parce que M. Gaspard l'a trompé en lui vendant un bien ne lui appartenant pas,

-M. Gaspard va rembourser à Mme Nziavake le prix de vente de la parcelle, soit 250$,

[302] Séquence prise littéralement de la fiche des données de cas établi le 1 avril 2010.

-A partir de ce moment, les parties au conflit sont invitées à se côtoyer de nouveau et se tendre la main de la paix pour matérialiser leur réconciliation »[303].

Cet esprit de compromis peut encore être apprécié au travers de cet autre dossier dont les faits sont les suivants :

« *Trois terrains ont été cédés à Kivo par la famille Muvatsi depuis 2001. Jusqu'aujourd'hui Kivo continue à payer la redevance sur tous les trois terrains. Il réclame par ailleurs depuis un certain temps de Monsieur Muvatsi un autre terrain, celui qui abrite les tombeaux de son ancêtre Kivo aujourd'hui exploité par Muvatsi. Celui-ci n'apprécie pas la démarche de son vassal. C'est la source du conflit* »[304].

Pour mettre fin à ce conflit, la commission a réaffirmé que Monsieur Kivo était bel et bien vassal de M. Muvatsi qui est dans la logique du droit coutumier nande son chef terrien. Et pour ce faire la commission lui a demandé de continuer à s'acquitter de la redevance comme il le faisait déjà depuis 2001. Pour ce qui est de la réclamation du terrain abritant le tombeau de l'ancêtre de Monsieur Kivo, les membres de la commission ont demandé à Muvatsi de le remettre à son vassal Kivo, mais que celui-ci l'achèterait[305].

La solution peut paraître dénuée de tout fondement au regard du droit foncier coutumier, parce qu'en demandant à M. Muvatsi de remettre le terrain qui abrite le tombeau de l'ancêtre Kivo, les membres de la commission ainsi que les sages du village reconnaissaient donc que celui-ci l'occupait sans droit. Comment alors dans ces conditions demander au vassal Kivo d'acheter le terrain qui lui appartiendrait des mains de celui qui l'occupe sans droit ? L'explication est simple et c'est même à ce niveau aussi que l'on peut apprécier la souplesse des solutions rendues au niveau de la base. Les membres de la commission ont implicitement reconnu que le vassal

---

[303] Traduction faite par nous, des termes de la conciliation du 1avril 2010 rendue par la Commission d'Accueil et de Réinsertion du village de Butalengwa/Luotu.

[304] Acte de conciliation du 2 juillet 2010 par la commission d'accueil et de réinsertion de Butalengwa/Luotu.

[305] *Idid.*

avait le droit de réclamer le 'mahero' (terrain sur lequel ses ancêtres sont inhumés), mais vraisemblablement, en lui demandant de l'acheter au chef terrien qui l'occupait, ils ont sans doute voulu que la vassal Kivo paie l'investissement que son chef terrien Muvatsi avait déjà réalisé sur ledit terrain.

Un autre dossier a retenu notre particulière attention, parce qu'il oppose des membres d'une même famille, les garçons (deux), contre les filles (six). Nous avons en fait dit que les droits des femmes sont mal définis en coutume nande et que même les évolutions actuelles ne semblent pas encore faire évoluer son statut. Voici donc un cas qui a été soumis à la même commission d'accueil et de réinsertion du village Butalengwa/Luotu et dont la solution courageuse a reconnu les droits des femmes[306].

Les faits sont ainsi décrits sur la fiche de données de cas :

« *Le champ de Ngovolyo appartenant à Monsieur Ndungo Sivyolo a été attribué à ses filles et deux garçons dans son testament. Malheureusement après sa mort les deux fils voudraient s'approprier toute la portion de terre en chassant les six filles. Vous trouverez en annexe les éclaircissement sur ce fait* »

L'acte de conciliation dont nous reproduisons tout le corps a, comme nous venions de le dire, reconnu et réaffirmé les droits des héritières tels qu'ils figuraient dans le testament de leur père :

« *Dans l'acte testamentaire du regretté Ndanga Sivyolo du 2 mars 2008 de Ngovolyo/Luotu, localité Vutalengwa en chefferie des Baswagha ; la commission de réconciliation de la CRR de Vutalengwa a révélé ce qui suit :*

-Le champ de Ngovolyo appartient à ses 6 filles toutes mariées

[306] Acte de conciliation établi par la commission d'accueil et de réinsertion de Butalenwga en date du 23 mars 2010.

-Kambale Kitalivwa a une portion étant son fils adoptif de confiance dans ce champ de Ngovolyo. Que personne ne lui arrache cette portion.

-Monsieur Muhindo Sila ayant initié déjà après 56 jours de la mort de son père ci-haut identifié, avait déjà planté des arbres au détriment de ces 6 filles, est obligé d'aller arracher ces arbres pour que les filles puissent jouir de leur propriété.

-Les deux garçons doivent trouver une poule à laquelle les 6 filles pourront ajouter la farine de manioc afin de se réconcilier dans le but de solidariser comme fils et filles d'un même père.

-Le nommé Kambale Moloki, qui a occupé directement la maison du défunt tout juste après quelques jours doit regagner son toit habituel sans délai.

-Les 6 filles trouvent 20 bouteilles de kasix[307] *qu'elles vont donner aux hommes ».*

La décision est tellement intéressante vu que les filles parties au litige et auxquelles la conciliation accorde la propriété de terrain sont toutes mariées. Plusieurs personnes interrogées sur les droits des femmes disent tout simplement que la femme mariée n'a plus de droit à revendiquer dans sa famille d'origine.

On note également dans cet acte de conciliation qu'il fait ressortir un autre élément sur lequel nous sommes déjà revenus et qui caractérise en fait la justice traditionnelle, à savoir le rétablissement de la paix sociale, la réconciliation que doit ramener la conciliation. Il est symbolisé dans cet acte par le partage d'un repas auquel toutes les parties vont contribuer. Le point 4 de la conciliation est clair car il adjoint aux garçons de trouver la poule qui fera la sauce, et aux filles de chercher la farine de manioc qui fera la pâte, repas qu'ils vont partager ensemble en signe de réconciliation.

---

[307] Le kasix est une bière locale fabriquée à base de bananes.

L'agence des Nations Unies ONU-HABITAT exécute depuis le mois de mai dernier en partenariat avec le Haut Commissariat pour les Refugies (UNHCR) un programme foncier analogue qui s'inscrit dans le cadre du retour et de la réintégration des personnes déplacées et des réfugiés dans la province du Nord Kivu et dans le district de l'Ituri en Province orientale. Ce programme vise d'une part à prévenir les conflits fonciers qui naissent entre les communautés d'accueil et les personnes déplacées qui souhaitent retourner dans leur zone d'origine, d'autre part à régler ces mêmes conflits à travers des équipes de médiateurs très flexibles qui se déploient à l'échelle des territoires afin de répondre systématiquement aux cas de conflit foncier[308].

Les équipes de médiateurs, formées par le biais d'un atelier méthodologique à Goma sur les droits fonciers écrit et coutumier, se sont récemment déployées dans les deux provinces et ont débuté leurs activités en utilisant un outil « d'examen en temps rapide de la situation foncière » développé pendant la formation. A en croire Florian Bruyas de UNHABITAT Nairobi, cet outil méthodologique permet de collecter l'information très rapidement, de dresser un profil du conflit foncier en cours et de mettre en place un mécanisme de règlement de ce dernier[309].

Cette initiative n'est cependant pas encore systématiquement élargie aux territoires de Beni et de Lubero, pour les mêmes raisons, pensons-nous, à savoir que les conflits fonciers enregistrés dans le Petit Nord du Nord-Kivu (Masisi, Rutshuru, Walikale) ne sont pas de même nature que ceux qu'on retrouve dans le Grand Nord (Beni et Lubero). Ce qui fait que les équipes de UNHABITAT sont surtout déployées dans les territoires de Masisi, Rutshuru dans le Nord Kivu, et Djugu, Mahagui et Aru dans le District de l'Ituri.

---

[308] UN HABITAT, UNHCR, Bulletin foncier n°3 année 2010, Goma RDC, http://www.landcoalition.org/wp-content/uploads/unhabitat_n_3.pdf, 14 octobre 2010, 13h 40'

[309]http://www.unhabitat.org/content.asp?cid=7319&catid=190&typeid=6&subMenuId=0.

2.2. D'AUTRES INTERVENANTS PONCTUELS

Comme nous l'avons dit, les conflits fonciers prennent parfois des voies inattendues sur l'itinéraire de leur règlement, comme on peut le voir à la lecture de certains jugements, PV de conciliation et correspondances diverses. Les conflits fonciers sont en effet aussi portés devant les administrations locales, entendus dans des cabinets d'avocats,…

2.2.1. LES CABINETS D'AVOCATS ET DE DEFENSEURS JUDICIAIRES

Nous avons en fait sillonné quelques cabinets d'avocats et de défenseurs judiciaires. Et nous avons été surpris de trouver des cas dans lesquels les conseils des parties ont diligenté une conciliation et aidé leurs clients à trouver une solution à l'amiable plutôt que de poursuivre la procédure au niveau des tribunaux. Ce sont des cas rares mais qui existent quand même.

Lesdites conciliations interviennent soit à la demande des parties, soit à celle des avocats-conseils eux-mêmes et arrivent soit avant que les parties ne saisissent un juge, soit en cours d'instance, soit encore après le prononcé d'un jugement.

Un avocat s'exprime :

« *J'ai eu quelques dossiers qui ont été clôturés par voie de conciliation. Il s'agit du RC 1457/1396 du Tribunal de Grande instance du Nord-Kivu, siège secondaire de Butembo et RC 2086 du même tribunal.*

Pour le RC 1457/1396, la conciliation est intervenue en cours d'instance après la prise du dossier en délibéré. En effet le juge avait fait toute une année sans prononcer le jugement. Finalement une des parties a suggéré cette voie de conciliation à l'autre en passant par son conseil. Après plus ou moins deux mois (environ cinq séances), le conflit a trouvé une solution à l'amiable.

Pour le RC 2086, ce sont les conseils de deux parties qui ont proposé la conciliation. Elle est intervenue en cours d'instance avant même la plaidoirie. Les parties étaient tellement indigentes que les deux cabinets se sont convenus de convaincre leurs clients à régler leur différend à l'amiable car en fait ces clients seraient incapables de supporter le coût du procès et surtout les honoraires des conseils »[310].

A la question de savoir à quel régime ils font appel entre le droit écrit, le droit coutumier et le régime négocié, Maître Kizito Flavien répond :

« *L'on fait recours à un régime négocié car si on s'en tient à la loi, il y a une partie qui ne sera jamais satisfaite. L'une risque de faire prévaloir son droit au détriment de l'autre. C'est pourquoi on met un peu de côté le droit et on s'en tient au bon sens. Parfois on fait intervenir des notions d'éthique comme le pardon, la réconciliation, la tolérance, pourvu que le compromis soit trouvé* »[311].

L'intervention d'un cabinet d'avocats a aussi été déterminante pour mettre fin à l'amiable à un conflit qui avait déjà perduré. Il s'agit du dossier Kikoli qui opposait les membres d'une même famille sur la gestion et la propriété de la colline Munzambaye en commune Vulamba en ville de Butembo. Cette intervention est d'autant plus intéressante qu'elle est intervenue après que le dossier ait été couronné par plusieurs jugements demeurés sans suite qui n'avaient jamais pu être exécutés. L'initiative du cabinet avec le concours du bourgmestre de la commune a consisté à proposer aux parties de s'en remettre à un arbitre. Ce que les parties ont accepté et matérialisé par l'acte d'engagement qu'elles ont ainsi libellé :

« *Les parties en conflit sur le terrain Munzambaye, Thérese Kasoki Kikoli d'une part ; Kambale Kikoli Cyprien, Kasereka Kikoli Sylvain d'autre part ; devant le comité de sécurité élargi de la*

[310] Entretien avec Me Kizito Flavien, le 15 juillet 2010.
[311] Entretien avec Me Kizito Flavien, le 15 juillet 2010.

commune Vulamaba représentée par le Bourgmestre Kamabale Magasani Bokassa :

Attendu que les parties en conflits sont d'accord pour mettre fin au litige les opposant et qui a trop duré ;

Attendu que ces parties investissent Monsieur Mbusa Kisya comme seul responsable neutre capable de les départager surtout qu'il n'a jamais été en conflit contre l'une ou l'autre, ni intervenu dans leur procès au tribunal ;

A cet effet, les parties ci-dessus lui donnent pouvoir de descendre sur terrain pour procéder au lotissement de la partie restante, (...)

Après lotissement, Monsieur Mbusa Kisya procédera également au partage des parcelles qui y découleront »[312].

La signature de cet acte d'engagement des parties à ce vieux conflit à l'instigation de l'avocat de l'une des parties a donc permis à l'arbitre choisi de trouver une solution à l'amiable à ce conflit que les tribunaux n'ont pas su vider.

Certains dossiers sont parfois aussi retirés des tribunaux pour rentrer au niveau de la base où ils sont soumis aux sages du village et à d'autres instances extrajudiciaires, sous les conseils de certains avocats. En effet, c'est dans cette perspective que les familles Mughanza et Katura Muko ont signé pour mettre fin au conflit qui les opposait autour du terrain Kitembe Kyandondi, et qu'elles ont trouvé en puisant dans les dispositions du droit coutumier, les deux familles prévoient à la fin de l'acte qui a matérialisé ladite entente que « *le dossier enregistré au tribunal de Paix de Beni sous RC 1865 est clôturé* »[313].

---

[312] Document intitulé 'Acte d'engagement' du 12 mars 2010, source Cabinet Me Kyambale Maha Vincent.

[313] Acte de conciliation intitulé 'Mapatano kati ya jamaa Mughanza na Jamaa Katura Muko juu ya shamba Kitembe Kyandondi', signé le 8 mai 2010, source : Cabinet Me Abudu et confères.

Les avocats et défenseurs judiciaires que nous avons rencontrés reconnaissent tous avoir déjà enregistré dans leurs cabinets des dossiers qui ont été résolus par la conciliation, à leur initiative ou à celle des parties. Pour beaucoup de dossiers, c'est encore la coutume et le régime de compromis qui ont été les plus sollicités. Le tableau ci-après en dit long :

Conflits fonciers réglés au cabinet	Moment d'intervention	Initiateur	Régime juridique appliqué
1. Dossier Kikoli portant sur la colline Munzambaye en commune Vulamba	Après plusieurs jugements	Cabinet avec le concours du bourgmestre de la commune	Coutume
2. RC 1457/1396	En cours d'instance	Une des parties	Compromis
3. RC 2086	Les conseils des parties	Les deux conseils	Compromis
4. RC 1495 opp1110	En cours d'instance	Le cabinet	Arrangemen t
5. Dossier Musako contre Katembo Kisolu autour du terrain de Ngakyo	Avant que le dossier ne soit porté au tribunal	Le cabinet	Arrangemen t
6. Mbusa Visigha contre Kitakya Tsumba	Avant la saisine du tribunal	Les deux parties	Coutume
7. Kakule Mirovo Onu contre Bilamba Kendakenda	Avant la saisine du tribunal	Une des parties	Compromis

Comme on peut ainsi le constater, les conflits fonciers coutumiers suivent en fait des itinéraires multiples et multiformes, parfois sans liens les uns envers les autres, des itinéraires non régulés, les uns formels et officiels et donc légaux, les autres plutôt informels mais légitimes.

Les conflits fonciers coutumiers suivent surtout deux voies principales : les chambres de conciliation et les tribunaux de paix et/ou de grande instance. La première est informelle, la deuxième est formelle. Faut-il le rappeler, les litiges fonciers coutumiers individuels et collectifs sont de la compétence des tribunaux de paix, selon la volonté du législateur. Cependant, les conseils/chambres de conciliation continuent eux aussi à fonctionner. Ils se sont imposés comme des voies incontournables pour la majorité des populations des territoires de Beni et de Lubero dans le règlement des litiges fonciers régis par la coutume.

Dans l'informel, ces deux voies sont successives. Beaucoup de gens s'adressent d'abord aux chambres de conciliation, et ce, à partir de la base, de la localité à la chefferie en passant par le groupement. C'est seulement lorsque le litige n'a pas été vidé à ce niveau que les parties saisissent les tribunaux de droit écrit. D'autres par contre, se rendent directement devant les tribunaux de paix sans transiter par des instances intermédiaires.

Comme nous l'avons dit, ces deux instances sont concurrentes. Elles ne collaborent que dans un petit nombre de cas. Elles se combattent mutuellement. Les juges des tribunaux de paix se font prévoir de la légalité, les coutumiers, eux, avancent la légitimité de leurs structures que les justiciables n'ont pas désertées.

Cette compétition non régulée a sans doute des conséquences sur l'administration de la justice notamment l'impossibilité de règlement définitif d'un conflit, celui supposé réglé ici par telle instance pouvant rebondir là auprès d'une autre.

L'analyse d'un cas que nous avons trouvé dans le matériel que nous avons examiné est illustrative de cette situation, surtout par l'importance des rebondissements juridictionnels qu'il a entrainés.

SECTION IV. EFFETS D'UN PLURALISME JURIDICTIONNEL NON REGULE : ILLUSTRATION AVEC LES RC 914 ET 1453 DU TRIPAIX DE BENI

L'intervention non régulée de plusieurs acteurs dans le règlement d'un conflit foncier a parfois des conséquences néfastes sur l'issue du dossier, notamment la perte de temps, l'impossibilité de le régler définitivement, l'insécurité judiciaire (une solution trouvée devant une instance pouvant à tout moment être contestée ou cassée devant une autre), l'existence de plusieurs 'jugements' sur un seul et même litige, avec comme conséquence l'institution de plusieurs gagnants (chacune pouvant brandir celui qui lui donne gain de cause et s'en prévaloir), ce qui augmente l'insécurité juridique sus évoquée,...

L'étude d'un cas va nous amener à nous en rendre compte. Il s'agit des dossiers RC 914 et RC 1453, autour d'un conflit foncier coutumier en territoire de Beni.

Les jugements rendus sous RC 914 et RC 1453/tierce opposition au premier degré par le Tribunal de paix de Beni nous permettent en effet de voir tous les développements qu'un conflit foncier régi par la coutume a connus sur l'itinéraire de son règlement. C'est en fait l'exemple d'un conflit qui a gravi tous les échelons juridictionnels formels et informels, sans pour autant avoir été définitivement résolu sur le terrain (en dépit de l'existence d'un jugement ayant acquis l'autorité de la chose jugée).

Le conflit oppose deux familles qui se disputent, comme dans la plupart des cas, le droit de propriété sur un terrain. Il s'agit des familles Masimengo et Parara. On peut comprendre la nature de leurs revendications en se référant à deux 'jugements' (PV de conciliation et jugement) qui ont été rendus autour du dossier.

Pour la famille Masimengo, le PV de conciliation établi à la chefferie des Bashu en date du 2 février 2004 renseigne :

« Par la plainte du demandeur Muhindo Masimengo, le chef de chefferie a pris l'initiative d'inviter le défendeur Kambale Parara à

se présenter à la chefferie séant et siégeant en matière civile et coutumière au local ordinaire de ses audiences publiques sis à Butungera en date du 17 novembre, (...)

Pour, attendu que le requérant est par legs ancestral, propriétaire d'une concession de terre dénommée Kivingu, située en groupement Malio dans la chefferie des bashu, en Territoire de Beni,

Qu'il paie sa redevance coutumière annuelle d'une chèvre à son chef terrien Vihangara Kisumano ;

Attendu que le grand-père du requérant sieur Nyamurunda adopta le grand père du défendeur sieur Mbugheki, dont selon les témoignages, il était chasseur venant de Mavono,

Attendu que suite aux services rendus par sieur Mbugheki en faveur du grand-père du requérant sieur Nyamurunda, ce dernier lui céda une partie du champ à titre gracieux pour sa survie ; (...)

Attendu qu'à la mort de ces deux grands-pères, dont respectivement sieur Nyamurunda et Mbugheki l'assigné commença à ravir certains champs dans la partie ne lui appartenant pas, notamment les deux champs Kisha et Matanda ;

Attendu que malgré la bonne volonté du requérant à trouver un terrain d'entente avec l'assigné, il se buttera contre la mauvaise volonté de ce dernier consistant en ventes et cessions anarchiques des champs querellés à Kivingu, (...) ;

Attendu que le requérant saisit le tribunal de céans pour solliciter la confirmation de ses droits sur les trois champs spoliés, l'annulation des cessions et ventes opérées pour violation flagrante et intempestive de la coutume nande en matière de vassalité gracieuse,... »[314].

[314] Chefferie des bashu, PV de conciliation du 27 avril 2004.

En lisant ces attendus à la lumière de la coutume nande, le demandeur Masimengo veut renier au défendeur Parara la qualité de vassal au même titre que lui. Son grand père ayant invité le grand-père de l'autre sur ces terres, et lui en ayant donné une partie pour service rendu, ce dernier devenait ainsi un sous-vassal et devait être assujetti au système de redevance en faveur de demandeur.

Ce qu'évidemment le défendeur Parara n'entend pas de cette oreille. On peut lire sa version des choses, dans le dossier dans lequel il est demandeur au Tribunal de paix de Beni, contre monsieur Masimengo (et son frère), sous RC 914 :

« Attendu que le requérant est propriétaire incontestable de plusieurs lopins de terre du terrain Kivingu, sis dans la localité Kasitu, groupement Malio, chefferie des bashu en territoire de Beni et qui constituent des legs ancestraux pour lui ;

Attendu que le requérant et les deux assignés sont issus d'un ancêtre commun qui répondait au nom de Ngova, qui a sollicité tout le terrain Kivingu à son chef terrien Kisumano moyennant paiement d'une redevance coutumière d'une chèvre l'an ;

Attendu que cet ancêtre avait mis au monde deux fils, le premier au nom de Nyamurunda dont descend le défendeur n°1, et le deuxième du nom de Mbugheki, dont descend le requérant Parara, et qui avant sa mort partagea son terrain Kivingu à ses deux fils,

Attendu qu'il a réparti également et équitablement ses six vassaux à ses deux fils, chacun en recevant trois vassaux sur ce terrain ;

Attendu qu'à partir de février 2002, période de la mort de Mbugheki (mourut à l'âge de 91 ans) père du requérant, les assignés par esprit de mauvaise foi, ont commencé à évincer le requérant en s'emparant indûment de ses champs lui légués,

(...)

Qu'il importe que en conséquence que le tribunal saisi de ce litige confirme mon requérant comme seul propriétaire des lopins de terre en querelles... »[315].

En revendiquant le lien familial avec le défendeur Masimengo, le demandeur Parara veut lui rappeler que descendant d'un ancêtre commun, ils ont les mêmes droits fonciers. Qu'il ne peut donc verser la redevance auprès du défendeur Masimengo, mais qu'il a lui aussi le droit d'aller déposer la sienne auprès de leur chef terrien commun. Qu'il n'a donc pas de compte à rendre au défendeur Masimengo, leurs deux grands-pères ayant eu chacun ses terres, pour lesquelles ils versaient chacun la redevance.

Ce litige apparemment facile à régler, car il suffirait de mettre la lumière sur la situation généalogique de deux familles, et de s'en remettre au chef terrien pour ce qui est de la vassalité (par rapport aux deux familles parties au litige), a pourtant donné lieu à des rebondissements incessants. Ce qui a fait que de la première tentative de conciliation, au dernier jugement rendu sur le dossier, il s'est passé six ans.

Le conseil de la localité de Kasitu où sont situées les terres objet du litige s'est prononcé sur le conflit juste après sa naissance. En témoigne l'acte versé au dossier du tribunal de paix de Beni, intitulé, « conclusion ya jugement ya famille Musumba na famille Makwaya »[316], signé par le chef de localité et ses juges, en présence de 60 hommes, lit-on dans l'assignation faite dans l'affaire au défendeur Masimengo. Il a été signé en date du 4 octobre 2002. Cet acte versé au dossier par monsieur Parara semble lui avoir donné raison sur la famille Masimengo. Sinon, il ne s'en prévaudrait.

La deuxième instance qui s'est prononcée sur le litige est la mairie de la ville de Butembo. Il faut signaler que le champ querellé est situé en dehors de la ville de Butembo, dans le Territoire de Beni. L'autorité urbaine expliquera pourquoi il est rentré dans le jeu, en disant,

---

[315] Tribunal de paix de Beni, RC 914, 15 juillet 2004.
[316] En français, 'conclusion du jugement des familles Musumba et Makwaya'.

« Si nous nous sommes rendus à Kivingu, c'est parce que les membres des deux familles habitent dans la ville de Butembo. Leur conflit ayant dégénéré en insécurité, tel est le mobile qui nous a poussé à nous saisir du dossier »[317].

Le maire adjoint de la ville qui a suivi le dossier dit avoir confronté deux familles en présence de plus de cinquante personnes. Il dit être arrivé à la conclusion que la famille Masimengo est la seule vassale de la famille Kisumano à qui elle remet annuellement une chèvre de redevance coutumière, et la famille Parara qui a des portions de terres dans les champs de la famille Masimengo semble ne pas avoir de parenté avec celle-ci. Ce qui rejoint la thèse présentée par Masimengo à la chefferie. La conciliation de ladite autorité a été rédigée par elle en ces termes :

« Après avoir écouté toutes les deux parties en conflit, avoir contacté les sages de la place, après analyse de tous les documents à leur possession, après confrontation sur place et auparavant en notre office, après constat que c'est la famille Kisumano (chef terrien) qui est à la base du conflit en acceptant de prendre la chèvre de redevance de la famille Parara alors que cette dernière n'a jamais donné aucune redevance coutumière depuis son arrivée dans le dit champ, nous avons proposé la conciliation suivante :

-La famille Parara doit rester dans la portion de terre qui lui avait été attribuée depuis ses ancêtres,

-Cette famille Parara n'a pas le droit d'amener une redevance quelconque auprès de la famille Kisumano,

-Seule la famille Masimengo a le droit d'acheminer la redevance dans la famille Kisumano,

-La famille Kisumano ne doit plus jamais accepter de recevoir la chèvre de la famille Parara,

---

[317] Hôtel de ville de Butembo, acte intitulé, 'acquisition conciliative, du 16 décembre 2002.

Cette famille Parara doit plutôt amener la chèvre de redevance à la famille Masimengo pour la portion qu'elle a dans la famille de cette dernière.
(...)

Nous déclarons clos ce dossier des deux familles en conflit et la famille Kisumano (chef terrien) marque son accord favorable pour cette conciliation »[318].

Cette conciliation est rendue en faveur de Monsieur Masimengo, Parara voyant au même moment la qualité de membre de la famille de Masimengo dont il se prévalait remise en question.

La première difficulté se pose à ce niveau. Tous les actes de jugements disent se référer aux sages du village et aux membres de la communauté villageoise où sont situées les terres objet de la querelle. Mais ils aboutissent à des conclusions différentes, la localité de Kasitu ayant donné gain de cause à Parara, et la mairie de Butembo ayant quant à elle donné raison à la famille Masimengo.

Il faut noter que cette conciliation n'a pas vidé le litige. Au mois d'octobre 2003, un autre dossier sur les mêmes faits est ouvert au niveau du poste d'encadrement administratif de Butuhe, une petite bourgade située elle aussi dans le territoire de Beni et dont dépend directement le village de Kasitu. Le chef de poste conclut que la partie revendiquée par Masimengo est de droit à Parara et il dit se fonder sur la convention de leurs pères[319].

La conciliation ainsi initiée vient à son tour remettre en cause les conclusions de celle qui a été proposée par l'Hôtel de ville de Butembo en donnant gain de cause à celui qui a perdu devant les autorités urbaines. Ce qui a poussé la famille déclarée perdante au niveau du poste d'encadrement à chercher la justice ailleurs. Mais au lieu d'informer le maire de ville des revirements pris par le dossier au niveau du poste d'encadrement pour qu'il en fasse le suivi, la famille

---

[318] Hôtel de ville de Butembo, acte intitulé, 'acquisition conciliative', du 16 décembre 2002.
[319] Poste d'encadrement administratif de Butuhe, conciliation du 13 octobre 2003.

Masimengo va orienter le dossier vers le conseil de conciliation de la chefferie.

La chefferie saisie du dossier dit avoir diligenté une enquête sur terrain dans le village de Kasitu où sont situées les terres disputées par les parties en conflit et a rendu ses conclusions dans un procès-verbal qui a été signé par le chef de chefferie en date du 27 avril 2004. Un procès-verbal dont la forme laisse subsister des interrogations sur le sens à donner aux termes mêmes de la conciliation. Le 'dispositif' de la conciliation est en effet lui aussi rédigé comme une demande à un tribunal. Plaise au tribunal, dit le PV de conciliation, de

« Dire recevable et fondée la présente action ;

Confirmer le requérant Masimengo comme seul propriétaire de ces deux champs de Kisha, celui de Matanda reste entre les mains de Parara ;

D'annuler les ventes et cessions y opérées par l'assigné ;

Dire à Parara de payer une amende de 20 $ pour avoir injurié les juges assesseurs ;

Demander à l'assigner de payer la redevance annuelle équivalant à une chèvre pour toute la partie octroyée au grand-père de l'assigné par le grand-père du requérant.

Ainsi jugé et prononcé par la chefferie des bashu siégeant en matière civile et coutumière... »[320].

On reste sur sa soif en lisant les termes de cette conciliation qui, dans sa lettre, ne s'est finalement pas prononcée sur les conflits pour départager les parties. Mais en cherchant l'esprit dudit PV, et en tenant compte de la difficulté qu'éprouvent les chambres de conciliation à définir la nature et surtout la forme des actes qu'elles prennent, on peut comprendre que la chambre de conciliation de la chefferie confirme la propriété du requérant Masimengo sur les terres

---

[320] Chefferie des bashu, PV de conciliation du 27 avril 2004.

querellées, et qu'elle demande à l'accusé Parara de verser la redevance annuelle d'une chèvre au requérant. Pour la chefferie, l'accusé ne peut pas se prévaloir d'une quelconque vassalité avec le chef terrien de requérant, il reste plutôt sous-vassal qui pour la vassalité dépend hiérarchiquement du requérant.

Ainsi comprise, cette conciliation rejoint les termes de celle qui a été rendue par les autorités urbaines de la ville de Butembo, à savoir que Masimengo est le propriétaire des champs querellés dans lesquels il a amodié une partie à monsieur Parara contre paiement d'une redevance annuelle d'une chèvre. Elle accrédite la thèse de la non-existence de liens familiaux entre les deux parties au conflit.

Ce n'est pourtant pas la fin du feuilleton juridictionnel autour de ce conflit. La partie qui a perdu devant la chefferie a saisi le tribunal de paix de Beni quelques jours après avoir reçu le verdict de la chefferie.

Monsieur Parara a fait remettre une assignation à monsieur Masimengo le 6 mai 2004, d'avoir à comparaître devant le tribunal de paix de Beni en la date du 20 mai 2004. A notre avis, ce procès aurait été une occasion pour le tribunal de faire éclater la vérité sur les vrais motifs de ce conflit, l'identité des parties, leurs origines familiales, l'occupation des terres querellées, la vassalité dont ces terres étaient grevées, au travers des témoignages, des décentes de terrain, mais il s'est malheureusement contenté d'un défaut à la première audience en défaveur du défendeur Masimengo. Le jugement rendu le 15 juillet 2004 reconnait la propriété des terres objet du conflit à monsieur Parara[321].

Ne sachant pas comment fonctionne la justice, et fort des conclusions des conciliations de la ville de Butembo et de la chefferie des bashu rendues à sa faveur, le défendeur ne s'est donc pas présenté à l'audience lui notifié dans l'assignation et le défendeur en a profité pour solliciter un défaut que le tribunal lui a adjugé. Le juge avait-il déjà été suffisamment éclairé à cette unique audience ?

[321] Tribunal de paix de Beni, RC 914, 15 juillet 2004.

Le jugement du tribunal de paix de Beni est venu donc renverser la tendance, en prenant une position contraire à celle qui a été émise par le conseil de la chefferie des bashu.

La partie qui a perdu le procès sous le RC 914 a tenté de revenir à la charge plusieurs années après en faisant initier un dossier en tierce opposition, dans une affaire qui a été enregistrée auprès du tribunal de Beni sous RC1453/tierce opposition au RC 914 joints RC 1449. Dans ce nouvel épisode judiciaire un des membres de la famille Parara vient contester le jugement qui a été rendu quelques années auparavant par le même tribunal.

Sur la tierce opposition le code de procédure civile congolais prévoit en ses articles 80, et 81, successivement ce qui suit :

« Quiconque peut former tierce opposition à un jugement qui préjudicie à ses droits, et lors duquel ni lui, ni ceux qu'il représente n'ont été appelés ».

« La tierce opposition formée par action principale est portée au tribunal qui a rendu le jugement attaqué ».

Le tribunal a débouté le demandeur de son action. Il a estimé qu'il ne remplissait pas les conditions pour former la tierce opposition. Il a relevé un défaut de qualité et d'intérêt dans le chef du demandeur. Dans le cas d'espère s'agissant de la tierce opposition,

« Le tribunal constatera que le représentant de la demanderesse, sieur Kambale Muhangisa est petit frère des défendeurs sub 2 et sub 3 in RC 1453, à savoir Muhindo Musumba et Muhindo Masimengo, qui ont déjà perdu sous le RC 914. Seul l'aîné de la famille peut agir au nom et pour le compte de celle-ci en cas de conflit portant sur le terrain coutumier collectif ; que sous le RC 914, les intérêts du soi-disant représentant de la demanderesse

étaient garantis ou représentés par ses grands frères qui étaient seuls qualifiés d'agir au nom et pour le compte de la famille »[322].

Pour rejeter l'action de la famille demanderesse le tribunal a également évoqué l'autorité de la chose jugée que le jugement contesté avait déjà acquis.

C'est ainsi que s'est terminé cette longue épisode judiciaire qui a duré 6 ans. On a tout de même l'impression que la clôture du dossier n'a pas permis de connaître la vérité autour de ce conflit qui a opposé les familles Masimengo et Parara. Des jugements rendus dans ces conditions sont parfois difficiles à exécuter sur le terrain. Les tribunaux rencontrent des oppositions farouches à l'exécution. Certaines des parties qui ont été actrices dans le conflit et qui ont perdu dans la cause initiée pour ce faire opposent à la force du jugement l'appartenance à ces terres qu'elles occupent depuis des générations.

La multiplicité des instances de règlement fait que les conflits perdurent, et que les litiges ne soient pas définitivement résolus. Cela pourrait résulter de l'absence d'un cadre juridique clair et réaliste autour de la question, à l'absence d'une législation judiciaire qui sache allier légalité et légitimité. Comment peut-on ne pas reconnaître la justice coutumière dans une société régie dans presque tous ces aspects par la coutume ? Il s'agit en fait d'un manque de réalisme qui, dans les régions comme les territoires de Beni et Lubero où les populations organisent tout leur vécu autour de l'organisation et de la gestion foncière par des principes coutumiers, ne peut pas arranger les choses.

Dans ces conditions, impliquer formellement les autorités coutumières dans le règlement des conflits fonciers dans le ressort de leur administration paraît une nécessité. Cela passe par la reconnaissance auxdites autorités d'un quelconque pouvoir judiciaire, qui ferait de leur intervention dans un litige foncier régi par la coutume un préalable à toute saisine des tribunaux de droit écrit. Cela

---

[322] Tribunal de paix de Beni, RC 1453/tierce opp. au RC 914, joints RC 1449, 13 mai 2008.

éviterait la situation que nous vivons aujourd'hui et qui a été peinte dans le litige que nous avons analysé, ou chaque partie a la possibilité de porter le dossier devant l'instance de son choix, non pour que l'instance saisie dise le droit, rende la justice ou départage les parties, mais pour qu'elle donne gain de cause à la partie qui l'a saisie. Dans les régions rurales où les populations se réalisent et se reconnaissent encore dans leurs pratiques coutumières auxquelles elles recourent naturellement, il serait normal et logique que cet état des choses soit consacré légalement.

Figure 2 : ITINERAIRE JURIDICTIONNEL SUIVI DANS LE RC 914/1453

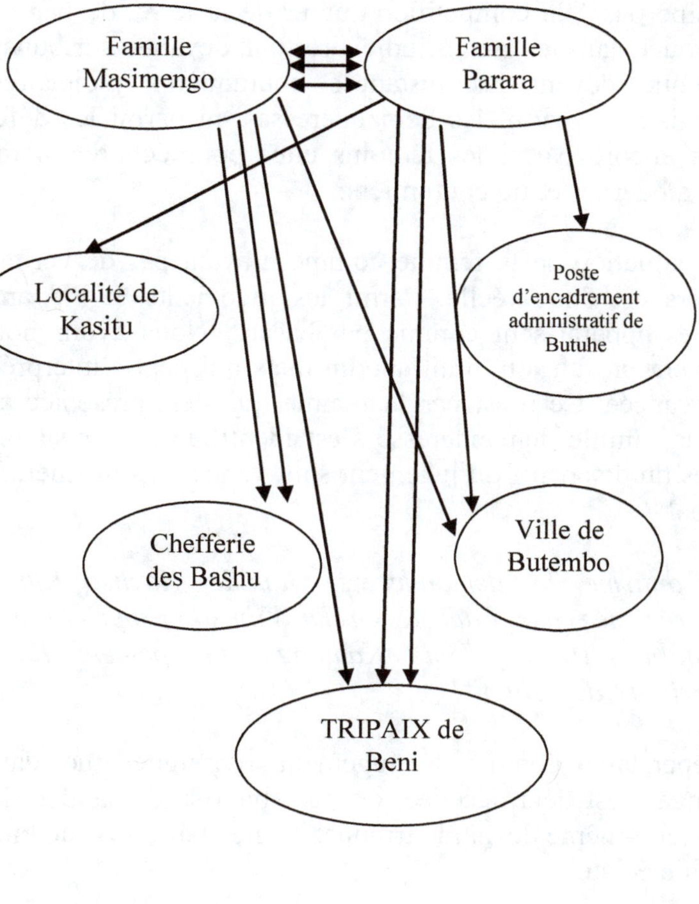

SECTION V. LE STATUT DE LA FEMME A LA LUMIERE DES JUGEMENTS ET PV ANALYSES

La lecture des jugements et PV de conciliation rendus et établis dans les tribunaux de droit écrit et les chambres de conciliation nous permet en effet de comprendre la vraie position de la femme dans le droit foncier coutumier nande. On sent en effet que la femme ne participe pas à la compétition autour de la terre, de par son absence remarquée dans les arènes judiciaires tant devant les tribunaux de droit écrit que devant les instances coutumières judiciaires. On ne l'enregistre ni parmi les demanderesses, ni parmi les défenderesses, moins encore parmi les témoins cités pour éclairer la religion des juges modernes et/ou coutumiers.

La situation de la femme comme n'ayant pas de véritables droits fonciers est donc réelle. Parmi les jugements et PV analysés, les femmes apparaissent comme par hasard. Nous avons noté dans un jugement un fait, on dirait anodin mais qui peut s'interpréter comme une avancée. Ce n'est pas la femme qui s'est présentée au tribunal, mais la famille demanderesse s'est identifiée par une femme. Et les termes du dispositif du jugement sont venus le confirmer. En effet, le tribunal

> *« Confirme la demanderesse famille Kavira Kihangala* [323] *, représentée par Paul Kasereka Vihuko, propriétaire de champ Totolito, 10 km route Kamango, groupement Batangi-mbau, territoire de Beni »*[324].

Cependant, comme le jugement renseigne que dame Kavira Kihangala est déjà décédée, on peut bien se demander si elle serait venue elle-même devant le tribunal si elle était en vie au moment où le conflit a éclaté.

Dans un autre jugement, c'est carrément une femme qui s'est présentée devant le tribunal, se prévalant de sa qualité de propriétaire

---

[323] Kavira est le nom de la deuxième fille d'une famille, quand le premier né est aussi une fille.
[324] Tribunal de paix de Beni, RC 1586, 4/8/2008.

terrienne sur un terrain qu'elle dit avoir hérité de son défunt père nourricier, un droit qu'elle dit reconnu et confirmé par son chef terrien qui perçoit régulièrement la redevance coutumière versée sur ce champ. Et dans cette cause, c'est la demanderesse, dame Kambere Kaswera Anna, qui a été confirmée propriétaire, au détriment des autres membres de sa famille qui avaient des champs de culture dans le terrain objet de conflit. En effet,

> *« Le tribunal a en effet estimé qu'il y a lieu de condamner les défendeurs et tous ceux qui pratiqueraient quelques cultures des plantes vivrières de leur chef sur le champ sis Kibwe-Kisitu, localité de Maboya, groupement Malio, à la cessation de tout trouble de jouissance étant donné qu'il a été constaté par le tribunal lors de l'instruction, en dépit des dépositions des renseignants que c'est la demanderesse seule Kambere Kaswera Anna*[325] *qui paye la redevance sur toute l'étendue du champ conflictuel depuis la mort de son père jusqu'à présent... »*[326].

On signale également la présence d'une femme qui a représenté sa famille au tribunal dans le RCA 480. On peut en effet lire dans l'assignation :

> *« A la requête de monsieur Kasereka Kisomerya..., je soussigné Kahindo Kalindera, huissier judiciaire de résidence à Butembo, ai donné assignation et laissé copie à la famille Muhugho, représentée par dame Kahambu Muhongya Joséphine*[327]*... »*[328].

Par ailleurs, dans un PV de conciliation parmi ceux que nous avons étudiés, les membres du conseil de conciliation ont reconnu à une femme, Masika Joséphine, le droit à l'héritage de la terre, et même à la perception de la redevance. Les conclusions auxquelles ils sont parvenus prévoient entre autres,

---

[325] Le jugement ne renseigne malheureusement pas sur l'état civil de dame Kambere Kaswera, celui étant apparemment un élément déterminant pour apprécier l'étendue des droits foncier de la femme chez les nande.

[326] Tribunal de paix de Beni, RC 069, 17/5/2009.

[327] C'est nous qui soulignons.

[328] Tribunal de grande instance du Nord-Kivu, siège secondaire de Butembo, 12/5/2002.

« Les lopins de champ de la branche Tsodoha sont répartis entre les enfants nés de sa première femme et ceux de sa deuxième femme de la manière suivante :

-Masika Joséphine prend : -une partie du lopin de Vwandwa, -la partie inférieure du lopin Ngwayavwa I, celle occupée par le vassal David, -la partie supérieure de Ngwayavya II ;

-Tsodoha Marie-Jules prend : -une partie du lopin Vwandwa, - la partie supérieure du lopin Ngwayavya I, -la partie inférieur de Ngwayavya II, celle occupée par le vassal Kivwagna Anyasi, -tout le lopin de terre se trouvant à Vulambo I

-Bien que Marie-Jules prenne seul le lopin de champ de Tsodoha sis à Vumabo I, Masika Joséphine a droit à sa part de redevance payée par Placide Kura et Alphonse à Tsodoha, Kahango et Mukohe, (...),

-La part de la chèvre de redevance payée par le vassal David revient à Masika Joséphine, (...) »[329].

Mais comme nous l'avons dit, cette présence « hasardeuse » de la femme signalée par ces quelques jugements est insignifiante. Elle demeure absente des palais de justice, et des chambres de conciliation, ce qui vient confirmer sa situation de marginalisée ou d'écartée de la compétition portant sur l'accès et la gestion de la terre, consacrée par la coutume et les pratiques discriminatoires enregistrées dans les territoires de Beni et de Lubero.

Ce sont pourtant les femmes qui font la majorité des travaux de champs. Leur absence des palais de justice nous ramènent donc à dire que les conflits fonciers enregistrés sur les champs qu'elles cultivent sont portés devant les tribunaux ou d'autres instances juridictionnelles par les membres de leurs familles de sexe masculin ou alors par leurs maris ou les membres de famille de ceux-ci.

[329] Chefferie des Baswagha, PV d'audition et de conciliation, 8/7/2005.

CONCLUSION PARTIELLE

Ce chapitre, consacré au droit foncier coutumier nande dans le règlement des conflits fonciers dans les Territoires de Beni et de Lubero a relevé l'importance des conflits fonciers coutumiers dans la configuration générale des matières soumises devant les cours et tribunaux de la région, et les autres instances juridictionnelles. En effet, on a réalisé que plus ou moins 80% des dossiers enregistrés devant toutes ces instances portent sur les conflits fonciers. Ceux-ci concernent des conflits de limites, des conflits de succession, des conflits de reconnaissance des droits de jouissance d'une terre coutumière,…

Le droit coutumier nande est censé être le droit applicable aux conflits fonciers individuels ou collectifs régis par la coutume tant au sein des tribunaux de la région qu'auprès des chambres ou conseils de conciliation des groupements, des chefferies traditionnels et des organisations non gouvernementales, au sein des administrations territoriales notamment les bureaux des territoires, etc.

Son application ne va cependant pas sans poser des problèmes. D'abord celui de sa connaissance dans les tribunaux de droit écrit. La lecture des différents jugements que nous avons analysés fait en effet transparaître que les animateurs des tribunaux de droit écrit ont des difficultés dans l'interprétation des notions essentielles du droit coutumier nande dont la maîtrise exige beaucoup d'efforts à cause des principes qu'il traduit et dont la plupart n'ont pas d'équivalents en français, langue de communication officielle. La présence des juges assesseurs aux cotés des magistrats de carrière ne semble pas résoudre le problème, comme en témoigne l'existence des interprétations parfois contraires et contradictoires des principes coutumiers dans le chef d'un même tribunal.

On comprend dès lors pourquoi les juges se sont empressés de récupérer les principes fonciers coutumiers rassemblés et publiés par le syndicat de défense et des intérêts paysans, dont ils se servent comme d'une loi foncière coutumière écrite jusqu'à s'y référer dans les dispositifs de leurs jugements au lieu de fournir des efforts pour bien connaître la coutume foncière nande dans toute sa compléxité. Or ces principes, bien qu'ayant beaucoup de dénominateurs communs, ne sont cependant pas les mêmes dans certaines autres de leurs dispositions dans les différents clans composant la tribu nande.

Ensuite il y a la question de maniement de la coutume par des juridictions de droit écrit. Celles-ci appliquent en fait aux litiges de droit coutumier des notions et des procédures parfois inconnues du droit foncier coutumier nande notamment la prescription, la forclusion, l'exigence des titres de propriété, la notion classique de propriété, ce qui fait qu'elles paraissent inadaptées à ce genre de litiges et inefficaces par endroit. C'est notamment le fait d'instituer des propriétaires fonciers individuels sur des terres coutumières qui en principe sont collectives.

Cette partie du travail nous met en face de beaucoup d'acteurs (étatiques et non étatiques) qui interviennent dans le règlement des conflits fonciers régis par la coutume : les tribunaux de paix, les chambres de conciliation des groupements et chefferies, les services de médiations et de conciliation des ONG,…Mais il s'agit en fait d'un pluralisme 'judiciaire' de fait, car non consacré par le législateur.

En fait, les tribunaux de l'Etat existent et fonctionnent. Dans les territoires de Lubero et de Beni, deux tribunaux de paix ont la lourde tâche de dire le droit dans le cadre des conflits fonciers coutumiers avec, pour les deux territoires, deux sièges secondaires du tribunal de grande instance du Nord-Kivu installés à Butembo et à Beni. Et comme nous l'avons souligné, la majorité des litiges qu'ils enregistrent concernent les problèmes d'accès et de gestion de la terre. On s'aperçoit très rapidement que ces instances sont débordées : deux tribunaux de paix pour un territoire de quelques 25580 km² peuplé de plus 3,5 millions de personnes, avec un nombre de magistrats insuffisant (celui de Butembo en compte aujourd'hui trois, celui de Beni dispose de deux). Ceci fait que les dossiers trainent beaucoup de mois, parfois jusqu'à des années avant qu'un jugement ne soit rendu.

Sur le plan légal aucune autre instance ne devrait fonctionner dans cette région, l'Etat ayant réservé le monopole de la compétence en matière de règlement des conflits fonciers individuels et collectifs régis par la coutume aux tribunaux de paix là où ils sont déjà installés.

Mais nous nous sommes rendu compte que la réalité est tout autre. Les conflits fonciers sont également orientés vers d'autres instances de règlement des conflits notamment les conseils de villages, de groupements, de chefferies, les bureaux des territoires, les chambres de conciliation des ONG, en dépit du monopole que l'Etat a déjà institué sur cette matière. Et dans les zones rurales où vivent la majorité des populations de Beni et de Lubero, cette justice 'informelle' semble être la justice naturelle. On se retrouve encore ici dans l'hypothèse du pluralisme juridique profond ou fort où des règles et des pratiques se développent à l'extérieur ou à côté des institutions juridiques et judiciaires étatiques.

Entre les tribunaux de droit écrit et ces autres voies informelles existe un réel conflit de compétence. Les diverses correspondances dont nous avons fait allusion dans cette partie, échangées entre les tribunaux de paix et les chambres de conciliation de chefferie peuvent témoigner de cette rude bataille d'organisation du marché judiciaire. Les coutumiers considèrent qu'ils sont naturellement compétents pour traiter des litiges fonciers régis par la coutume, là ou les tribunaux de paix brandissent la loi qui leur reconnaît la compétence pour connaître de mêmes litiges qualifiant l'œuvre judiciaire des premiers d'illégale. Légitimité versus légalité ?

Pourtant, les données recueillies auprès des tribunaux et autres instances juridictionnelles, notamment les jugements et les PV de conciliation, démontrent l'importance que les justiciables accordent encore aux instances coutumières et locales. En effet, les bureaux de localités, de groupements, de chefferies et de territoires reçoivent quotidiennement des dossiers de conflits fonciers. On peut même dire qu'ils se sont mués en instances de règlement des conflits fonciers vu l'importance des litiges qu'ils enregistrent.

Par ailleurs l'exploitation des dossiers enregistrés dans les tribunaux de paix confirme ce fait. Beaucoup de jugements renseignent en effet que beaucoup de dossiers ont d'abord été entendus par des instances locales avant d'être portés devant les juridictions de droit écrit. Cette fréquentation démontre en fait que les populations ont encore confiance dans les juridictions coutumières et locales.

La légitimité dont jouissent ces instances s'explique de plusieurs manières. Beaucoup de justiciables que nous avons rencontrés avancent l'argument de la proximité. Les 'juges' locaux sont plus proches d'eux, connaissent l'histoire du village, savent qui sont les chefs terriens et les vassaux parmi les familles qui occupent le village, maîtrisent la coutume, s'expriment dans la langue qu'ils comprennent. Les justiciables avancent également la rapidité que prennent les débats devant les juges locaux, le coût du procès adapté à la situation socio-économique des plaideurs et le contrôle social sur le rendu de la justice.

Les bénéfices qu'offre le recours à la coutume (compréhension par les parties, flexibilité, souplesse, rapidité de procédure, sens de compromis,...) semble rassurer la majorité des populations comparé à ce que garantirait le droit écrit, notamment l'égalité des citoyens devant la loi, l'égalité hommes-femmes, la garantie d'un procès équitable, la neutralité, l'impartialité et l'intégrité...mais qui sont, dans le contexte des Etats fragiles et faibles de simples prévisions dont le fossé avec la réalité est réellement grand, notamment à cause de la politisation, de la corruption, de l'éloignement de cette justice des populations, surtout rurales.

L'analyse de ces jugements et des PV de conciliation nous fait croire que les habitants des territoires de Beni de Lubero croient encore à la voie négociée pour régler les conflits fonciers régis par les coutumes, devant les instances coutumières locales ou autres. On se rend compte que la loi supprimant les tribunaux coutumiers et leur substitution par les tribunaux de paix pour ce qui est de la compétence matérielle relative au règlement des conflits fonciers coutumiers n'a entamé en rien cette conviction.

L'Etat qui veut imposer ses procédures de règlement va-t-il continuer à ignorer cette réalité, à sacrifier la légitimité sur l'autel de la légalité ? La réalité observée au travers des analyses que nous avons effectuées nous montre d'abord que l'Etat congolais ne sait pas aujourd'hui étendre son autorité sur le plan judiciaire sur tout le pays. Les juges sont en ville, alors que les litiges qu'ils doivent régler concernent des populations habitant des villages et cités trop éloignés des centres-villes, leur nombre est insuffisant et puis les populations ne semblent pas croire à la justice qu'ils rendent, parce qu'inadaptée aux réalités locales et aux mentalités desdites populations.

L'Etat doit également reconnaître qu'il y a des situations dont sa justice ne sait pas venir à bout, mais que d'autres instances juridictionnelles peuvent aider à décanter. On sait en fait en parcourant certains dossiers qu'il ne suffit pas qu'il y ait un jugement, même ayant acquis la force de la chose jugée, pour que le conflit soit considéré comme définitivement terminé. Dans certaines occurrences en effet, les arrangements amiables se sont montrés plus efficaces. Certains jugements rendus par les tribunaux de paix qui étaient censés vider des conflits les ont alors tellement exacerbés qu'on a été obligé de ramener les parties autour d'une table pour trouver un compromis.

Comme nous l'avons signalé plus haut, il faut souligner également que les juges de paix chargés de dire le droit dans ces litiges ne sont pas assez outillés pour affronter la situation, pour le simple fait qu'ils n'ont pas suivi une formation assez solide en droit coutumier (un cours intitulé 'introduction au droit coutumier' a été introduit dans le programme des études universitaires seulement depuis 2004).

Au lieu de chercher à imposer coute que coute ce monopole, ce que jusque là il n'a d'ailleurs pas su faire, l'Etat doit prendre en compte le vécu judiciaire réel des populations et considérer les instances dans lesquelles elles se reconnaissent. Il s'agit pour l'Etat de renoncer à ce monopole et de prendre des lois qui vont dans le sens de la reconnaissance du pluralisme judiciaire dans ce domaine.

Parce qu'en fait, ce n'est pas la multiplicité de ces instances qui aggrave les conflits fonciers. C'est la non reconnaissance des 'jugements' qu'elles produisent par les tribunaux de droit écrit et la non existence de liens clairs entre elles qui fait problème et qui fait que les conflits ne trouvent pas de solution définitive, comme nous l'avons constaté avec le cas type que nous avons examiné.

Les tribunaux de paix refusent de considérer les arrangements signés par les parties devant d'autres instances juridictionnelles, et fragilisent ainsi la justice qu'elles rendent, car les gens se rendent compte que finalement ce qu'elles ont convenu auprès des juges locaux n'a pas de valeur juridique. Ou alors, comme aucun lien n'est établi entre les différentes instances juridictionnelles, le dossier d'un conflit entre les mêmes parties peut aujourd'hui être introduit devant le kyaghanda du village, demain devant le conseil d'une église, et après demain devant le tribunal de paix, quand les premiers sont encore en train de l'instruire. Un juge nous a fait un récit éloquent de ces rebondissements judiciaires :

> « (...) *Vous savez, il y a même des jugements qui ont été rendus à 1989 à la création du Tripaix, mais sur lesquelles les parties reviennent encore jusqu'aujourd'hui. Est-ce par mauvaise foi, est-ce par le souci de gagner coute que coute qu'importe les moyens utilisés ? Il y a un conflit dans lequel j'ai récemment rendu une décision au niveau de Kimbulu. L'affaire a d'abord été portée au niveau de la juridiction coutumière du groupement Luongo, la partie perdante a ensuite interjeté appel au niveau du tribunal principal de la chefferie qui a réformé le jugement à sa faveur en 1986. Et en 1989, après l'installation du Tripaix, la partie qui a perdu devant la chefferie est venu devant le Tripaix et malheureusement pour elle, le Tripaix a confirmé la décision du tribunal de chefferie ; en 1994, les mêmes parties sont encore revenues et le juge n'a eu d'autre choix que de confirmer son jugement, elles sont encore revenues en 1997, et en 2004 ; donc les gens acceptent difficilement de perdre un procès. Généralement les conflits fonciers de droit écrit finissent, mais les conflits fonciers coutumiers sont quasi interminables malgré que des jugements soient intervenus. Même quand un jugement est déjà coulé en force de chose jugée, les parties cherchent toujours les moyens de revenir, elles se forgent des voies et généralement elles reviennent sous la forme de tierce opposition. Tantôt le grand frère, tantôt l'oncle, la tante,...et ainsi de suite* »[330].

Et c'est cela qui fait perdurer les conflits. Et c'est ici que l'Etat doit intervenir pour faire régner l'ordre. Mais dans quelle orientation ?

[330] Entretien avec le juge Kopami Wembi (président du Tripaix de Butembo au moment de l'entretien), le 16 juillet 2008.

Le législateur doit reconnaître la justice locale, et à notre sens il n'a pas de choix, car les populations ont déjà fait le leur qui va en faveur du maintien des juridictions populaires. Comment imposer des procédures de droit écrit à des populations dont le droit au quotidien est le droit coutumier ? Au droit coutumier, ne serait-il pas logique de faire suivre un droit judiciaire coutumier ? Les conflits fonciers régis par la coutume doivent être réglés au niveau de la base où on trouve les personnes sensées maîtriser cette coutume dans la complexité qui est la sienne.

L'expérience du 'kyaghanda' chez les nande peut servir de modèle à l'expérimentation de cette justice de proximité. Le kyaghanda est la véranda traditionnelle, un endroit sacré qui affirme être le support de la vision sociétale du peuple nande. Chaque famille, chaque clan peut avoir son kyaghanda. On y discute de tous les sujets concernant la vie de la communauté et il est le lieu du règlement des conflits qui surviennent entre ses membres. C'est le lieu de la palabre. On y assure la conciliation à vue de la préservation de la paix sociale.

Cette formule de conciliation peut être valorisée et devenir une étape obligatoire dans le règlement des litiges fonciers régis par la coutume, et ce au niveau des autorités coutumières à la base.

CONCLUSION GENERALE

Celle-ci se fera sur deux temps, d'abord les résultats de la recherche, ensuite les perspectives en termes de solutions.

1. RESULTATS DE LA RECHERCHE

Le présent travail s'est articulé autour de trois chapitres, encadrés par une introduction et une conclusion générales.

Le premier chapitre a porté sur les thèmes de pluralisme juridique et de systèmes fonciers coutumiers. Il a rendu compte de quelques débats de doctrine qui existent à ces jours autour de la théorie de pluralisme juridique et il a évoqué les systèmes fonciers africains au travers des notions de coutume, de la conception de la terre dans le système foncier coutumier, du dynamisme des systèmes fonciers coutumiers.

Les notions développées dans cette partie, notamment les théories de pluralisme juridique radical, de multijuridisme, d'interlégalité, les théories évolutionnistes et celle des arrangements institutionnels appliquées au foncier, nous ont permis de situer et d'appréhender les différentes règles et pratiques qui se font autour de la gestion de la terre et du règlement des conflits fonciers coutumiers dans les territoires de Beni et de Lubero. Elles nous ont permis de mieux cerner les évolutions que connaît la coutume foncière nande et de mieux aborder le pluralisme 'juridictionnel' enregistré autour du foncier local.

Le deuxième chapitre a quant à lui porté sur les principes fonciers coutumiers nande et sur les changements qui s'y introduisent depuis quelques décennies.

L'étude a mis en exergue certains grands principes qui sous-tendent le droit foncier coutumier nande, notamment la relation entre le pouvoir coutumier et la gestion de la terre, la propriété collective de la terre ; mais aussi les règles importantes qui concernent la gestion de la terre. Ainsi, il ressort de l'analyse de ces coutumes foncières que le droit de jouissance de la terre s'acquiert par amodiation, par héritage, par récompense des services rendus, par les rituels d'intronisation ; qu'il se perd par le non-paiement de la redevance, l'abandon volontaire de la terre, etc.

Pour ce qui est de l'établissement de la preuve des droits fonciers, nous avons vu qu'elle se fait par certains mécanismes dont l'appartenance à la famille du chef terrien, la perception ou le paiement de la redevance coutumière, la présence des tombes des ancêtres sur le terrain et le pouvoir de construire la véranda coutumière sur la terre.

Nous avons en fait constaté que le droit coutumier nande limitait sensiblement les droits fonciers de la femme. Celle-ci ne peut notamment pas hériter de la terre de ses parents. Il faut noter que la femme célibataire semble avoir plus de droits que la femme mariée. On dit en effet de cette femme célibataire qu'elle a les mêmes droits fonciers sur la terre que ceux reconnus à l'homme. Le fait pour la femme nande de s'engager dans un lien de mariage fait d'elle une incapable pour ce qui est des droits fonciers. Elle ne peut signer un contrat d'amodiation comme amodiataire qu'accompagnée de son mari ou d'une personne adulte de sexe masculin.

Cette coutume foncière, comme toutes les coutumes, a évolué à travers les âges et a donné lieu à de nouvelles pratiques, comme la rédaction de certaines conventions d'amodiation, la vente de la terre, la monétarisation de la redevance jadis payée en nature, le développement de nouvelles formes d'amodiation (incluant à la fois l'achat de la terre et le paiement de la redevance) et de nouvelles formes de sécurisation combinant les règles de droit écrit et les règles coutumières (enregistrement de la terre et paiement de la redevance).

Ces évolutions que connaît la coutume foncière locale ont été analysées dans la perspective de la théorie de l'interlégalité développée par De Sousa Santos qui dans sa conception postmoderne du droit parle d'hybridation et d'entrecroisement de différents ordres juridiques.

Une entreprise de codification locale de la coutume foncière nande nous a permis de discuter des avantages et des inconvénients d'une telle démarche, au vu de l'importance que lesdits principes jouent depuis leur rédaction dans le commerce judiciaire local en matière de règlement judiciaire et alternatif des conflits fonciers locaux. La lecture que nous avons faite de cette situation à la lumière des théories des antis et des pros de la codification des coutumes nous a fait dire, comme la plupart des doctrinaires, qu'il y a plus de dangers que de gains dans toute œuvre de codification. Celle-ci devient un frein à l'évolution de la coutume.

La coutume est en fait constituée des modèles de conduite et de comportement et fait partie de ce droit qui est tripode à côté des normes générales et impersonnelles et des systèmes des dispositions durables, comme relevé dans la théorie du multijuridisme d'Etienne le Roy. Comment peut-on codifier des modèles de conduite et de comportement dans la mesure où ils ont vocation à évoluer, pourquoi codifier la coutume dans un environnement où le droit est supposé relever de l'ordre négocié, dans un univers où prédomine l'archétype de la différenciation ?

Il faut en effet laisser aux principaux acteurs intervenants dans la gestion et le contrôle de la terre la possibilité de réinventer, autant que faire se peut, les règles de gestion de la terre par des compromis autour de leurs différents droits et obligations. Il est en fait irréaliste d'écrire aujourd'hui que la terre n'est pas à vendre, que les redevances ne peuvent se faire qu'en nature. Un droit ainsi conçu serait en retard avec l'évolution des mentalités des populations auxquelles il est destiné, et dans ces conditions il deviendrait source de conflits, parce que la coutume, loin d'être rigide, est essentiellement fluide et se transforme à tout instant[331], « *…au moins tant qu'elle n'est pas figée dans un code coutumier* »[332].

---

[331] Kuyu, E., *Ecrits d'anthropologie juridique et politique*, Louvain-la-Neuve, Academia Bruylant, p. 119.

[332] Le Roy, *L'esprit de la coutume et l'idéologie de la loi*, in : la connaissance du droit en Afrique, Bruxelles, ARSOM, 1983, p. 227, cité dans *Ecrits d'Anthropologie juridique*, de Camille Kuyu, p. 199.

L'évolution de la coutume est en effet une nécessité car elle lui permet de faire face aux nouveaux défis que pose la société d'aujourd'hui (et qu'elle posera demain). Sinon, il y a des problèmes qu'elle ne sait pas régler, et dans ces conditions, elle devient elle-même source de conflits, car inadaptée aux réalités socioéconomiques de l'environnement dans lequel elle se meut et qu'elle est pourtant appelée à régir. La société connait de profonds changements.

Le choc entre tradition et modernité suscite des questions de type nouveau auxquelles il faut trouver des solutions nouvelles. Et dans le cadre des sociétés africaines qui vivent en réalité dans une articulation entre tradition et modernité, des habitudes nouvelles naissent, des problèmes nouveaux apparaissent, qui appellent en réalité de nouvelles approches de solution ; ce qui ne peut être possible que dans un cadre susceptible d'évoluer afin de répondre à ces nouveaux défis ; évolution que semble freiner toute tentative de rédaction ou de codification de la coutume.

La codification (même au sens de la simple rédaction) des principes coutumiers, si elle doit se concevoir, ne se contenterait pas de rassembler des principes devenus obsolètes au nom des a priori de genre 'c'est ce que faisaient nos ancêtres' ; elle devrait plutôt tenir compte de ce qui se fait réellement, du statut vécu au quotidien des choses, ces pratiques étant devenues les coutumes dans lesquelles ceux qui les appliquent se réalisent et se reconnaissent.

Cependant, les inconvénients de la codification (notamment l'immobilisation des principes qu'elle entraîne) nous ont cependant poussés à lui préférer les solutions de type jurisprudentiel, qui elles ont l'avantage de donner aux litiges des solutions toujours actuelles adaptées à l'évolution de la société et de tenir compte des pratiques actuelles des populations. Les solutions jurisprudentielles permettent en effet à la coutume de garder son caractère souple et flexible, car elles tiennent toujours compte de ce qui se fait réellement dans la société à un moment donné de son évolution. Elles permettent de résoudre les questions que pose l'oralité des principes coutumiers sans pour autant les figer.

Le troisième et dernier chapitre, a été consacré aux problèmes que pose l'application de la coutume par les tribunaux de paix de la région et a analysé la situation de pluralisme juridictionnel dans le domaine du règlement des conflits fonciers coutumiers ainsi que ses conséquences sur le plan de l'administration de la justice au travers de l'étude d'un conflit dans lequel plusieurs instances ont été appelées à se prononcer pour mettre fin au conflit.

Nous y avons analysé le droit coutumier nande et les conflits fonciers coutumiers enregistrés dans les territoires de Beni et de Lubero en les plaçant dans un contexte de pluralisme juridique, où plusieurs registres cohabitent pour ce qui est de la gestion de la terre et du règlement des conflits que cette gestion entraine. Ceci nous a en fait permis de comprendre autrement la problématique foncière et de faire la lecture des conflits fonciers coutumiers de façon originale dans une perspective juridique et anthropologique.

L'analyse de quelques jugements rendus par les tribunaux de paix et grande instance de la région depuis 2002 nous a poussés à conclure à l'inadaptation de l'application de la coutume par les tribunaux de droit écrit dans les conflits fonciers régis par la coutume.

Quelques observations ont été faites. Elles concernent la non maîtrise de la coutume nande dans tous ses contours par les juges (malgré la présence des assesseurs dont la connaissance parfaite de la coutume peut également être remise en cause), l'application aux affaires coutumières de certaines procédures de droit écrit inconnues du droit coutumier (défaut, autorité de la chose jugée, forclusion, prescription acquisitive/extinctive, déguerpissement), le langage juridique compliqué que les populations rurales ne connaissent pas, la tenue des procès dans les langues qui ne sont pas les leurs ; ajouté à cela la longue durée que prend le traitement des litiges fonciers (allant parfois jusqu'à plus de dix ans à partir de la première audience ou de la première conciliation), et le coût élevé de la justice, ce qui fait que les bénéfices que procure l'application de la coutume (le fait qu'elle soit flexible, en perpétuelle renégociation, souple, accessible, vécue) viennent se diluer dans cette machine juridique complexe qu'est le droit écrit.

Ce chapitre nous a également permis de constater un pluralisme juridictionnel sur le terrain du règlement des conflits fonciers coutumiers. A côté des tribunaux de paix, auxquels la compétence de connaître des litiges fonciers individuels et collectifs régis par la coutume est reconnue par la loi, fonctionnent d'autres instances 'informelles' qui elles aussi interviennent dans le domaine.

Nous nous sommes surtout intéressés au travail des anciens tribunaux coutumiers des groupements et des chefferies qui en principe ne peuvent plus fonctionner dans les territoires de Beni et de Lubero depuis l'installation des tribunaux de paix de Butembo et de Beni.

Ces anciens tribunaux coutumiers devenus chambres de conciliation (dénomination qu'ils ont adoptée pour s'adapter à la nouvelle donne leur imposée avec l'arrivée des TRIPAIX dans la région) enregistrent eux aussi beaucoup de litiges portant sur les terres coutumières. Beaucoup de personnes continuent à leur soumettre leurs conflits, situation qui entraîne parfois des frictions avec les tribunaux de paix qui s'estiment être les seuls à pouvoir intervenir sur ce terrain.

Cette situation s'explique d'abord par l'incapacité des tribunaux de paix à résorber tous les conflits fonciers coutumiers, par la lenteur que prend le traitement des dossiers suite au nombre insuffisant des magistrats au niveau des tribunaux de Beni et de Butembo (trois au TRIPAIX de Butembo, deux au TRIPAIX de Beni, cinq au siège secondaire du TGI à Butembo, un au siège secondaire du TGI à Beni), mais il faut également faire remarquer que ces tribunaux coutumiers présentaient et présentent dans leur formule actuelle certains avantages que ne semblent pas donner les procédures de droit écrit à l'étape actuelle du développement sociopolitique et économique de la République démocratique du Congo notamment la rapidité de la procédure, la proximité des instances avec les justiciables, la facilité de la communication, le contrôle social sur le déroulement des audiences mais aussi la souplesse dans les modes d'administration des preuves.

Tous ces bénéfices font que la plus grande partie de la population s'adresse encore à ces 'tribunaux coutumiers' qui fonctionnent aujourd'hui comme dans le passé dans les groupements et chefferies.

Nous avons également palpé du doigt l'immense activité que déploient les Organisations non gouvernementales dans le domaine foncier notamment dans le règlement des conflits fonciers où elles organisent des services de conciliation et de médiation. Certaines ONG comme le SYDIP, le FAT, le CEJA et la CDJP sont ainsi constamment sollicitées par des paysans ayant des conflits fonciers.

On enregistre donc plusieurs intervenants dans le domaine de la justice autour du foncier, alors que formellement, seuls les tribunaux de paix sont compétents à la matière. La pluralité de ces instances rend le règlement des conflits encore plus aléatoire, du fait que les sentences qu'elles rendent ne sont pas toujours reconnues par les tribunaux qui ne s'en réfèrent que lorsqu'elles rencontrent leurs propres convictions.

Cette pluralité d'acteurs informels participe également à cette insécurité juridique, du fait qu'un litige qui a été résolu au niveau d'une ONG, peut encore rebondir au niveau du groupement ou de la chefferie. Les conflits deviennent ainsi interminables, chacun cherchant à saisir une instance que s'il estime qu'elle va lui donner gain de cause, et non pour chercher à rétablir une quelconque vérité. C'est ce que l'exemple d'un conflit foncier analysé dans ce travail et dans lequel plusieurs acteurs (étatiques et non étatiques) sont intervenus, a voulu établir.

Nous avons également cherché à comprendre pourquoi alors, avec tous les avantages prêtés aux procédures coutumières, certains conflits finissaient toujours devant les tribunaux de paix.

Nous avons en effet pensé que ce 'vagabondage judiciaire' pouvait s'expliquer par le fait pour le législateur d'avoir décidé de mettre fin aux activités de tribunaux coutumiers, ce qui fait que les 'conciliations' que proposent les chambres et conseils qu'ils ont décidé de devenir (comme pour essayer de défier l'Etat), ne sont plus revêtues d'une quelconque autorité de contrainte qui rendraient leur application obligatoire après l'épuisement de toutes les voies de recours reconnues en droit coutumier. C'est cette absence de contrainte qui vient en effet rendre aléatoire l'application des sentences de conciliation et ipso facto inefficace le règlement des litiges par ces autres acteurs informels.

2. PERSPECTIVES DE SOLUTION

Les solutions que nous avançons, à la lumière des résultats de cette recherche relative aux questions de justice étatique et non étatique en matière des conflits fonciers coutumiers, questions abordées à la lumière du pluralisme juridique dans ses aspects judiciaires, peuvent être envisagées à deux niveaux, et, ce, de lege ferenda. Nous pensons qu'il faut d'abord compléter le dispositif légal en matière de gestion des terres en République démocratique du Congo en réglant le sort des droits acquis sur les terres des communautés locales, tel que prévu à l'article 389 de la loi foncière dans le sens de leur reconnaissance, et qu'il faut ensuite créer de nouvelles instances de règlement des conflits notamment fonciers coutumiers.

2.1. LE COMPLÉMENT DU DISPOSITIF LÉGAL DANS LE SENS DE LA RECONNAISSANCE DES DROITS FONCIERS COUTUMIERS

Le dispositif légal en matière du foncier est à compléter. Il y subsiste en fait un vide préjudiciable à la bonne gestion de la terre en République démocratique du Congo. Cela exige que les droits de jouissance acquis sur les terres dites des communautés locales soient réglés comme le prévoit l'article 389 de la loi foncière.

Il est cependant important de savoir quels sont ces droits acquis qui seront réglés par l'ordonnance du président de la république mentionnée à l'article pré-rappelé. La réponse à cette préoccupation est donnée par Kalambay Lumpungu qui écrit :

'*L'analyse des droits fonciers coutumiers nous montre, d'une part que chaque communauté traditionnelle possède un domaine foncier collectif sur lequel ses membres tirent tous les avantages nécessaires à leur vie et, d'autre part, que chaque individu par son travail acquiert un droit immobilier individuel. Ces deux droits ont été régulièrement acquis par la communauté en ce qui concerne le domaine foncier et par les individus quand il s'agit des droits privatifs sur le sol'*[333].

Il s'agit du droit de propriété des communautés locales sur les terres qu'elles habitent, cultivent et exploitent d'une manière quelconque et des droits fonciers de jouissance individuels.

L'ordonnance qui va régler la question devra aller dans le sens de la reconnaissance de ces droits fonciers coutumiers acquis et non de leur suppression. Cela irait dans la logique d'une situation où la coutume constitue le système de référence des communautés locales et traduirait la reconnaissance effective du pouvoir coutumier dont il est question à l'article 207, alinéa 1 de la constitution selon lequel l'autorité coutumière est reconnue.

Cette orientation permettrait aussi de reconnaitre à des populations le droit d'organiser leurs relations à la terre selon leurs propres considérations. Cela va leur donner également l'impression d'être toujours sur les terres de leurs ancêtres, l'attachement au terroir étant très fort dans la culture des populations congolaises. Les incompréhensions suscitées par la domanialisation des terres coutumières peuvent s'en trouver ainsi atténuées.

Comme le dit Kalambay, on maintient les communautés traditionnelles dans leur cadre sociologique et historique, puisqu'elles demeurent sur les terres qu'elles ont le sentiment profond d'avoir en propriété en vertu de l'acquisition faite par leurs ancêtres, ainsi on respecte les droits acquis et on évite une résistance à la loi nouvelle[334].

---

[333] Kalambay Lumpungu, G., *Droit civil : régime foncier et immobilier*, vol. 2, 2ième éd., PUC, 1999, p. 71.
[334] *Ibid.*, p. 72.

2.1.1. TERRES A RECONNAITRE COMME PATRIMOINE DES COMMUNAUTES LOCALES ET DROITS INDIVIDUELS A CONSIDERER

La question est d'une sensibilité telle qu'elle touche à la vie des populations qui sont encore très attachées à leur terre. Il s'agit ici de déterminer quelles terres seront reconnues comme patrimoine des communautés locales (et conséquemment quelle communauté locale devra être considérée) et quels droits fonciers individuels seront reconnus.

Certaines études donnent des critères pour l'appréciation de l'étendue des terres à reconnaître et de la définition des droits individuels de jouissance à prendre en considération.

Ainsi, les terres à détenir par les communautés locales et leurs membres devraient-elles comprendre

> '*Les superficies qu'ils occupent effectivement et conformément à la coutume et celles qui sont nécessaires à la pratique de la jachère pour les zones agricoles et de pâturage pour les zones pastorales d'une part, et d'autre part, les superficies jugées indispensables à une extension ultérieure des cultures, de l'élevage ainsi qu'à une augmentation de la population intéressée et des possibilités de mise en valeur*'[335].

Pour les droits de jouissance, il s'agira de considérer l'occupation effective du sol et le maintien de sa mise en valeur selon la vocation de la terre[336]. Le Tribunal de Grande instance de Boma a en fait jugé qu'il y avait '*deux critères principaux pour la reconnaissance du droit de jouissance individuelle sur le sol affecté à la communauté locale ou traditionnelle, à savoir l'appartenance à la communauté locale et la superficie effectivement mise en valeur par l'habitation et par la culture*'[337]. Ainsi, le droit ainsi constaté et reconnu serait-il établi au

[335] *Ibid.*, p. 72

[336] *Ibid.*, p. 73

[337] TGI Boma, Bas-Fleuve, RCA215, 24 MAI 1995, RAJC, 1997, p. 81, cité par Kangulumba Mbambi, *Précis de droit civil des biens. Théorie générale des biens et*

nom de son titulaire et inscrit sur un certificat d'enregistrement[338], mais à notre sens, un certificat d'enregistrement spécial (cf. infra).

Mais il faut noter que reconnaitre les droits de jouissance individuelle emporte en lui-même un risque, celui de voir les femmes mariées et même célibataires ne pas bénéficier de cette ouverture, leurs droits fonciers n'étant pas en réalité assurés et garantis. Pour minimiser ce risque, il faut alors considérer, à côté des droits individuels, aussi ceux des ménages, les droits des femmes pouvant ainsi être pris en compte. Il s'agirait donc ici de prendre en compte le patrimoine foncier des individus mais aussi celui des manages dans la reconnaissance de ces droits de jouissance.

Ainsi dit, il convient de dire quel niveau de la communauté locale sera retenu dans le cadre de cette perspective.

2.1.2. LA COMMUNAUTE LOCALE A CONSIDERER : LA CHEFFERIE ET LE SECTEUR

Il se pose ici la question de savoir si l'on doit considérer les subdivisions sociologiques comme la famille, le lignage, le clan, l'ethnie, ou alors les subdivisions administratives qui existent déjà notamment le village, le groupement ou la collectivité (chefferie ou secteur).

A notre sens, parmi tous ces niveaux de regroupement qui tous peuvent être considérés comme communautés locales selon la définition qui a été donnée, on pourrait retenir celui de la collectivité (chefferie ou secteur). Ces entités, bien qu'héritées du colonisateur font déjà partie de l'organisation socio-administrative de la République démocratique du Congo et semblent déjà acceptées comme système d'organisation sociopolitique dans le milieu rural congolais. En plus la constitution et les lois leur reconnaissent le statut

---

théorie spéciale des droits réels fonciers et immobiliers, Louvain-la-Neuve, Academia-Bruylant, 2007, p. 372.

[338] Kalambay Lumpungu, *op. cit.*, p. 74.

d'entité territoriale décentralisée [339]. La quasi homogénéité des populations qui les occupent plaide également en faveur de leur prise en considération.

Il s'agit donc, dans le cadre du règlement des droits acquis, de reconnaître aux chefferies et secteurs des droits fonciers sur les terres qu'ils occupent effectivement, celles qui sont nécessaires à l'agriculture et à l'élevage selon les spécificités régionales, en tenant compte des extensions ultérieures des cultures et de l'élevage, des prévisions démographiques et des possibilités de mise en valeur.

Ce mécanisme permet en fait aux chefferies et secteurs de maintenir la gestion, non pas de toutes les terres qui rentrent dans leurs limites actuelles, mais de celles dont elles ont et auront réellement besoin pour leur développement et à l'Etat de garder le reste pour les besoins du développement socioéconomique des régions concernées. Ce système ne remettra pas en cause l'appartenance de ces terres à l'Etat, il voudrait tout simplement dire qu'elles ont une destination particulière parce qu'affectée à une communauté locale[340].

Cette réforme doit s'inscrire dans une logique de la décentralisation, et tenir compte des prévisions constitutionnelles et légales pour ce qui est des compétences accordées aux entités décentralisées. La chefferie et le secteur ont en fait des compétences que leur reconnaît la loi portant décentralisation, notamment l'encadrement des populations en vue de la réalisation du programme agricole et économique de l'entité, l'amélioration de l'habitat, la sauvegarde du patrimoine et spécialement l'entretien des réseaux routiers, la gestion du domaine, la protection de la flore, de la faune, des ouvrages d'art et des sites classés, des eaux, des cours d'eau et des rives, etc [341]. Il s'agira donc de leur reconnaitre en plus des

---

[339] Article 3, 2 de la constitution du 18 février 2006, article 5, 2 de la loi n°08/016 du 7 octobre 2008 portant composition, organisation et fonctionnement des entités territoriales décentralisées et leur rapport avec l'Etat et les provinces.

[340] Kalambay Lumpungu G., *Op.Cit.*, p. 73

[341] Article 84 de la loi n° 08/016 du 7 octobre 2008 portant composition, organisation et fonctionnement des entités décentralisées et leur rapport avec l'Etat et les provinces.

compétences claires en matière de gestion des terres situées dans leurs entités.

Quant à la gestion de ces terres dans les chefferies et secteurs, il sera important que les chefs coutumiers se placent dans une dynamique communautaire : si la constitution et la loi reconnaissent des conseils locaux, il faudra que ceux-ci soient associés à la gestion des terres locales, parce qu'il s'agit des terres des 'communautés locales' et non des terres 'du chef coutumier'.

A ce niveau de la réflexion, il ya également lieu de penser à la création de nouvelles circonscriptions foncières qui répondent à cette configuration.

2.1.3. CREATION DE NOUVELLES CIRCONSCRIPTIONS FONCIERES ET CONCEPTION D'UN NOUVEAU TITRE IMMOBILIER

Les circonscriptions foncières sont en effet des espaces géographiques que l'Etat a imaginés pour la gestion de son domaine privé. Elles sont administrées comme nous l'avons dit par des fonctionnaires publics appelés conservateurs des titres immobiliers.

Aujourd'hui les circonscriptions foncières existent dans toutes les provinces du pays mais elles couvrent des espaces tellement importants que les conservateurs des titres immobiliers s'en trouvent déborder.

En 1974 les nombres et les limites des circonscriptions foncières correspondaient au nombre et aux limites des provinces. C'est ce qui ressort de l'article premier de l'ordonnance n° 74-149 du 2 juillet 1974 fixant le nombre et les limites des circonscriptions foncières de la république du Zaïre, laquelle ordonnance érigeait également en circonscription foncière la ville de Kinshasa. De nouvelles circonscriptions foncières ont été créées dans les provinces sur toute l'étendue du pays d'abord en 1993, ensuite en 2004. Elles ont vu leur nombre augmenter.

Le Nord-Kivu qui en comptait deux en vertu de l'arrêté ministériel n° 030/93 du 03 juin 1993 portant création des circonscriptions foncières dans la région du Nord-Kivu (celle de Butembo couvrant les territoires de Beni et de Lubero ; et celle de Goma pour les territoires de Rutshuru, Walikale, Masisi et Nyiragongo), se voit doter de deux nouvelles autres, celle de Kayna par l' arrêté ministériel n° 027/CAB/MIN/AFF.F/2004 du 25 mars 2004 portant création des circonscriptions foncières d'Aru, dans la province orientale et de Kayna, dans la province du Nord-Kivu, et celle de Masisi-Walikale par l'arrêté ministériel n° 049/CAB/MIN/AFF.F/2004 du 22 mai 2004 portant création la circonscription foncière de Masisi-Walikale dans la province du Nord-Kivu.

Comme on vient de le voir, ces circonscriptions constituent, dans leur présentation actuelle, de grands espaces que les conservateurs des titres immobiliers ne savent pas contrôler. Il y a donc lieu, toujours dans la logique de ramener la gestion foncière à la base, qu'on puisse créer, dans les milieux ruraux, des nouvelles circonscriptions foncières dont les limites correspondent à celles des chefferies et secteurs. Ceux-ci pourraient ainsi constituer lesdites circonscriptions foncières et dans cette perspective le chef de chefferie ou de secteur jouerait le rôle de conservateurs des titres immobiliers.

Dans cette perspective, le législateur déciderait de la mise sur pied de nouveaux titres fonciers, notamment un certificat d'enregistrement des droits fonciers coutumiers que seul le chef de chefferie et de secteur serait habilité à signer. Ainsi, on introduirait une nouvelle forme de sécurisation des droits fonciers coutumiers, à savoir l'écrit.

Comme on parle de nouvelles circonscriptions foncières, on va naturellement aller vers de nouveaux cadastres immobiliers au niveau des chefferies et secteurs qui serviraient de service technique aux dites circonscriptions.

Dans cette logique, l'ordonnance se pencherait également sur le sort des redevances coutumières et sur l'organisation du marché foncier coutumier.

2.1.4. GESTION DES REDEVANCES COUTUMIERES ET ORGANISATION D'UN MARCHE FONCIER COUTUMIER

La nature juridique actuelle de la redevance coutumière n'est pas clairement définie. En effet, si elles constituent un signe de reconnaissance de l'autorité du chef terrien de la part du vassal, on ne sait en tout cas pas dire s'il s'agit d'un impôt ou d'une taxe.

Doivent-elles être supprimées ou maintenues ? La question est délicate et demande des études approfondies. Tout ce que nous pouvons recommander à l'instant, vue l'importance que joue la redevance coutumière dans l'organisation foncière coutumière, c'est qu'elle soit maintenue.

L'ordonnance déciderait cependant d'une réaffectation de celle-ci et ordonnerait que ses produits soient investis dans des projets d'intérêt général, quitte à ce que le chef gérant du bien commun et les grands chefs terriens se voient reconnaître un pourcentage comme signe de reconnaissance de leur autorité comme chef terrien et coutumier. La réflexion pourrait s'orienter dans la logique de l'institution d'un impôt foncier.

Il faut dire que le droit à la perception des redevances foncières coutumières là où il est exercé conformément aux coutumes et usages locaux est régulier et qu'il rentre bien dans les principes fonciers coutumiers régissant les terres de certaines communautés locales, notamment celles des territoires de Beni et de Lubero, où elle est une institution très importante dans l'organisation foncière. Comme nous l'avons dit, toute concession de terre est suivie par le paiement annuel par le vassal d'une redevance au profit du chef terrien. Les chefs terriens retiennent une partie des redevances perçues et acheminent le reste à leur supérieur dans la hiérarchie socio-foncière jusqu'au mwami grand chef coutumier.

Mais si donc les chefferies et secteurs peuvent être reconnus gestionnaires du domaine foncier compris dans leurs entités, ce système peut constituer la base de réflexion d'un impôt ou d'une taxe qu'on instituerait au niveau des chefferies et secteurs sur les exploitations individuelles et familiales sur lesquelles des droits acquis de jouissance seront reconnus dans le cadre de la loi portant règlement des droits acquis sur les terres des communautés locales. Les revenus de ces redevances seraient affectés pour le $9/10^{ième}$ au développement l'entité, le $1/10^{ième}$ pouvant aller aux grands chefs terriens identifiés et reconnus.

Cette ordonnance devrait également se pencher sur la question du marché foncier sur les terres régies par les droits coutumiers. En effet, la question de la marchandisation (imparfaite) de la terre dans les systèmes fonciers africains est d'une importance capitale vu les transactions foncières apparentées aux ventes qui se font sur les terres coutumières, parfois dans un désordre indescriptible.

On ne peut pas freiner le mouvement de la vente des terres, mais il serait quand même important que ce marché foncier sur les terres régies par les droits coutumiers soit organisé. C'est une des questions à laquelle l'ordonnance qui viendra régir les droits acquis sur les terres des communautés locales devrait également répondre.

Les règles de ce marché maintiendraient leur caractère hybride entre lois de marché moderne et règles coutumières. Les ONG et d'autres acteurs (nationaux et internationaux) qui œuvrent dans le domaine du foncier (coutumier) pourraient être mis en contribution pour la préparation des conditions de mise en œuvre de ce marché.

2.1.5. RECONNAISSANCE ET REDEFINITION DES DROITS FONCIERS DES CATEGORIES SOCIALES MARGINALISEES

L' ordonnance présidentielle sur les droits acquis sur les terres des communautés locales doit également prévoir des dispositions clairement définies notamment sur la redéfinition et reconnaissance des droits fonciers des catégories sociales marginalisées notamment les femmes et les jeunes; ainsi que la redéfinition des droits fonciers successoraux des femmes et des jeunes.

Il s'agit de réaffirmer que les droits fonciers coutumiers acquis ne vont produire des effets juridiques que dans la mesure où ils n'écartent pas les femmes, les jeunes et les enfants à la jouissance des terres, et que l'héritage foncier d'un parent, comme tout le reste de l'héritage d'ailleurs va à ses héritiers qu'ils soient de sexe masculin, féminin, qu'ils soient adultes, jeunes ou enfants, comme le prévoit d'ailleurs déjà le code de la famille dans ses dispositions portant sur la succession et qui ne fait pas de distinction des successibles selon leur sexe ou leur âge, qu'ils soient nés dans le mariage ou hors mariage. Son article 758, a dispose en effet : '*Les enfants du de cujus nés dans le mariage et ceux nés hors mariage mais affiliés de son vivant, ainsi que les enfants qu'il a adoptés, forment la première catégorie des héritiers de la succession*[342]'.

L'ordonnance doit à mon avis insister sur ces aspects pour ce qui est de la succession relative aux terres, vu qu'elles constituent parfois la seule richesse dont disposent beaucoup de familles en milieu rural.

En effet, comme nous l'avons démontré, on ne peut pas, à l'étape actuelle du développent socioéconomique de la RDC, prendre le risque de supprimer les droits fonciers coutumiers, la majorité de la population congolaise vivant en milieu rural sous l'empire du droit coutumier.

2.2. CRÉATION/RECONNAISSANCE DE NOUVELLES INSTANCES DE REGLEMENT DES CONFLITS

Le législateur doit admettre et reconnaître l'existence d'autres légitimités en matière de règlement des conflits fonciers coutumiers. Il faut cependant souligner que la reconnaissance d'autres légitimités sur le terrain du règlement des conflits fonciers ne suffit pas. Il faut en outre qu'elle soit régulée pour éviter ce que nous avons appelée 'vagabondage judiciaire'.

Comme nous l'avons vu avec les effets d'un pluralisme juridictionnel non régulé, l'absence de règles contraignantes et de liens clairs entre ces instances fait que les conflits perdurent. En effet, il ne suffit pas de reconnaître le pluralisme juridique ou judiciaire. Il

[342] Loi n° 87-010 du 1ier août 1987portant code de la famille, in Journal Officiel du Zaïre, n° spécial, 1ier août 1987

faut en plus que ladite reconnaissance soit suivie d'un cadre juridique clair définissant les rôles et les mandats des institutions non-étatiques mais aussi la nature et le degré de collaboration qui doit exister entre elles et les institutions étatiques[343].

L'intervention de l'Etat dans l'organisation de ce 'marché judicaire' peut donc inverser la tendance et contribuer, dans cette pluralité, à mieux faire face à la situation des conflits et à apporter ainsi des solutions efficaces et acceptées par les parties qui viennent vers elles.

Cette justice serait un préalable à la saisine des tribunaux de paix. Pour les conflits fonciers régis par la coutume, le législateur ferait ainsi de la connaissance du litige par les instances coutumières et autres notamment les confessions religieuses, les organisations non-gouvernementales, les organisations professionnelles, un préalable à la saisine des tribunaux de paix qui en cette matière pourrait jouer le rôle d'instance d'appel.

La loi n° 11/022 du 24 décembre 2011 portant principes fondamentaux relatifs à l'agriculture a essayé de répondre à cette préoccupation, mais d'une manière quelque peu inconvenable. Son article 26 dispose en effet que *'les conflits portant sur les terres agricoles des communautés locales ne sont recevables devant les instances judiciaires que s'ils ont été préalablement soumis à la procédure de conciliation, à l'initiative de l'une des parties devant l'organe consultatif prévu à l'article 9 de la présente loi'*. Cet organe, signalons-le, est le conseil consultatif provincial de l'agriculture qui constitue entre autres une instance de conciliation des conflits des terres agricoles[344].

---

[343] Lire à ce propos Helene Maria Kyed, *The politics of legal pluralism : state policies on legal pluralism and their local dynamics in Mozambique*, in Journal of legal pluralism, nr 59, 2009, pp. 87-120.

[344] « Le gouverneur de province met en place le conseil consultatif provincial de l'agriculture. Il en assure l'implantation dans les entités territoriales décentralisées. Ce conseil constitue entre autres une instance de conciliation des conflits des terres agricoles ». (Article 9 de la loi n°11/022 du 24 décembre 2011 portant principes fondamentaux relatifs à l'agriculture)

Le péché de cette disposition réside, à notre avis, dans le fait qu'elle limite la liberté des parties de s'adresser au conciliateur de leur choix pour ce qui est de cette procédure préalable. Le législateur aurait dû se contenter d'exiger aux parties la procédure préalable de conciliation mais en leur laissant une marge de manœuvre pour ce qui est du choix de l'instance devant laquelle elles iraient en conciliation.

La reconnaissance de ces autres légitimités acquise, il restera à bien négocier la question des droits humains devant les juridictions coutumières et non étatiques. L'Etat doit en effet jouer ici le rôle de garant du respect des droits de l'homme en se rassurant que le référent juridique qui a servi de base au règlement du conflit ne soit pas contraire à la loi. L'Etat devrait donc garantir que les tribunaux coutumiers et les instances non étatiques respectent certains principes destinés à garantir l'accès à la justice pour tous les citoyens. Il faut en fait reconnaître que les avantages que la procédure judiciaire de droit écrit est supposée procurer à savoir la force de contrainte liée à l'exécution des décisions des cours et tribunaux, la sécurité juridique que procure le titre ou le jugement faisant titre, l'égalité de tous devant la loi et les cours et tribunaux, les aspects des droits de l'homme comme le droit à un procès équitable, l'égalité entre hommes et femmes peuvent être capitalisés au travers des instances coutumières et non étatiques. L'Etat se limiterait donc à s'assurer que ces droits et principes sont respectés en veillant que la justice qui sera rendue par les nouvelles instances qui seront reconnues ou créées soit équitable, prévisible, transparente et non discriminatoire.

En effet la loi qui reconnaît le pluralisme juridique et/ou judiciaire doit clairement indiquer que les décisions qui seront rendues dans les instances animées par des acteurs non étatiques (notamment les juridictions coutumières) ne seront reconnues que si elles ne sont pas contraires aux principes, droits et libertés fondamentaux.

L'Etat, en reconnaissant les juridictions coutumières et les instances non-étatiques doit donc s'assurer que le pluralisme juridique ou judiciaire qu'il institue ainsi est pratiqué dans le cadre des objectifs, des valeurs et des normes inscrits dans la constitution et les lois du pays notamment en matière de droits et libertés fondamentaux des citoyens.

La proposition ici faite permet en fait d'être réaliste, de prendre en compte le contexte juridique et le vécu judiciaire réel des populations dans un environnement où le droit étatique ne s'applique que sur une infime partie du territoire notamment en milieu urbain et où la justice étatique accuse des déficits en matière de rendu de justice.

Ainsi permet-elle de considérer les normes et les instances dans lesquelles les populations rurales (majoritaires) se reconnaissent, de diminuer les intermédiaires fonciers dans la négociation des contrats fonciers coutumiers en plaçant l'essentiel de l'organisation au niveau des chefferies et des secteurs et d'avoir une justice de proximité.

Reconnaître les normes de gestion foncière coutumière et ramener le règlement des conflits fonciers coutumiers au niveau de la base permet de responsabiliser l'autorité coutumière et les leaders locaux (professionnels, religieux, animateurs d'organisations non-gouvernementales) de rapprocher la justice des populations locales.

L'idée de la suppression des juridictions coutumières qui est la tendance actuelle doit être réexaminée. Sa poursuite pourrait même s'interpréter comme un déni de justice, car elle priverait la majorité de la population de l'accès à la justice. Ce qu'elle a fait d'ailleurs, heureusement sans y parvenir, les populations ayant continué à faire comme si cette loi n'était jamais intervenue car dans leur commerce socio-juridique elles se sont toujours confiées aux 'juges' locaux des différentes instances locales.

Les populations congolaises ont donc déjà montré qu'elles veulent une justice de proximité et la reconnaissance ou le maintien des juridictions coutumières et non étatiques est sans nul doute un premier pas vers cette ambition que doit avoir tout Etat responsable d'avoir une justice proche des populations. Nous pensons que le législateur ferait œuvre de bonne justice en allant plutôt dans le sens de la reconnaissance et de la consécration de cette situation, et ceci passe à notre avis par l'abandon par l'Etat de son ambition de supprimer les juridictions coutumières.

BIBLIOGRAPHIE

I. TEXTES DE LOI

1. Constitution de la république démocratique du Congo, 18 février 2006, Journal officiel, numéro spécial, 47ième année, Kinshasa, 18 février 2006.

2. Loi n° 73-021 du 20 juillet 1973, Journal officiel de la République Démocratique du Zaïre. Code foncier, immobilier et du régime des sûretés (textes légaux et réglementaires coordonnés, 33e année, numéro spécial, 1992, mis à jour au 31 octobre, Kinshasa, 1992).

3. Loi n° 87-010 portant Code de la famille 1ier août 1987, *J.O.Z.*, numéro spécial, 1ier août 1987.

4. Ordonnance-loi n° 82-020 du 31 mars 1982 portant Code de l'organisation et de la compétence judiciaires, *J.O.Z.*, n°7, 1ier avril 1982.

5. Arrêté royal du 13 mai 1938, Juridictions indigènes. Coordination, *B.O.*, 1938.

6. Loi organique n° 08/016 du 7 octobre 2008 portant composition, organisation et fonctionnement des entités territoriales décentralisées et leurs rapports avec l'Etat et les provinces, journal officiel de la république démocratique du Congo, 49ième année, numéro spécial, Kinshasa, 10 octobre 2008.

7. Loi n°11/022 du 24 décembre 2011 portant principes fondamentaux relatifs à l'agriculture.

II. OUVRAGES

1. Académie européenne de théorie du Droit, *Une introduction aux cultures juridiques non occidentales*, (autour de Musaji Chiba, sous la direction de Wanda Capeller et Takanori Kitamura), Bruxelles, Bruylant, 1998.

2. Association Internationale des sciences juridiques, *Le droit de la terre en Afrique (au Sud du Sahara)* (préface de John N. Hazard), Paris, Ed. G-P Maisonneuve et Larose, 1971.

3. BACHELET M., *Systèmes fonciers et réformes agraires en Afrique noire*, Paris, L.G.D.J., 1968, 308 p.

4. Boshab, E., *Pouvoir et droit coutumiers à l'épreuve du temps*, Louvain-la-Neuve, Academia-Bruylant, 2007.

5. Cahier d'anthropologie du droit, *Anthropologie et Droit. Intersections et confrontations*, Paris, Karthala, 2004.

6. Ciparisse, G., (sous la direction de), *Thésaurus multilingue du foncier, Rome, organisation des nations unies pour l'alimentation et l'agriculture*, 1999.

7. De Béchillon, D., *Qu'est ce qu'une règle de droit*, Ed. Odile Jacob, 1997.

8. De Rosnay, J., *Le macroscope. Vers une vision globale*, Paris, Ed. du Seuil, 1975.

9. Denis, P., & Sapia, C. (dir.), *Femmes d'Afrique dans une société en mutation,* Louvain-la-Neuve, Academia Bruylant (« Espace Afrique »), 2004, 212 p.

10. Eberhard, Ch., *Droits de l'homme et dialogue interculturel*, Paris, Ed. Des écrivains, Paris 2002, 398 p.

11. Eberhard, Ch., *Le droit au miroir des cultures. Pour une autre mondialisation*, Paris, LGDJ, 199 p.

12. Haoua Lamine, *Principe de régulation juridique de la mêlée au nord-Cameroun. Essai d'Anthropologie du droit*, thèse, Université de Paris I, Panthéon Sorbonne, 2007.

13. Ingber, L., *Guide des citations, références et abréviations juridiques*, Bruxelles, Ed. Kluwer, 2002.

14. Kakule Kaparay, C., *Finances populaires et développement durable en Afrique au Sud du Sahara. Application à la région Nord-est de la République démocratique du Congo,* Louvain-la-Neuve, Presses Universitaires de Louvain, juin 2006.

15. Kakule Muwiri, Kahindo Kambalume, *Identité culturelle dans la dynamique du développement*, Louvain-la-Neuve, Academia-Bruylant, 2002.

16. Kakule Vyakuno, *Pression anthropique et aménagement rationnel des hautes terres de Lubero en RDC. Rapport entre société et milieu physique dans une montagne équatoriale*, T1, Thèse, Université de Toulouse II, Département de géographie et aménagement, mars 2006.

17. Kalambay Lumpungu G., *Droit Civil vol. II. Régime foncier et immobilier*, (Préface de Christian Lambotte), Kinshasa, P.U.Z., 1989.

18. Kalongo Mbakayi (Avec la collaboration de Inier Latebo Ekwa), *Code Civil et commercial*, (mis à jour au 31 mars 1997), Centre de recherches et de diffusions juridiques, 1997.

19. Kambale Mirembe, O., *Echanges transnationaux, réseaux informels et développement local : une étude au nord-est de la République démocratique du Congo*, Louvain-la-Neuve, Ed. Presses Universitaires de Louvain, juin 2005.

20. Kangulumba Mbambi V., *Précis de droit civil les biens. Théorie générale des biens et théorie spéciale des droits réels fonciers et immobiliers congolais,* Louvain-la-Neuve, Academia Bruylant, 2007.

21. Kangulumba Mbambi, V., *La loi du 20 juillet 1973 portant régime général des biens, régime foncier et immobilier et régime des sûretés au Congo : Trente ans après : quel bilan ?*, Louvain-la Neuve, Academia-Bruylant, 2004.

22. Kilomba Ngozi Mala N., *Le règlement des conflits fonciers régis par la coutume en droit congolais*, Kinshasa, Ed. Mgr Noël Mala, 2008, 96 p.

23. Kohlhagen, D., *Le tribunal face au terrain. Les problèmes d'exécution des jugements au Mugamba dans une perspective juridique et anthropologique* (prologue d'Etienne le Roy), RCN Justice et démocratie, Bujumbura 2008, 196 p.

24. Kuyu, E., *Ecrits d'anthropologie juridique et politique*, Louvain-la-Neuve, Academia-Bruylant, 2008.

25. Laboratoire d'anthropologie juridique de Paris, *Droits de l'homme et cultures de la Paix* Bulletin de liaison, numéro 25, septembre 2000.

26. Laboratoire d'Anthropologie juridique de Paris, *Les pluralismes juridiques*, cahiers d'anthropologie de droit 2003, Karthala 2004.

27. Laboratoire d'anthropologie juridique de Paris, *Quelques jalons d'une anthropologie du droit*, Bulletin de liaison, numéro 23, juillet 1998.

28. Laboratoire d'anthropologie juridique de Paris, *Transitions*, Bulletin de liaison numéro 24, septembre 1999.

29. Lankhorst, M., Veldman, M., *La proximité de la justice au Rwanda. Rapport socio-juridique sur les modes de gestion des conflits fonciers,* RCN Justice et Démocratie, juin 2009.

30. Lapika Dimomfu et al., *Problèmes fonciers et politiques agricoles en Afrique centrale. Actes des sociologues et anthropologues de l'Afrique centrale*, Kinshasa, du 27 au 29 janvier 1988, Kinshasa, CERDAS, 1988.

31. Laurent P-J., Mathieu, P., (sous la direction de), *Actions locales, enjeux fonciers et gestion de l'environnement au sahel*, Academia Bruylant, L'Harmattan, 1995.

32. Laurent P-J, *Les pouvoirs politiques locaux et la décentralisation au Bourkina Faso*, Paris, L'Harmattan, Louvain-la-Neuve, Academia Bruylant, septembre, 1975.

33. Lebel-Grenier S., *Pour un pluralisme juridique radical*, Montréal, Ed. Sébastien Lebel-Grenier, 2002, 371 p.

34. Le Bris, E, Le Roy, Mathieu Paul, (sous la direction de), L*'appropriation de la terre en Afrique Noire : manuel d'analyse, de décision et de gestion foncière*, Paris Karthala, 1991.

35. Le Roy, E., *Le jeu des lois, une anthropologie dynamique du droit*, Paris, LGDJ, 1999, 432 p.

36. Le Roy, E., *Les africains et l'institution de justice, entre mimétisme et métissages*, Paris, Dalloz, 2004.

37. Le Roy E., Karsenty A., Bertrand A., *La sécurisation foncière en Afrique : pour une gestion viable des ressources naturelles*, Paris Karthala, 1996.

38. Madjarian, G., *L'invention de la propriété. De la terre sacrée à la société marchande*, Paris, l'Harmattan, 1991.

39. Mafikiri Tsongo, A., *La problématique foncière au Kivu montagneux*, Paris, l'Harmattan, Louvain-la-Neuve, Academia-Bruylant, 1994.

40. Maryse Raynal, *Justice traditionnelle et moderne : le devin, le juge et le sorcier*, L'Harmattan, 1994.

41. Matadi Nenga Gamanda, *Droit privé judiciaire privé*, Louvain-la-Neuve, Academia-Bruylant, 2006.

42. Mathieu P, Willame J-C, Laurent P-J, (sous la direction de), *Démocratie, enjeux fonciers et pratiques locales en Afrique. Conflits, gouvernance et turbulences en Afrique de l'ouest et centrale*, cahiers africains n° 23-24, Bruxelles, Institut africain CEDAF, Paris, l'Harmattan, 1996.

43. Mathieu P, Laurent P-J, (sous la direction de), *Conflits et guerres au Kivu et dans la région de grands-lacs. Entre tensions locales et escalade régionale,* cahiers africains n° 39-40, Bruxelles, Institut africain CEDAF, Paris, L'Harmattan, 1999.

44. Miliça Cubrilo, Goislard C., *Bibliographie et lexique du foncier en Afrique noire*, Paris, Karthala, 1998.

45. Mugangu Matabaro S., *La gestion foncière rurale au Zaïre. Réformes juridiques et pratiques foncières locales : cas du Bushi*, Paris, L'Harmattan, Louvain-la-Neuve, Academia Bruylant, 1997.

46. Ntampaka, Ch., *Introduction aux systèmes juridiques africains*, Namur, Presses Universitaires de Namur, 2005.

47. Olawale Elias, *La nature juridique du droit coutumier africain*, Paris, Présence africaine, 1961.

48. Paluku Kitakya A., *Interactions entre la gestion foncière et l'économie locale en région de Butembo, Nord-Kivu, République démocratique du Congo*, Louvain-la-Neuve, Presses Universitaires de Louvain, 2007.

49. Philippe Lavigne Delville, *Quelles politiques foncières pour l'Afrique rurale. Réconcilier pratiques légitimes et légalité*, 1998.

50. Philippe Lavigne Delville, Camille Toulmin, Samba Traoré (sous la direction de), *Gérer le foncier rural en Afrique de l'Ouest. Dynamiques foncières et interventions publiques*, Paris, Karthala, 2000.

51. Platteau, JP, *Réformes agraires et ajustement structurel en Afrique sub-saharienne*. FAO, 1993.

52. *Politiques de structures et action foncière au service du développement agricole et rural. Concepts et outils tirés des régions Afrique, Caraïbes, Océan indien et Pacifique*. Actes de colloque, novembre 1997, Saint-Denis-Ile de la Réunion.

53. Rarijaona, R., *Le concept de propriété en droit foncier de Madagascar*, Paris, Cujas, 1967.

54. Rodolfo Sacco, *Anthropologie Juridique. Apport à une macro-histoire du droit*, Paris, Dalloz, 2008.

55. Rodolfo Sacco, *Le droit africain, Anthropologie et droit positif*, Paris, Dalloz, 2009.

56. Rouland, N., *Anthropologie juridique*, Paris, Presses Universitaires de France, 1990.

57. Rouland, N., *Aux confins du droit : anthropologie juridique de la modernité*, Ed. Odile Jacob, 1991, 318 p.

58. Rude-Antoine, E et Chrétien-Vernicos, G., *Anthropologies et droits: état de savoirs et orientations contemporaines*, Paris, Dalloz, 2009.

59. Sohier, *Traité élémentaire de droit coutumier du Congo Belge*, Bruxelles, Maison F. Larcier, 2ième éd., 1954.

III. ARTICLES DE REVUE

1. Abdourahaman Chaibou, *La jurisprudence nigérienne en droit de la famille et l'émergence de la notion de coutume urbaine*, in Journal of legal pluralism, n°42, 1998, pp. 157-170

2. Abolou, C-R., *Cultures juridiques et aménagement plurilinguistique en Afrique,* UFR Communication, milieu et société, Université de Bouaké, Côte d'Ivoire, Revue ASPECTS, n° 1 - 2008, pp. 101-117, http://www.revue-aspects.info/IMG/pdf/C.R.Abalou_Cultures_juridiques_et_amemagement_plurilinguistique_en_Afrique.pdf

3. Alliot, M., *Anthropologie et juristique. Sur les conditions de l'élaboration d'une science du droit*, in Bulletin de liaison du LAJP, n°6, 1983, pp. 83-117.

4. Assier-Andrieu, *Le juridique des anthropologues,* in Droit et Société 5-1987, pp. 91-110.

5. Badet, G., *Justice pénale traditionnelle et droits de l'homme : quelques réflexions autour d'une décision de la cour constitutionnelle du Benin*, Open Society Institute, African Governance Monitoring and Advocacy Project, octobre 2005, http://afrimap.org/english/images/paper/Badet_Justice_Traditionelle_Criminelle_Benin_Fr.pdf, février 2011

6. Bashir I. Tafti, *Quel droit applicable à la famille au Niger. Le pluralisme juridique en question*, Research Partnership 4/2008, The Daniel Institute of human rights, http://www.humanrights.dk/files/doc/forskning/Research%20partnership%20programme%20publications/B.T._Idrissa.pdf, 21 janvier 2010.

7. Bulu - Bobina Bogila, *Les problèmes des terres cultivables en milieu rural. Cas de la zone de Kasangulu* (Bas – zaïre), in Zaïre Afrique n° 189, Kinshasa, novembre 1984, pp. 539 – 552.

8. Chevallier, J., *Bonnes mœurs et moralité républicaine. Présentation*, http://www.u-picardie.fr/labo/curapp/revues/root/32/jacques_chevallier2.pdf_4a07e32b5f2ed/jacques_chevallier2.pdf, février 2011.

9. Chidi Odinkalu Anselm, *Le pluralisme et l'accomplissement de la justice en Afrique,* Open Society Institute, 2005, http://www.afrimap.org/english/images/paper/Odinkalu_Pluralism_Justice_FRfin.pdf

10. Codes et codification, http://www.fd.ulaval.ca/cahiers/docprotege/46-1-2-p.pdf

11. Courtemanche A., *Le pluralisme juridique et le droit autochtone canadien*, http://dev.ulb.ac.be/droitpublic/fileadmin/telecharger/theme_1/contributions/Contribution_COURTEMANCHE_FEVRIER_2008.pdf

12. Darbon, D., *L'institutionnalisation de la confiance politique dans les sociétés projetées. Du prêt à porter institutionnel à l'ingénierie sociale des formules politiques*, http://www.diplomatie.gouv.fr/fr/IMG/pdf/L_institutionnalisation_de_la_confiance_politique.pdf

13. De Sousa Santos B., *Droit, une carte de lecture déformée. Pour une conception postmoderne du Droit*, in Droit et Société, n°10, 1988, pp. 379-405.

14. Delmas-Marty, M., *Le pluralisme ordonné et les interactions entre ensembles juridiques,* http://www.ieim.uqam.ca/IMG/pdf/article_Dalloz.pdf, 8 janvier 2009.

15. Dupret, *Legal Pluralism, Plurality of Laws, and Legal Practices: Theories, Critiques, and Praxiological Re-specification,* http://hal.archives-ouvertes.fr/docs/00/17/84/22/PDF/2007EjlsLegPlur.pdf

16. Eberhard Ch., *Les politiques juridiques à l'âge de la globalisation. Entre archétypes, logiques et projets de société,* in Bulletin de Liaison du Laboratoire d'Anthropologie Juridique de Paris, n° 24, 1999, pp. 5-20.

17. Eberhard, Ch., *Penser le pluralisme juridique de manière pluraliste. Défi pour une théorie interculturelle du droit,* http://www.dhdi.free.fr/recherches/theoriedroit/articles/eberplurpluraliste.pdf

18. E.A.B. van Rouveroy van Nieuwaal, *Sorcellerie et justice coutumière dans une société togolaise. Une quantité négligeable* ?, in Journal of legal pluralism, n°29, 1990, pp. 137-162.

19. Foblets, MC., *A la recherche d'une justice perdue. Les procédures alternatives de règlement de conflits*, in Journal of legal pluralism, n°36, 1996, pp. 9-20.

20. Genest, S., *Recherche anthropologique : techniques et méthodes*, 1979, http://classiques.uqac.ca/contemporains/genest_serge/recherche_anthropologique/recherche_anthropo_methode.pdf

21. Gerti Hesseling, *Réformes et pratiques foncières à l'ombre du droit : quelques réflexions*, in Cahiers africains, Démocratie, gouvernance, enjeux fonciers et pratiques locales en Afrique de l'ouest et centrale, n°23-24 (249p), 1996, pp. 214-225.

22. Greenhouse, C. J., *Dimensions spatio-temporelles du pluralisme juridique*, in Anthropologie et Sociétés, vol.13, n°1, 1989, pp. 35-52.

23. Jacob, R., *La coutume, les mœurs et le rite. Regards croisés sur les catégories occidentales de la norme non écrite* in Extrême-Orient, Extrême-Occident. 2001, n°23, pp. 145-166.

24. Kalambay Lumpungu G., *Le nouveau droit foncier zaïrois*, in cahiers économiques et sociaux, Kinshasa, P.U.Z., 1981, pp. 100-110.

25. Kalambay Lumpungu G., *Les droits fonciers coutumiers*, in Penant, 80e année, n° 731, Janvier, février, mars 1971, EDIAFRIC, 1971. pp. 39-40.

26. Karim, V., *L'ordre public en droit économique : contrats, concurrence, consommation*, in Les cahiers de droit, vol. 40, n° 2, 1999, pp. 403-435.

27. Kika Mavunda, *Propriété foncière traditionnelle et utilisation des terres et des savanes chez les Suku du Zaïre*, in Cahiers économiques et sociaux, vol XVIII, n° 3 – 4, septembre – décembre, 1980, pp. 343-352.

28. Kuruk, P., *Droit coutumier Africain et protection du Folklore*, http://unesdoc.unesco.org/images/0012/001277/127784f.pdf

29. Kyed, H.M, *The politics of legal pluralism: state policies on legal pluralism and their local dynamics in Mozambique*, in Joural of legal pluralism, nr 59, 2009, pp. 87-120.

30. Lajoie, A., Bergada, C. et Gelineau, E. *Conceptions abénakies des droits ancestraux,* in Les Cahiers de droit, vol. 46, n° 3, 2005, pp. 749-770.

31. Le Meur, P-Y., *Approche qualitative de la question foncière. Note méthodologique*, mai 2002, http://www.inco-claims.org/pdf/LeMeur.pdf, 10 novembre 2007.

32. Le Roy E., *Bricolages anthropologiques pour promouvoir, en Afrique et ailleurs, un dialogue entre univers juridiques*, in Revue de Droit MacGill, vol 50, pp. 951-966.

33. Le Roy E., *L'anthropologue et le droit. Juridisme, ethnocentrisme et reproduction des sociétés,* Dans le regard de l'autre,

http://www.crdp.umontreal.ca/fr/activites/evenements/041019EL_text e.pdf

34. Le Roy E., *Les recherches sur le droit interne des pays en développement. Du droit du développement à la définition pluraliste de l'Etat de droit*, in Etat des savoirs sur le développement, pp. 75-86.

35. Le Roy E., *Pluralisme et universalisme Juridiques. Propos d'étape d'un anthropologue du droit*, in L'étranger en France face au droit de la famille, Paris, la documentation française, 2000.

36. Le Roy E., *Sur le chemin de Kahnawake. Décolonisations du droit et mondialisations*, http://www.lex-electronica.org/docs/articles_265.pdf, février 2011

37. Lochak, D., *Le droit a l'épreuve des bonnes mœurs : puissance et impuissance de la norme juridique*, http://www.u-picardie.fr/labo/curapp/revues/root/32/daniele_lochak.pdf_4a07e1ce0a964/daniele_lochak.pdf, février 2011

38. MacDonald, R.A., *L'hypothèse du pluralisme juridique dans les sociétés démocratiques avancées*, in RDUS, 2002-3, 33, pp.133-152.

39. Mafikiri Tsongo, *Mouvements de population, accès à la terre et question de Nationalité au Kivu*, in Cahiers africains, n° 23 – 24, Paris, L'harmattan, 1996, pp. 180-200.

40. Maisani, P., Wiener, F., *Réflexions postmoderne du droit*, in Droit et Société, n°27, 1994, pp. 443-464.

41. Mathieu P., Mafikiri Tsongo, *Les guerres paysannes au Nord – Kivu. 1937-1994*, in Cahiers d'études africaines, n° 150, 152, éd. à l'école de hautes études en sciences sociales, Paris, 1998, pp. 385-413.

42. Mathieu P., Mafikiri Tsongo, *Enjeux fonciers, déplacements de population et escalades conflictuelles*, in Cahiers africains, n° 39 – 40, Paris, 1999, pp. 21-62.

43. Mathieu P., Mafikiri Tsongo et Mugangu Matabaro, *Insubordination et violence. quelques réflexions sur les causes et remèdes possibles des escalades conflictuelles*, in Cahiers Africains, n° 39 – 40, Paris, 1999, pp. 85-95.

44. Melone, S., *Les juridictions mixtes de droit écrit et de droit coutumier dans les pays en développement. Du bon usage du pluralisme juridique en Afrique : l'exemple du Cameroun*, in Revue Internationale de droit comparé, n°2, 1986, pp. 327-346.

45. Mulendevu Mukokobya R., et al., *Terres coutumières et conflits fonciers : le droit foncier a l'épreuve de la pratique dans le territoire de Lubero* , in Horizons, Revue de droit et de science politique du graben, numéro 4, décembre 2007, pp. 20-53.

46. Nakseu Nguefang, G., *Le pluralisme juridique, cadre d'insertion du droit de l'environnement en Afrique noire francophone: l'exemple de la gestion des forêts* Faculté de droit, Université de Montréal, Montréal, https://zone.biblio.laurentian.ca/dspace/bitstream/10219/95/12/k.pdf

47. Nazam Halaoui, *la langue de la justice et les constitutions africaines*, in Droit et société, 2002/2 n°51-52, p.345-367.

48. Noreau, *Le droit en partage*, http://www.fondationdubarreau.qc.ca/pdf/publication/rapportNoreau.pdf

49. Olivier de Sardan, J.P., *L'enquête socio-anthropologique de terrain : synthèse méthodologique et recommandations à usage des étudiants*, Laboratoire d'études et recherche sur les dynamiques sociales et le développement local, octobre 2003, http://www.ird.ne/lasdel/pub/13methodologie.pdf

50. Pauwels, J., *Le droit urbain de Kinshasa*, in Journal of legal pluralism, 1998, n°42, pp. 9-20.

51. Sermet, L., *Droits de la femme et pluralisme aux Comores*, in Revue Aspects, n°1-2008, pp. 87-97.

52. Seitchoua Djuitchoko, C., *Du nouveau pour la coutume en droit positif camerounais : la constitutionnalisation de la coutume et ses conséquences*, in Revue Juridique Thémis. 131, (2000) 34, pp. 131-157.

53. Sigrid, A., et al., *Pluralisme juridique et sécurisation dans une commune cadastrée. Le cas du Miadanandriana*, http://www.foncier-developpement.org/analyses-et-debats/operations-foncieres/pluralisme-juridique-et-securisation-fonciere-dans-une-commune-cadastree-le-cas-de-miadanandriana, 14 décembre 2009.

54. Tepi, S., *L'ineffectivité de la représentation des coutumes devant les juridictions de droit traditionnel au Cameroun*, http://www.afrilex.bordeaux4.fr/sites/afrilex/IMG/pdf/2doc9tepi.pdf, 14 décembre 2009.

55. Vanderlinden, J., *Le Juriste et la coutume : un couple impossible ?*, http://www.vanuatu.usp.ac.fj/courses/LA100F2_Histoire_Common_Law/LA100F_PDF_Docs/Juriste_et_coutume.pdf

56. Vanderlinden, J., *Return to legal pluralism*, http://www.jlp.bham.ac.uk/volumes/28/vanderlinden-art.pdf

57. Vanderlinden, J., *Rendre la production du droit aux «peuples »*, http://www.politique-africaine.com/numeros/pdf/062083.pdf

58. Vanderlinden, J., *Contribution en forme de mascaret à une théorie des sources du droit*, http://www.vanuatu.usp.ac.fj/courses/LA100F2_Histoire_Common_Law/LA100F_PDF_Docs/SS_Contributions_en_forme_de_mascaret.pdf

59. Vanderlinden, J., *Enseigner sans reproduire, innover sans tout détruire*, http://afrilex.u-bordeaux4.fr/IMG/pdf/3dos6vanderlinden.pdf

60. Vanderlinden J., *Les droits africains entre positivisme et pluralisme,* in Bulletin des sciences de l'Académie royale des sciences d'outre-mer, 46 (2000) 279-292), http://www.dhdi.free.fr/recherches/etatdroitjustice/articles/vanderli3.pdf

61. Vanderlinden J., *Vers une nouvelle conception du pluralisme juridique*, in RRJ, 1993-2, pp. 573-583.

62. Vanderlinden, J., *Villes africaines et pluralisme juridique,* Journal of legal pluralism, and unofficial law, n° 42, 1998, pp. 245-274, http://www.jlp.bham.ac.uk/volumes/42/vanderlinden-art.pdf

63. Vanderlinden, J., *L'utopie pluraliste, solution de demain au problème de certaines minorités ?,* in L'utopie pluraliste, solution de demain au problème de certaines minorités ?, *Minorités et organisation de l'État*, Bruxelles, Bruylant, 1998, pp. 665-675 http://www.dhdi.free.fr/recherches/theoriedroit/articles/vanderlinutoplur.pdf, 8 janvier 2009.

64. Verdier R., *L'ancien droit et le nouveau droit de l'Afrique noire face au développement*, in Le droit de la terre en Afrique, études

préparées à la requêtes de l'UNESCO, Paris, édition G-P. Maisonneuve et La rose, 1971.

IV. DOCUMENTS DIVERS

1. Hedy Bühlmann et Idrissa Maïga, *La paix, un préalable pour tout développement. Appréciation de l'option « Prévention et gestion des conflits » dans le Kaarta et le Fuladugu,* rapport de mission, nouveau programme SIGUIDIA de HELVETAS Mali, Bamako, 2003, http://www.helvetas.ch/global/pdf/english/Professional_competences/Documented_experiences/Civil_Society_and_the_State/Rapport_de_mission_HB_IM_Mali_version_d_f.pdf, 2 décembre 2010.

2. Minneh Kane, et al., *Reassessing customary law systems as a vehicle for providing equitable access to justice for the poor,* Arusha conference, ''new frontiers of social policy'', December 12-15, 2005, http://siteresources.worldbank.org/INTRANETSOCIALDEVELOPMENT/Resources/Kane.rev.pdf, 2 décembre 2010.

3. RCN Justice et Démocratie, *Dossier spécial* : *droit foncier*, Bulletin 10, 4ième trimestre 2004.

4. RCN Justice et Démocratie, *Les conflits fonciers en Ituri, de l'imposition à la consolidation de la paix*, septembre 2009.

5. RCN Justice et Démocratie, *Conflits fonciers : Défis et Résolutions*. Actes de Conférence, 14 juin 2010.

6. Syndicat de défense des intérêts paysans, *Principes coutumiers régissant les terres coutumières en chefferie des Baswagha*, adoptés à Musienene, 19 octobre 2004.

7. Syndicat de défense des intérêts paysans, *Principes coutumiers régissant les terres coutumières en chefferie des Batangi*, adoptés à Mbingi, 27 novembre 2006.

8. Syndicat de défense des intérêts paysans, *Principes coutumiers régissant les terres coutumières en chefferie des Bashu*, adoptés à Bunyuka, 30 septembre 2005.

9. Syndicat de défense des intérêts paysans, *Principes coutumiers régissant les terres coutumières en chefferie des Bamate*, adoptés à Mambasa, 17 février 2006.

10. Syndicat de défense des intérêts paysans, *Principes coutumiers régissant les terres coutumières en chefferie des Watalinga*, adoptés à Kamango, 21 aout 2007.

TABLE DES MATIERES

La République démocratique du Congo aux éditions L'Harmattan

INTRODUCTION AUX THÉORIES ET DOCTRINES POLITIQUES ET SOCIALES
Notes de cours à l'usage des étudiants en Sciences politiques et administratives
Tshiteya Kazumba K.
Cet ouvrage est un condensé des théories et doctrines politiques, économiques et sociales de l'Antiquité gréco-romaine à nos jours.
(Coll. Notes de cours, 23.00 euros, 234 p.) *ISBN : 978-2-296-96415-0*

GÉOPOLITIQUE DE L'EAU ET GOUVERNANCE EN PROVINCE ORIENTALE
République démocratique du Congo
Bomfie Edmond Mokuinema
Cet ouvrage a pour objet la mise en débat de la question de l'eau comme ressource vitale, vecteur des rivalités de pouvoir sur les territoires, dans la configuration de la République démocratique du Congo et de la Province orientale.
(Coll. Géopolitique mondiale, 12.00 euros, 112 p.) *ISBN : 978-2-296-99119-4*

CONJONCTURES CONGOLAISES – Chroniques et analyses de la RDCongo en 2011
Sous la direction de Marysse Stefaan et Omasombo Jean
2011, l'an V de la Troisième République congolaise, est une année qui s'annonçait cruciale. Ce fut, en effet, celle de la première échéance pour le renouvellement des mandats électifs à la présidence et au Parlement national. Cet ouvrage fournit différents éclairages et soulève différentes interrogations sur la situation de la RDC à ce moment de son histoire.
(Coll. Cahiers Africains, 28.50 euros, 274 p.) *ISBN : 978-2-296-97034-2*

HOMMAGE AU PROFESSEUR LÉOPOLD JOSEPH FRANÇOIS MAKOKO
Formateur de la jeunesse congolaise
Tshiband Tshish-A-Tshikez Alphonse
La vie du professeur Léopold Joseph François Makoko fut dominée par un sens poussé de l'honnêteté, de l'intérêt supérieur de la nation et par un dévouement indéniable au service de son pays. Élite du Congo-Kinshasa, il a consacré sa vie à la formation de la jeunesse congolaise, en créant l'Institut des études congolaises pour la valorisation de la diversité culturelle de son pays.
(Coll. Harmattan RDC, 11.50 euros, 78 p.) *ISBN : 978-2-296-96647-5*

HISTOIRE DU CONGO KINSHASA INDÉPENDANT
M'Pereng Henri-Pensée
Cette étude ne prétend pas faire l'histoire complète de la République démocratique du Congo. Elle n'est pas non plus l'oeuvre d'un historien, son projet a été motivé par un seul désir : celui d'évoquer les événements qui, sur le plan politique, ont jalonné le parcours de ce pays durant les cinquante ans d'indépendance. Voire bien avant.
(Coll. Etudes africaines, 22.00 euros, 218 p.) *ISBN : 978-2-296-96720-5*

BÂTIR LE CONGO
Aleyeti Kabwa Nathanaël - Avec la collaboration d'Edmond Pombo é Lilandelo
L'ouvrage tente d'identifier les causes profondes du sous-développement de l'Afrique à travers l'étude du cas du Congo Kinshasa, et montre que l'obstacle majeur au développement de l'Afrique demeure un système qui appauvrit l'Etat et engendre des conflits, un système qui entretient la corruption et qui accentue la dépendance vis-à-vis de la haute finance internationale. L'auteur propose alors le remède administratif et économique comme piste de solution.
(Coll. Points de vue, 22.00 euros, 214 p.) *ISBN : 978-2-296-96373-3*

SUR LES BERGES DU CONGO... ON DANSE LA RUMBA
Ambiance d'une ville et sa jumelle : Kinshasa/Brazzaville des années 50-60
Manda Tchebwa Antoine
Au fil des pages glissent le temps et les lieux, Kinshasa, Brazzaville, l'histoire des hommes et du pays, du fleuve et de la ville, dans la langueur de la musique qui les baigne. Car la ville de Kinshasa est au coeur de ce livre, avec sa vie intense, ses odeurs enivrantes et ses couleurs éclatantes, l'intensité et la convivialité de ses innombrables bars. Les mots bougent sous le rythme entraînant de la rumba.
(Coll. Racines du Présent, 27.50 euros, 266 p.) *ISBN : 978-2-296-56303-2*

ONU (L') ET LA DIPLOMATIE DES CONFLITS
Le cas de la République Démocratique du Congo
Kumaba Mbuta Wutibaal - Préface de Dominique Bangoura
Par une approche juridico-politico-stratégique, ce livre traite d'un enjeu fondamental des relations internationales : le redéploiement des opérations de maintien de la paix de l'ONU depuis la fin de la guerre froide. Le but est d'appréhender les efforts et les difficultés de l'ONU dans sa mission de gestion et de liquidation des conflits, à travers l'exemple de la RDC.
(Coll. Afrique : politiques publiques, sécurité, défense, 40.00 euros, 420 p.) *ISBN : 978-2-296-96080-0*

FACE (LA) OCCULTE DU DIEU DES CONGOLAIS
Parole de Jésus et révélations des charlatans: comment faire la différence ?
Simantoto Mafuta Apollinaire-Sam - Préface de Georges NGAL
Que cache la grande ferveur religieuse actuelle des Congolais, qui se déploie dans des expressions inhabituelles, épidermiques, émotives, farfelues et factuelles ? Est-ce une foi née du désir de Dieu ou une réponse suscitée par la misère et le besoin de Dieu ? C'est à toutes ces questions que répond cette enquête qui, en même temps, donne des clés de compréhension du comportement religieux des Congolais.
(Coll. Etudes africaines, 30.00 euros, 288 p.) *ISBN : 978-2-296-96218-7*

DROIT (LE) MINIER CONGOLAIS – L'épreuve des droits foncier et forestier
Bambi Kabashi Adolphe
Contrairement aux idées reçues l'exploitation des ressources minières ne s'effectue pas seulement dans les mines. Elle s'exerce tout aussi bien à la surface de la terre. Dès lors se pose la question des droits. Quel est celui - entre le droit foncier, forestier et minier - qui a prééminence dans un unique espace ? Tout au long du livre Adolphe Bambi Kabashi tentera de résoudre ce problème en examinant ces «trois droits» dans le cas où ils se retrouvent en concurrence dans le seul lieu de l'exploitation minière.
(Coll. Comptes Rendus, 26.00 euros, 250 p.) *ISBN : 978-2-296-96642-0*

QUATRE TOURNANTS MANQUÉS DE L'UNIVERSITÉ CONGOLAISE
Analyse des réformes académiques du Congo-Zaïre (1971-2011)
Mpevo Mpolo Aimé
L'auteur examine la cohérence de chaque réforme menée au Congo-Zaïre, puis la cohérence dans la consécution de ces réformes, enfin la cohérence entre l'Université voulue par chaque réforme et son environnement sociétal. Ce livre remédie à une double pénurie : pénurie de recherche sur la cohésion, l'amélioration et l'insertion sociétale des politiques académiques du Congo-Zaïre, pénurie de recherche et inexistence d'une tradition méthodologique sur l'analyse de cohérence des politiques d'enseignement universitaire.
(Coll. Etudes africaines, 37.00 euros, 366 p.) *ISBN : 978-2-296-96059-6*

THÉÂTRE ET DESTIN NATIONAL AU CONGO-KINSHASA (1965-1990)
Kadima-Nzuji Mukala
Les années 1965-1990 ont été particulièrement florissantes dans les domaines des arts et des lettres au Congo, alors Zaïre : création de structures éditoriales et d'organes de diffusion culturelle et littéraire, aménagement d'infrastructures théâtrales, soutien des pouvoirs publics aux arts plastiques, à la musique, à la danse... Ce livre dresse le bilan de ces années-là, à travers une critique des productions d'auteurs congolais.
(17.00 euros, 202 p.) *ISBN : 978-2-296-96088-6*

CONGO-KINSHASA : LE DEGRÉ ZÉRO DE LA POLITIQUE
Lonsi Koko Gaspard-Hubert
L'auteur décortique le chaotique processus électoral qui s'est déroulé le 28 novembre 2011 au Congo-Kinshasa. Ainsi met-il en évidence le combat dans un pays où il faut absolument imaginer d'autres voies : un pays qui a urgemment besoin «d'inventeurs d'avenir», d'hommes et de femmes capables de tracer des sillons qui serviront de canevas aux générations à venir.
(15.50 euros, 152 p.) *ISBN : 978-2-296-96162-3*

PARTENARIATS ENTRE LES MULTINATIONALES ET L'ETAT
L'exemple de la RD Congo
Lotoy Ilango-Banga Jean-Pierre
Préface d'Eugène Banyaku Luape Epotu
Pour créer les richesses, indispensables pour lutter contre le sous-développement, la mobilisation des facteurs de production (capital, technologie, travail) est vitale. Cette mobilisation étant en perdition en RDC, l'État congolais est moins attractif pour drainer des capitaux productifs. Avec l'émergence d'un Etat de droit en RDC, un partenariat secteur public/secteur privé serait un outil au service de la création et de la redistribution des richesses.
(Coll. Géopolitique mondiale, 28.00 euros, 268 p.) *ISBN : 978-2-296-96208-8*

POUR BÂTIR UN CONGO PLUS BEAU
Actes du cycle de conférences universitaires de Bukavu (juin 2010)
Cet ouvrage publie les actes d'une édition spéciale du cycle de conférences universitaires organisées à Bukavu par l'Université officielle de Bukavu (UOB) à l'occasion du cinquantenaire de l'indépendance de la République démocratique du Congo. De nombreux thèmes sont abordés : les ressources minérales, la santé, les droits de l'homme, la parité, etc.
(Coll. Points de vue, 21.00 euros, 200 p.) *ISBN : 978-2-296-96314-6*

CATÉCHÈSE (LA) DE L'EGLISE DU CHRIST DANS LA GESTION DES CONFLITS
Le cas du Sud-Kivu en République démocratique du Congo
Mujijima Machumu Jeanne
Comment concilier son dire et son faire afin de rendre crédible la foi en Dieu pour les différentes catégories de la population du Sud-Kivu ? Quelle catéchèse adopter par l'Église du Christ au Congo dans cette partie Est de la RDC où la pauvreté constitue la base des différents conflits qui déchirent le peuple de Dieu ? Face à ces défis à relever, un accent particulier sera mis sur la culture du pardon.
(Coll. Harmattan Grands Lacs, 28.00 euros, 272 p.) *ISBN : 978-2-296-96142-5*

L'HARMATTAN, ITALIA
Via Degli Artisti 15; 10124 Torino

L'HARMATTAN HONGRIE
Könyvesbolt ; Kossuth L. u. 14-16
1053 Budapest

ESPACE L'HARMATTAN KINSHASA
Faculté des Sciences sociales,
politiques et administratives
BP243, KIN XI
Université de Kinshasa

L'HARMATTAN CONGO
67, av. E. P. Lumumba
Bât. – Congo Pharmacie (Bib. Nat.)
BP2874 Brazzaville
harmattan.congo@yahoo.fr

L'HARMATTAN GUINÉE
Almamya Rue KA 028, en face du restaurant Le Cèdre
OKB agency BP 3470 Conakry
(00224) 60 20 85 08
harmattanguinee@yahoo.fr

L'HARMATTAN CAMEROUN
BP 11486
Face à la SNI, immeuble Don Bosco
Yaoundé
(00237) 99 76 61 66
harmattancam@yahoo.fr

L'HARMATTAN CÔTE D'IVOIRE
Résidence Karl / cité des arts
Abidjan-Cocody 03 BP 1588 Abidjan 03
(00225) 05 77 87 31
etien_nda@yahoo.fr

L'HARMATTAN MAURITANIE
Espace El Kettab du livre francophone
N° 472 avenue du Palais des Congrès
BP 316 Nouakchott
(00222) 63 25 980

L'HARMATTAN SÉNÉGAL
« Villa Rose », rue de Diourbel X G, Point E
BP 45034 Dakar FANN
(00221) 33 825 98 58 / 77 242 25 08
senharmattan@gmail.com

L'HARMATTAN TOGO
1771, Bd du 13 janvier
BP 414 Lomé
Tél : 00 228 2201792
gerry@taama.net

Achevé d'imprimer par Corlet Numérique - 14110 Condé-sur-Noireau
N° d'Imprimeur: 95205 - Dépôt légal: février 2013 - *Imprimé en France*

www.ingramcontent.com/pod-product-compliance
Lightning Source LLC
LaVergne TN
LVHW011441061026
849535LV00004BA/899